JN440488

주문도 한옥 예배당 100년 이야기

주문도 선교 130년 • 서도중앙교회 창립 120주년 • 한옥 예배당 건축 100주년

이덕주 지음

신앙과지성사

머리글

내가 주문도의 서도중앙교회를 알게 된 것은 30년 전, 강화기독교 100주년기념사업회의 부탁을 받고 『강화기독교 100년사』(1994년)를 집필할 때였다. 그때는 시간에 쫓겨 주문도를 직접 방문하지 못하고 복사해서 전달받은 〈진촌교회 연혁〉 자료와 〈기독신보〉에 실린 '박두병 박순병 형제의 빚 탕감' 기사를 읽으며 서도중앙교회가 '범상치 않은' 신앙 역사를 지닌 교회인 것을 알았다. 그래서 "언젠가 꼭 한 번 방문해서 초대 교인들의 아름다웠던 믿음 현장을 살펴보리라" 생각했다.

주문도 방문 기회는 의외로 빨리 왔다. 『강화기독교 100년사』를 출간한 직후 〈기독교사상〉으로부터 '한국기독교문화 유산을 찾아서'란 제목으로 국내 교회사 유적지 탐방 기사를 연재해 달라는 부탁을 받았다. 나는 첫 방문지로 강화도를 택하고 주문도부터 찾았다. 당시 주문도는 외포리에서 하루 두 차례, 오전과 오후에 출발하는 배가 있었다. 오전 배로 들어갔다가 오후 배로 나오는 세 시간짜리 짧은 방문이었지만 박상인 장로님의 친절한 안내로 한옥 예배당을 둘러보고 '조상님들로부터 들었던' 초창기 교회 역사를 들을 수 있었다. 그때 급히 떠나는 나그네를 위해 황완남 권사님이 내온 따뜻한 밥과 끓는 물에 데쳐낸 새우 맛은 지금도 잊을 수 없는 '인생 최고의 밥상'으로 남아 있다. 그렇게 해서 강화도와 석모도, 교동도, 주문도를 방문해 쓴 글은 『눈물의 섬 강화이야기』(대한기독교서회, 2002년)란 책으로 출간되었다.

너무 짧은 방문이었기에 주문도에 대한 아쉬움이 컸다. "시간이 되면 여유를 가지고 다시 방문하겠다"는 마음이 들었다, 2007년 여름에야 감리교신학대학교 한국교회사학회 동아리 학생들을 데리고 두 번째 주문도를 방문할 수 있었다. 그때 "중세 수도자들처럼 묵언수도를 해 보자"는 나의 제안에 학생들이 동의해서 섬에 머무는 2박 3일 동안 침묵 기도와 묵상, 교회 텃밭 일만 했다. 마침 관상기도를 해온 박형복 목사가 있어 저녁에 학생들은 묵언기도 훈련을 받았다. 그때 학생들도, 나도 많은 은혜를 받았다.

학생들과 함께 경험했던 '묵언수도'의 맛을 잊을 수 없어 "시간이 되면 나 혼자 주문도에 들어가 긴 시간 묵언기도를 하리라" 생각했다. 그러나 현직 교수로 사역하는 동안 시간을 내기 어려웠다. 2018년 2월 은퇴하면서 비로소 시간 여유가 생겼다. 그리고 2019년 12월 박형복 목사로부터 "교회 부흥회를 인도해 달라"는 부탁을 받고 주문도에 들어가 그동안 내가 주문도 초기교회사를 공부하면서 받았던 은혜를 교인들과 나누었다. 매 집회에 동일한 숫자로 참석한 원로 교인들의 맑은 눈빛에서 내가 받은 은혜가 더 컸던 집회였다.

부흥 집회를 마치고 "다시 와서 깊은 기도를 해야겠다"는 생각이 더 들었다. 그러나 곧바로 코로나 팬데믹이 시작되어 뜻을 이루지 못했다. 팬데믹 상황이 어느 정도 진정된 2021년 가을부터 작정하고 주문도에 들어가 1주 혹은 3주 정도 머물며 묵언기도를 하였다. 그때마다 서도초등학교 자리에서 모퉁이돌선교회 주문도 선교훈련원을 운영하고 있는 순철기 목사가 예전 교장 사택을 숙소로 내주어 편안하게 기도할 수 있었다. 하루 한 끼만 먹고 낮에는 성경쓰기와 걷기도(걸으며 기도하기), 저녁에는 한옥 예배당 안에서 말씀을 묵상하며 기도하였다. 쓰거나 걷거나 묵상하면서 '늦은 비' 처럼 임하는 말씀의 은총을 만끽하였다.

그렇게 2022년 10월초 주문도에 들어가 한 주간 묵언기도를 한 후 한옥 예배당에서 마무리 기도를 하던 중 저 깊은 곳에서 "내년이 백 년인데" 하는 음성이 들리는 듯했다. 그러고 보니 2023년은 서도중앙교회 한옥 예배당이 건축 100주년을 맞고 윤정일이 처음 주문도에 들어가 복음을 전한 지 130주년이 되는 해였다. 역사를 공부한 사람이라 "뭔가 해야 하지 않겠나?" 하는 생각이 들었다. 사택을 찾으니 박형복 목사는 외출 중이었다. 그래서 "내년이 한옥 예배당 건축 1백 주년인데 무슨 계획이 있으신지요? 제가 도울 일이 있으면 돕겠습니다"라고 쓴 쪽지를 남기고 마지막 배로 나왔다. 곧바로 박 목사로부터 "목사님이 주문도를 다녀가신 그 주간에 박상경 장로님도 고향을 방문했다가 한옥 예배당에서 기도하던 중 똑같은 영감을 받고 백 주년 기념사업에 대한 의견을 주셨어요. 하나님의 뜻인가 봅니다"는 전화를 받았다.

이번에 이 작업을 하면서 처음 만나 '친구 사이'가 된 박상경 장로는 서도중앙교회 초대 지도자 박예병 전도사의 종증손자로서 초등학교 6학년 때 인천으로 공부하러 고향을 떠났으며, 국영 기업체와 대기업을

거쳐 항만건설 중소기업을 운영하는 사업가이다. 또한 교회 장로로 해외선교 및 북한선교를 후원해온 기독실업인이기도 했다. 그는 60년 가까이 외지 생활을 하는 중에도 고향교회에 진 '사랑의 빚'을 잊은 적이 없다고 했다. 예를 들면 이렇다.

> "초등학교 시절 조범수 속장님이 우리 주일학교 교사였어요. 선생님이 한번은 우리에게 '세상에서 가장 불쌍한 사람이 누구냐?'고 물으셨어요. 우리는 '거지요' '집 없는 사람이요' '혼자 사는 사람이요'라고 대답했더니 '아니다. 예수 믿다가 천국 가지 못하는 사람이다'라고 하셨습니다. 믿음은 끝까지 지키는 것이 중요하다는 그 말씀이 지금까지 내 마음에 남아 있어 힘들고 어려울 때마다 길과 진리, 생명에 대한 믿음을 더욱 굳게 하고 용기를 불어넣어 주었어요."

박상경 장로의 고향 사랑은 정말 남달랐다. 그래서 내가 주문도에서 묵언기도를 하던 같은 기간에 고향을 방문했다가 자신이 주일학교 때 공부했던 한옥 예배당에서 나와 비슷한 생각을 하게 되었던 것이다. 그렇게 해서 2022년 10월 25일 나와 박형복 목사, 박상경 장로, 셋이 서울에서 만났다. 그 자리에서 주문도 현지 교인과 외지의 서도중앙교회 출신 교인들이 힘을 모아 '주문도 선교 130주년, 서도중앙교회 설립 120주년, 한옥 예배당 건축 100주년 기념사업'을 추진하기로 뜻을 모았다. 구체적인 사업은 교회 역사 편찬과 역사기념관 설립, 두 가지로 정했다. 그리고 2022년 12월 1일 주문도 한옥 예배당에서 '서도중앙교회 역사기념관 설립 및 역사편찬위원회' 발족예배를 드렸다. 그때 국민일보 우성규 기자가 동행해서 자세한 내용을 신문에 소개했다.

역사편찬 작업을 돕기로 한 나는 박상경 장로와 역할을 분담하여 박 장로는 자료 수집과 편집, 나는 역사 집필을 맡기로 했다. 처음엔 "교회 역사편찬에 도움 될 자료가 있느냐?"는 우리 질문에 박형복 목사나 김윤희 장로는 "없어요" 했는데 얼마 후 교회 사무실 낡은 상자 속에 보관해 왔던 〈주문구역 진촌교회 연혁〉과 〈진촌교회 당회록과 구역회록〉, 〈진촌교회 교적부와 제적부〉 등 귀한 자료들이 발견되었고 황완남 권사 집에서 박용세 교장과 박용조, 박제원, 박조원, 박정원 등의 초대 교인들의 영생학교 및 배재학당 졸업장과 수업증서 등이 무더기로 발견되었다. 마치 감춰 있던 자료가 '밭의 보화' 처럼 쏟아져 나왔다.

박상경 장로는 숨겨져 있던 자료들을 추적, 발굴해내는 특출한 재능이 있었다. 그는 주문도 밖의 서도중앙교회 출신 교인들로부터도 소중한 문서자료와 증언 자료를 얻어냈다. 해외 인터넷을 검색하여 주문도에서 구출된 B29 승무원 명단까지 입수했다. 그렇게 박상경 장로가 발굴해 낸 자료가 '너무' 많았다. 그리고 하나 같이 소중했다. 그래서 우리는 책을 둘로 나누어 박상경 장로가 모은 자료를 편집하여 『서도중앙교회 역사자료집』(도서출판 더웨이)을 내고 내가 쓴 『주문도 한옥 예배당 백년 이야기』(신앙과지성사)를 따로 내기로 했다.

나는 다섯 가지 질문을 염두에 두고 서도중앙교회 역사를 집필하였다.

첫째, 기독교 복음은 주문도에 어떤 과정과 방식으로 전파되었는가?

둘째, 주문도에 전파된 기독교 복음이 지역 주민과 사회를 어떻게 변화시켰는가?

셋째, 서도중앙교회 역사가 강화 및 한국 교회사와 어떻게 연결되었는가?

넷째, 주문도에서 이루어진 복음의 역사가 우리 민족사와 어떤 관련을 맺고 있는가?

다섯째, 서도중앙교회 역사가 오늘 우리에게 주는 신앙적, 역사적 교훈은 무엇인가?

그리고 이 책의 독자를 다음 다섯 부류로 예상하였다.

첫째, 현재 서도중앙교회에 출석하며 예배와 기도 제단을 지키고 있는 교인들

둘째, 주문도 안과 밖에 있는 서도중앙교회 출신 교인과 그 자녀들

셋째, 서도중앙교회를 거쳐 간 목회자와 그 자녀들

넷째, 교회에 다니지 않는 주문도와 강화 지역주민들

다섯째, 강화·인천 지역 감리교 목회자와 평신도 지도자들

서술방식은 일반인들도 쉽고 편하게 읽을 수 있도록 가급적 평이한 문체로 쓰기로 했다. 그동안 내가 써왔던 '연구서' 방식, 즉 『강화기독교 100년사』처럼 문장마다 주(footnote)를 빽빽하게 달고 '실사구시'(實

事求是) 자세로 자료를 고증하고 검증하는 서술방식을 지양하고 『눈물의 섬 강화 이야기』처럼 이야기체로 쓰기로 했다. 책에 실린 내용의 근거자료를 보고 싶은 독자들은 박상경 장로가 편집한 『서도중앙교회 역사자료집』을 참조하기를 바란다. 내가 쓴 책이 본문이고 박상경 장로가 편집한 책을 주(註)로 보면 된다. 이런 형태의 출판은 나도 처음이다.

기념 사업회 발족 후 1년 만에 책 두 권이 간행된 것은 '기적에 가까운' 일이다. 준비부터 출간에 이르기까지 모든 과정이 마치 "때를 기다려 왔다"는 듯이 순조롭게 진행되었다. 이는 편찬 작업이 시작된 후 서도중앙교회 성도들이 새벽마다 이 일을 위해 기도했기에 가능하였다. 작년 12월 발족예배를 드리러 주문도에 들어갔다가 박형복 목사에게서 들은 말, "우리교회 유경분 권사님이 오늘 새벽 기도하시다 환상 중에 큰 떡 덩어리 두 개가 우리 교회 안에 던져지는 것을 보셨다는군요" 했던 것이 이것을 의미하는지도 모르겠다.

지난 1년 동안 주문도와 강화도로 오가며 10회에 걸쳐 대면, 혹은 온라인 회의를 통해 의견을 모으고 자료 수집을 도와준 편찬위원들의 수고가 컸다. 그리고 집필하다가 자료 부족으로 글이 막힐 때마다 소중한 증언으로 물꼬를 터주신 황완남, 유경분, 박상임, 최영자, 윤정애, 박경자 등 원로 권사님들의 솔직한 고백도 집필에 큰 도움이 되었다. "그의 뜻대로 부르심을 입은 자들에게는 모든 것이 합력하여 선을 이루느니라" (롬 8:28) 하신 성경 말씀이 그대로 응하였다.

지금까지 내가 쓴 지역 교회사는 모두 교회에서 비매품으로 출간해 필요한 곳에 배분하였다. 그런데 이번에는 신앙과지성사에서 시중

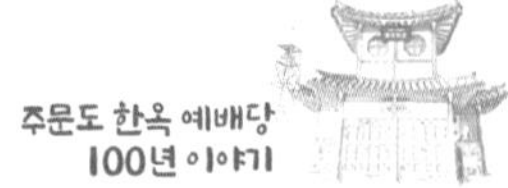

판매가 가능한 유가지(有價誌)로 내기로 했다. 나의 30년 지기 '문서선교사' 최병천 장로의 호의다. 거친 내 원고가 신앙과지성사 편집부 직원들의 섬세한 손길을 거쳐 예쁘고 소담한 책으로 변신했다. 작지만 큰 역사를 지닌 주문도 같은 책이 되었다. 나왔으니 이 책의 제1 독자인 원로 교인들, 젊은이들은 모두 떠나고 도시에 사는 자식들까지 "인제 그만 나오시라" 하소연해도 믿음의 조상들이 '생명과 재산처럼' 여기며 지켜온 교회와 예배당을 차마 버리고 떠날 수 없어 섬에 남아 오늘도 불편한 몸을 이끌고 새벽 제단에 올라 기도하는 원로 권사님들에게 조금이나마 위로가 되었으면 좋겠다.

2023년 10월
서울 쥙고개 만보재에서

이덕주

차례

3. 광야시대

4. 가나안 정착시대

1. 족장시대

너를 복의 근원이 되게 하리라(1893-1910년)

“여호와께서 아브람에게 이르시되 너는 너의 고향과 친척과 아버지의 집을 떠나 내가 네게 보여 줄 땅으로 가라. 내가 너로 큰 민족을 이루고 네게 복을 주어 네 이름이 창대하게 하리니 너는 복이 될지라. 너를 축복하는 자에게는 내가 복을 내리고 너를 저주하는 자에게는 내가 저주하리니 땅의 모든 족속이 너로 말미암아 복을 얻을 것이라 하시니라(창 12:1-3)”

아브라함은 우상의 본고장 갈대아 우르에서 태어나 아버지를 따라 하란에 가서 자랐다. 그러나 그곳 역시 우상이 범람한 곳이라 하나님께로부터 "떠나라"는 지시를 받고 가나안으로 갔다. 거기서 아브라함은 하나님께 제단을 쌓았고 하나님의 말씀에 순종하며 산 결과 "너와 네 후손에게 이 땅을 주리라"는 하나님의 약속과 축복을 받았다. 뒤를 이은 이삭과 야곱, 요셉도 마찬가지였다. 하나님의 약속을 믿었던 '믿음의 조상들' 덕분에 그곳은 '축복의 땅'이 되었다.

서도중앙교회가 자리 잡은 주문도도 그러했다. 백 년 전만 해도 주문도에는 술집만 열 곳이 넘었다. 술과 아편, 도박과 폭력이 난무했던 곳, 1년 내내 굿하는 소리가 끊이지 않았던 곳이었다. 그러나 지금은 다르다. 주민 대다수가 교회를 다니거나 마음에 예수님을 모시고 있어 면 소재지임에도 불구하고 술집이나 노래방도 없는 곳, 그래서 도시생활에 지친 영혼들이 쉼과 힘을 얻을 수 있는 조용하고 깨끗한 섬이 되었다. 특히 기독교인들에겐 기도와 명상의 순례길로 더없이 좋은 곳이다. 주문도가 이렇게 바뀐 배경에는 주문교회로 시작해서 진촌교회를 거쳐 서도중앙교회에 이르기까지 온갖 시련과 박해, 조롱과 멸시 가운데서도 오직 주님만 바라보며 기도의 제단을 쌓았던 '믿음의 조상들'이 있었다.

주문도, 어떤 섬인가?

주문도는 빙하기가 끝나는 1만여 년 전까지 강화도의 다른 섬들처럼 한반도와 중국대륙에 연결되어 있었다. 이후 얼음이 녹아 수면이 높아지면서 주문도는 바다 가운데 섬이 되었다. 그러면 주문도엔 언제부터 사람이 살았을까? 정확한 시기는 알 수 없지만 신석기시대 유물인 빗살무늬 토기와 조개무지(패총) 흔적이 이연숙 권사 소유인 서도초중고등학교 옆 땅콩 밭과 공동뫼산(당골), 봉구산 기슭에서 발견되는 것으로 보아 지금부터 6천 년에서 3천 년 전 주문도에 사람들이 들어와 씨족 단위로 고기를 잡고 기초적인 농사를 지으며 산 것으로 보인다.

그리고 청동기시대(기원전 10세기에서 5세기) 유물인 고인돌(지석묘)이 강화도 전역에 지천으로 깔려있는 것으로 보아 이 시기 주문도에도 많은 사람이 들어와 살았을 것으로 보인다. 청동기시대에 이르러 비로소

주문도. 가운데가 봉구산이고 오른쪽 끝이 웅구지, 왼쪽 끝이 살꾸지 나루터다.
봉구산 아래로 서도중앙교회가 자리 잡은 진말이 펼쳐져 있다.

인류는 사후 세계에 대한 종교적 관념, 즉 자연과 우주 만물에 깃든 영적인 능력에 대한 두려움을 갖게 되었고 하늘과 초월적 존재를 향한 제사와 기원(祈願) 의식을 행하기 시작했다. 그리고 철기시대(기원전 2세기에서 주후 3세기)에 이르러 북쪽 중국과 만주 시베리아로부터 유목생활을 하던 북방 민족들이 대거 한반도로 이주해오면서 강화도에도 유입 인구가 불어났다. 이들 북방에서 내려온 유목민들은 우세한 기동력과 무기로 토착 농경민을 지배하며 부족국가 형태로 나라를 세워 통치하였다. 부족국가 지도자는 지역 방어와 물질의 분배 등 정치적 기능 외에 천재지변이나 재앙으로부터 주민을 보호해야 할 샤먼(shaman, 무당)이나 제사장 역할도 겸하였다. 무덤 외에 제단 역할도 했던 고인돌이나 마니산 참성단(塹星壇), 봉천산 봉천대(奉天臺)에서 그런 종교의식이 거행되었다.

삼국시대(3-6세기) 고구려와 백제, 신라가 번갈아가며 강화를 지배했다. 강화는 지리적으로 예성강과 임진강, 한강 초입에 위치하여 군사적·경제적으로 중요한 위치에 있었기에 방어용 군(郡) 혹은 진(鎭)이 설치되었다. 그러면서 땅 이름이 붙여졌다. 고구려 때 갑비고차(甲比古次), 줄여서 '갑비'(甲比)라 하였는데 오늘의 '갑곶' 이란 지명의 유래가 되었다. 신라 때 혈구(穴口)라 하였는데 강화 중심부에 위치한 혈구산(穴口山)이란 이름이 거기서 유래되었다. 이처럼 삼국시대 전략적 요충지가 되면서 주민도 늘어났다. 그러면서 중앙 정치무대에 진출하는 강화 사람들도 나왔다. 통일신라시대 중국, 일본과 교역이 활발해지면서 강화에서도 해상 무역을 통해 부를 일군 토호세력이 생겨났다.

후삼국시대 강화의 토호세력들은 개성을 거점으로 중국과의 해상 무역을 통해 세력을 형성한 왕건이 궁예와 견훤을 무너뜨리고 고려를 건

국할 때 이에 적극적으로 참여하였다. 그 결과 고려시대 강화는 특별한 대접을 받았다. 고려 남경(南京, 현 서울)으로 통하는 '열수'(洌水, 한강) 초입에 위치한 관계로 열구(洌口)란 지명과 함께 현(縣)이 설치되었다. 그리고 1231-1258년 몽고군(원) 침략 때 수도를 강화로 옮기면서 궁궐을 짓고 성벽을 쌓았다. 개성에서 들어온 왕족과 귀족, 거기 딸린 노비들로 강화 인구가 폭발적으로 늘어났다. 이름도 강도(江都)로 바뀌었다. 항몽 투쟁 시기 강화도 일대에 방어용 성곽과 돈대, 그리고 주변 섬들에 통신용 봉수대(烽燧臺)를 쌓았으며 늘어난 인구를 먹여 살리기 위해 농지를 개간하고 말이나 소를 키우는 목장을 설치하였다.

그때 주문도에도 봉수대와 목장이 생겼다. 지금도 봉구산(烽丘山) 정상에 봉수대를 쌓았던 돌무더기가 남아있다. 지금은 저수지로 바뀌었지만 안말 뒤쪽 언덕 아래 '고려장' 혹은 '고리장'이라 불리던 목초지가 목장 흔적이다. 주문도에 봉수대와 목장이 조성되면서 관리와 노비

주문도 고리장 터.
왼쪽에 서도초등학교, 중·고등학교가 있고 그 오른쪽 땅콩 밭에서 신석기시대 유물이 나왔다.

들이 배치되었다. 항몽 투쟁이 끝나고 왕과 귀족, 관리들이 개성으로 돌아간 후에도 주문도 목장은 계속 유지되었다. 고려 말기 공민왕 때 행정개편을 하면서 강화에 진강(鎭江)과 하음(河陰), 교동(喬桐) 등 3개 현(縣)을 설치했다. 이때부터 주문도는 교동현감의 관리를 받았다. 고려 말기 우왕(1378년) 때 강도가 강화(江華)로 바뀌었고 부사(府使)가 파견되었다. 주문도는 여전히 교동현 부속 섬으로 남았다.

조선시대 들어서 태종 13년(1413년) 강화에 도호부(都護府)가 설치되었다. 임진왜란을 겪은 후 해방 방어의 중요성이 더욱 고조되면서 광해군 때 강화에 종3품인 부윤(府尹)을 두어 치리하게 하였다. 병자호란을 겪은 인조 때 교동을 부로 승격시키고 남양에 있던 삼도통어영(三道統禦營)을 교동으로 옮겨 유수(留守)로 하여금 황해도와 경기도·충청도 수군을 통괄하도록 했다. 그리고 숙종 때부터 강화에 진무사(鎭撫使)를 두기 시작했고 강화도 해안을 따라 돈대 53개를 수축하여 해상에 방위망을 구축하였다. 조선시대 주문도는 여전히 교동부(喬桐府), 혹은 교동진(喬桐鎭)에 속하여 봉수대와 목장, 어장을 관리하는 행정관리가 파견되었다.

그러면 언제부터 '주문도'(注文島)란 이름을 얻게 되었을까? 이에 대하여 『서도면지』(西島面誌, 2015년)는 다음과 같이 기록하고 있다.

> "조선시대 후기에 임경업(林慶業) 장군이 중국에 사신으로 갈 때 이 섬에서 한양에 있는 국왕에게 하직하는 글을 올렸다 하여 아뢰올 주(奏), 글월 문(文)을 써서 주문도(奏文島)라 하였는데 세월이 흐르면서 와전되어 주문도(注文島)라 불려졌다는 설과 중국 사신들이 중국을 왕래할 때 임금에게 중간보고를 올렸다고 하여 물가를 뜻하는 삼수(氵)변에 임

금 주(主)자를 합한 주(注)자와 글월 문(文)을 써서 주문도(注文島)라 부른다는 지명에 관한 두 가지 설이 전해 내려오고 있다."

두 가지 설 모두 정확하지 않다. 우선 임경업 장군이 활약했던 인조대왕 시기(1624-1646년)보다 2백 년 앞선 세종대왕 때 이미 '주문도'(注文島)에 국가에서 경영하는 목장이 있음을 보여주는 기록이 나온다. 즉 『세종대왕실록』에 "세종 13년(1431년) 3월 정미년에 혁파한 강화부 주문도 목장을 다시 조성할 것"과 "세종 18년(1436년) 7월 매음도와 장봉도 목장은 정포(井浦) 만호(萬戶)가, 주문도와 볼음도 목장은 우도첨절제사(右道僉節制使)가 관리하고 전에 임명했던 감목관을 혁파할 것"을 지시하였다. 따라서 '주문도'란 명칭은 조선 초기, 거슬러 올라가면 섬에 처음 봉수대와 목장이 설치된 고려시대에 붙여진 것으로 볼 수 있다.

고려시대 이후 주문도는 인근 교동도나 볼음도, 서검도와 함께 중국과 외교 및 무역의 전방기지였다. 따라서 배편으로 중국을 오가는 사신이나 무역상들이 주문도에 상륙해서 입출국에 관한 서류를 작성했을 가능성은 충분하다. 주문도 서북편 해안에 "중국 사신과 상인을 맞이했던 곳"이란 뜻에서 붙여진 '대빈창'(待賓倉), 혹은 '대변창'(待邊倉)이란 지명이 남아있는 것에서도 확인할 수 있다.

임진왜란과 병자호란을 겪으면서 해상방어진지로서 주문도의 역할이 더욱 중요해졌다. 그러나 17세기까지만 해도 주문도는 비교적 조용한 섬이었다. 『신증동국여지승람』(新增東國輿地勝覽, 1530년)에 "주문도에 정포영전(井浦營田, 군사용 토지)과 목장이 있다"는 기록과 『강도지』(江都誌, 1696년)에 "주문도에 목장이 있으며 주민 10호가 거주하고 있다"는 기록으로 보아 아무리 많아도 주민은 1백 명을 넘지 못했다. 그 무렵 주문도의 풍광을 보여주는 한시가 남아있다. 숙종 때 강화부사, 호조판서, 이조판서, 지돈영부사를 지낸 이민서(李敏敍)가 나주 목사로 근무하던 시절(1667년), 서해안 일대 섬들을 순방하다가 주문도에 들러 쓴 시다.

> "배에서 내려 작은 섬 찾아드니(捨舟尋小島)
> 울퉁불퉁 개암나무 길을 지나(榛逕歷高低)
> 황량한 산 밑에 옛 우물 있고(古井荒山下)
> 큰 나무 서편에 띳집 있구나(茅茨喬木西)
> 밭은 비옥하고 좋은 토질 자랑하나(畝種誇土美)
> 땅은 외져 은거지 같고(地僻類巖棲)
> 저녁 잠자리에 뜻은 마룻대에 오르나(宿昔乘桴志)
> 바람 불어 생각 또한 구슬프구나(臨風意更悽)"

이처럼 조용했던 섬에 사람들이 갑자기 몰려든 것은 조선 후기 숙종 때였다. 임진왜란과 병자호란, 두 전란을 겪은 후 일본 왜구들의 해상 침략과 약탈이 빈번해지자 해상 방어와 세곡선의 안전 운행을 위한 수군 병력과 진지 보완이 필요했다. 그리하여 숙종 4년(1678년) 강화에 진무사(鎭撫使)를 설치한 후 강화유수로 하여금 겸무케 하였고 숙종 38년(1712년)에는 강화도 수군 진지를 보완하면서 철곶(鐵串, 현 양사면 철산리)에 있던 진(鎭)을 주문도로 옮겼다. 그 결과 주문진(注文鎭)에 종3품 무관인 수군 첨절제사(水軍僉節制使, 줄여서 水軍僉使)가 파견되었고 그 휘하의 영관과 기패관, 포도관 각 1명, 잡색군 197명, 수군 567명이 경기도와 황해도 일대

강화 지도(1770년대 제작). 왼쪽 아래 주문도가 보인다.

섬들을 돌며 해상 방위에 임했다.

주문도에 진영 첨사가 주재하면서 환경도 크게 달라졌다. 우선 봉구산 남쪽 자락, '옛 우물' 곁에 첨사와 병사들이 거주하는 진영(鎭營)이 설치되었다. 그래서 '진말', 한문으로 '진촌'(鎭村)이란 지명이 나왔다. 진영을 중심으로 웃말과 샛말, 안말, 송말에 집들이 들어섰다. 자연스럽게 인구도 늘어났다. 주문진이 설치된 3년 후(1715년) 간행된 『여지전도』(輿地全圖)에 따르면 주문도에 86호 가구, 남자 280명, 여자 289명, 도합 589명이 거주하였고 정조 7년(1783년) 간행된 『강도후지』(江都後誌) 기록에는 149호 가구, 총 562명이 거주한 것으로 되어 있다. 이런 인구 증가 추세는 조선 후기까지 유지되었다.

조선 말기 갑오개혁(1895년)으로 행정개편을 하면서 군(郡)으로 승격한 강화에 14개 면(面)을 설치할 때 주문도는 주변의 볼음도와 아차도, 말도와 함께 서도면(西島面)에 편입되었다. 아차도와 말도는 작은 섬이지만 볼음도와 주문도는 크기와 역사가 비슷해서 초대 면사무소를 어디 둘 것인가를 두고 두 섬 주민 사이의 경쟁심이 없지 않았다. 면사무소는 볼음도와 주문도 사이에 있는 아차도에 설치했다. 주문도 느리로 면사무소가 옮겨진 것은 1936년부터다. 비록 면소재지는 아니었지만 수군 진영이 있었던 주문도의 정치·경제적 위상은 여전했다. 대한제국시기(1897-1910년) 진위대로 이름을 바꾸었던 강화 수비대(삼도통어영)는 1907년 8월 구한국부대 강제 해산령으로 해체되었다. 그때 주문도 진영도 해체되었고 목장도 폐쇄되었다. 진영에 파견되었던 군인과 관리들은 대부분 섬을 떠났지만, 주문도에 남아 농사짓는 사람도 있었고 주문도 주변 해상에서 고기 잡는 어부들도 늘어났다.

조선 후기 간척 사업으로 앞장술과 대빈창에 비옥한 농지가 조성되면서 농사짓기 위해 강화도나 석모도, 교동도에서 건너오는 농부들도 늘어났다. 조선 후기와 대한제국 시기 서울과 경기도에 살던 양반 후예들이 정치, 혹은 경제적인 이유로 고향을 떠나 강화를 거쳐 주문도에 들어와 사는 경우가 늘어났다. 그러면서 주문도의 주민사회 구성도 다양하게 변했다. 관리 출신과 그 가족, 나라로부터 토지를 공여받은 양반계층, 하급 관리와 병사 출신, 농부와 어부 등으로 구성된 상민계층, 노비와 잡역부 출신의 천민계층으로 나뉘었다.

그에 따라 주민들의 종교도 구분되었다. 양반계층은 유교를 신봉하였고 상민과 천민계층은 불교 및 무교에 의존했다. 그런데 주문도에는 (볼음도에 있었던) 향교나 서원, 사찰이나 암자가 없었다. 유교를 신봉하는 양반 집안에 조상의 위패를 모신 사당이 있을 뿐이었다. 대신 굿당은 많았다. '당골'(공동뫼골)이라 불리는 골짜기에 나라와 섬에 어려운 일이 생기면 무당이 큰 굿을 했던 국사신당(國師神堂)이 있었다. 또한 살곶이나루터에 자신당터, 응구지나루터에 주춤당터란 지명이 남아있는 것으로 보

아 그곳에도 굿을 하던 당집이 있었음을 알 수 있다. 느리와 대빈창으로 넘어가는 고개에도 성황당과 당집이 있었다. 가난하고 병든 사람들에게 '액을 쫓아내고 병을 고쳐주는' 무당은 절대적 권위를 갖고 있었다. 특히 어부들은 새 배를 진수하거나 봄철 출항 때면 무당을 불러다가 굿을 했다. 유교 선비나 양반들도 주민들의 굿이나 푸닥거리를 묵인하였다.

그 결과 주문도에서는 연중 굿하는 소리가 끊이지 않았다. 게다가 해마다 여름철만 되면 조기 잡는 배들이 전국에서 몰려와 응구지나루터는 성시(盛市)를 이루었다. 자연스럽게 술집과 여관이 들어섰고 어부와 상인들의 돈을 노리는 도박과 매춘이 성행하였다. 한때 응구지나루터에만도 술집이 열 곳이 넘었다고 한다. 말 그대로 환락가였다. 밤마다 술 취한 사람들의 욕설과 싸움이 끊이지 않았다. 체통과 예절을 중시하는 사람들은 '눈살을 찌푸리며' 응구지나루터를 피해 갔다. 그곳으로부터 못된 행실과 풍습이 주문도 전체에 퍼졌음은 물론이다.

그렇게 기독교 복음이 전파되기 전, 주문도는 '무당의 섬'이자 미신과 우상숭배, 음주와 도박, 폭력과 매춘이 횡행하는 '죄악의 섬'이었다. 고기가 많이 잡히고 농사가 잘된 것이 오히려 섬을 타락시킨 원인이 되었다. 그렇게 타락한 곳에 말씀의 씨앗이 뿌려졌다. 그 말씀은 주문도 사람들의 마음 밭에 심겨져 그들의 생각과 행실을 바꾸어 놓았다. 그러면서 섬의 분위기와 환경도 변하였다. 불과 반세기 만에 소란하고 지저분했던 섬이 조용하고 깨끗한 섬으로 바뀌었다.

주문도에 떨어진 복음의 씨앗

1952년, 교회 창립 60주년 행사를 준비하면서 기록한 것으로 보이는 『주문도 진촌교회 연혁』(注文島鎭村敎會沿革)은 서도중앙교회의 역사 시작을 다음과 같이 진술하고 있다.

> "1893년 시하(視夏) 륜돈교(倫敦敎) 신부(神父) 2인(명칭 王大人, 葛大人)과 현직(現職) 매음리(梅音里) 전도사 윤정일(尹定一) 씨가 본동(本洞)에 내도(來島)하여 천국복음(天國福音)을 전파할 새 구주(救主)의 평생사적(平生事蹟)을 환등(幻燈)으로 분명히 표시하였는데 사중부활(死中復活)과 영생지설(永生之說)은 초문인사(初聞人士)의 의혹(疑惑)을 야기(惹起)하고 태서인(太西人)의 의관면목(衣冠面目)은 초견노유(初見老幼)의 안목(眼目)을 경해(驚駭)하였으나 주(主)의 유년생활(幼年生活)로 전도사적(傳道事蹟)이며 십자

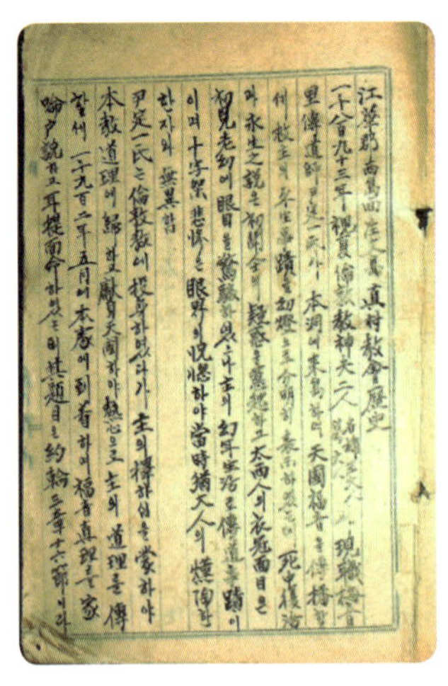

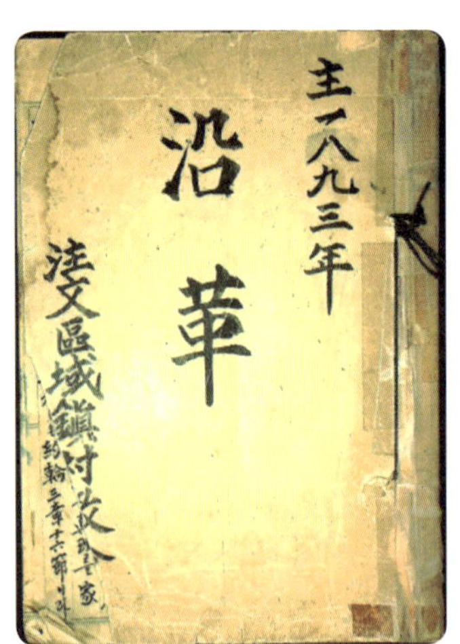

主一八九三年

沿革

진촌교회 연혁

가비참(十字架悲慘)은 안계(眼界)의 황홀(恍惚)하야 당시 유대인(猶大人)의 훈도(薰陶)한 자와 무이(無異)함."

쉽게 풀어쓰면 다음과 같다.

"1893년 여름 왕대인과 갈대인으로 불리는 륜돈교 신부 두 명이 현재 매음리 전도사로 있는 윤정일 씨와 함께 본도에 들어와서 천국 복음을 전할 새 구주의 평생사적을 환등으로 보여주었는데 죽은 자 가운데 부활한 것과 영생의 가르침은 처음 듣는 사람들의 의구심을 불러일으켰으며 서양인의 생김새와 의복을 처음 보는 노인이나 아이들의 안목을 놀랍게 만들었지만 구주의 어린 시절부터 전도한 사적과 십자가의 비참한 광경을 놀라운 눈으로 바라본 사람들은 당시 유대인 가운데 가르침을 받던 자들과 다를 바 없었다."

1893년 여름, 주문도에 처음 들어온 서양인들의 종교로 표기된 '륜돈교'(倫敦教)는 '런던교'란 말로 영국 성공회(聖公會, Anglican Church)를 의미한다. '왕대인'과 '갈대인'으로 불리는 성공회 사제 두 사람이 [1952년 당시 매음리 전도사로 있는] 윤정일의 안내를 받아 주문도에 도착해서 '구주 복음'을 처음 전하였다는 내용이다. 그러면 어떤 배경과 이유로 영국 성공회 선교사가 주문도에 들렀을까?

영국 국교회이자 감리교회의 모교회이기도 한 성공회는 1889년 11월 영국 해군 군종사제 출신 코프(C.J. Corfe, 高約翰) 사제(신부)를 한국 주교로 임명함으로 한국선교에 착수하였다. 고프 주교는 1890년 가을 의

사인 랜디스(E.B. Landis), 사제인 와일즈(J. Wiles), 트롤로프(M.N. Trollope, 趙馬可), 워너(L.O. Warner, 王蘭道) 등과 함께 내한하여 서울과 인천에서 선교 사역을 시작하였다. 2년 후 고프 주교는 제3의 선교 거점을 강화에 마련하기로 하고 워너 신부를 파송하였다. 이가 곧 위 기록에서 '왕대인'(王大人)으로 언급된 인물이다. 워너는 1893년 봄부터 강화선교에 착수하여 그해 9월 갑곶나루에 초가집 한 채를 구입한 후 집회를 시작하였다. 그리고 석모도 삼산(매음리) 출신인 윤정일을 통역 겸 안내로 삼아 강화 본도는 물론 인근 섬을 순회하며 전도에 나섰다. 그런 과정에서 워너가 주문도에 와서 복음을 전하게 된 것이다.

그러면 워너 일행이 강화도의 많은 섬 중에 주문도를 먼저 찾은 이유는 무엇인가? 이는 동행한 '갈대인'(葛大人)의 정체를 알면 답이 나온다. 위 기록은 갈대인을 왕대인과 같은 '성공회 신부'로 표기하고 있으나 그는 성공회 신부가 아니라 '성공회 신자'였다. 더 정확하게 말하면 영국 해군 장교로 1893년 강화에 설립된 '통제영학당'(統制營學堂) 교관이었다. 일명 '조선수사해방학당'(朝鮮水師海防學堂)으로도 불렸던 이 학교는 오늘 해군사관학교의 역사적 뿌리이기도 하다. 삼면이 바다로 둘러싸인 한반도에서 해상 방위가 국가 안위에 중요하다는 것을 인식한 고종은 1893년 2월 종래 수군의 편제를 개혁하면서 근대식 해군 사관과 수병 양성을 위한 통제영학당을 강화에 설립하기로 하고 '해상제국'으로 불렸던 영국에 교관(교사) 파송을 요청하였다. 이에 영국 정부는 교관으로 해군 중위 콜웰(William H. Callwell)과 포병 훈련관 커티스(J. Curtis) 하사를 파견했다. 콜웰 중위가 위 기록에 나오는 '갈대인'이다. 콜웰과 커티스는 1893년 10월 갑곶나루에서 사관 50명, 수병 300명으로 수업을 시작

하였다.

이처럼 1893년 갑곶나루에서 사역을 시작한 성공회 선교 책임자 워너는 복음 전도를 위해, 통제영학당 교관 콜웰은 수군 진지와 수군 훈련을 점검하기 위해 동반 여행을 실시하였다. 특히 콜웰로서는 수군 진영과 첨사가 있는 주문도 방문이 중요하였다. 그렇게 해서 1893년 여름, 윤정일의 안내를 받은 '갈대인'과 '왕대인'이 주문도를 방문했다. 그때 주문도 사람들은 서양 사람을 처음 보았다. 우선 복장부터 특이했다. 영국 해군 장교나 성공회 사제나 모두 검은 옷을 입고 있었다. 신분에 따라 옷 색깔이 달랐던 조선시대에 검은 옷은 '죄수' 옷이거나 꿈속에서 보는 '저승사자' 옷이었다. 주문도 사람들은 죽음이나 죄인을 뜻하는 검은 옷을 입고 등장한 서양인들을 놀란 눈으로 바라보았다.

주문도 최고 관리인 수군 첨사의 환대를 받으며 진영 관사로 들어간 '이양인'(異樣人)을 구경하러 주민들이 몰려들었다. 워너는 그것을 전도의 기회로 삼았다. 그는 영국에서 가져온 환등기로 〈그리스도의 일생〉을 담은 그림을 보여주었다. 주민들은 윤정일의 통역을 통한 워너의 "사람이 죽었다가 부활했다"는 것과 "믿는 사람은 죽지 않고 영생한다"는 말에 의구심을 표하였다. 모두 믿을 수 없는 말이었다. 다만 예수의 어린 시절부터 장성해서 십자가에 죽기까지 일생은 흥미를 끌었으며 십자가에 달려 고난당한 대목에서는 감동과 충격을 받았다. 그렇게 워너 일행은 주문도 사람들에게 기독교에 대한 의구심과 호기심을 심어놓고 떠났다.

이후 워너와 콜웰은 다시 주문도를 방문하지 못했다. 성공회의 강화선교 개척자 워너는 1896년 선교사직을 사임하고 귀국했다. 통제영학당 교관이었던 콜웰 중위 역시 학당 설립 1년 만에 터진 청일전쟁(1894-1895년) 때 승리한 일본의 간섭으로 조선정부가 통제영학당을 폐지하기로 결정함에 따라 1896년 귀국하였다. 그 무렵 군제도 개편되어 강화에 있던 삼도수군통어영은 강화 진위대로 명칭을 바꾸었고 주문도에 있던 수군 진영도 수비대로 명칭을 바꾸고 병력도 대폭 축소되었다.

외견상으로 볼 때 워너와 콜웰 일행의 주문도 방문은 말 그대로 방문으로 끝났다. 환등을 보여주며 전도하였지만, 개종자는 얻지 못했다. 그리고 더 이상 방문하지 못했다. 그렇다고 이들의 방문 전도를 실패로 단정해서는 안 된다. 워너가 보여준 〈예수 그리스도의 일대기〉 환등을 본 주문도 사람들은 그리스도 당시 그의 가르침을 받았던 유대인들처럼 의심과 감동, 충격을 느꼈다. 서양인들은 떠났지만, 그들이 보여준 그림의 잔영은 오랫동안 주문도 사람들의 마음속에 남았다. "그들은 왜 왔을까?" "그들이 보여준 그림의 내용은 무엇인가?" "그들이 말하는 부활과 영생의 도리는 과연 어떤 것인가?" 서양인의 종교, 기독교에 대한 호기심과 궁금증이 생겼다는 것만으로도 전도는 효과가 있었다. 종교적 호기심과 궁금증이 곧 구도(求道)와 개종으로 연결되기 때문이다. 1893년 여름, 주문도를 방문한 워너와 콜웰, 그리고 윤정일의 전도를 주문도 선교의 시작으로 보는 이유가 여기에 있다.

그렇게 주문도 사람들의 마음 밭에 말씀의 씨앗이 뿌려졌다. 그것이 싹 트고 뿌리를 내리기까지 시간이 필요했다. 주문도 사람들의 마음속에 심겨진 종교적 호기심과 궁금증은 9년 후 감리교 전도인으로 신분이 바뀌어 주문도를 다시 찾은 윤정일에 의해 말끔히 해소되었다.

강화 초대교인들의 믿음과 실천

워너와 콜웰, 윤정일이 주문도를 방문했던 1893년 여름, 또 다른 외국인 선교사가 강화선교를 시도하였다. 미국 감리교 선교사 존스(J.H. Jones, 趙元時)였다. 존스는 미국에서 고등학교를 다니던 중 해외선교에 대한 소명감에 대학 진학을 포기하고 '20세 약관'의 나이로 미감리회 해외선교부 파송을 받아 1887년 내한하였다. 그는 처음 5년간 서울 정동의 배재학당 교사로 일하다가 1892년 가을 인천으로 내려왔다.

감리회의 인천선교는 존스가 내려오기 전부터 시작되었다. 1885년 4-5월 내한한 미감리회 개척선교사 아펜젤러(G.A. Appenzeller)와 스크랜턴(W.B. Scranton) 가족은 서울 정동에 학교(배재학당과 이화학당), 병원(시병원과 보구여관)을 설립하고 교육 및 의료 선교를 시작하였다. 선교 착수 2년 만에 병원과 학교를 통해 개종자를 얻고 토착인 집회를 시작했으니 오늘날 정동제일교회의 시작이다. 자신감을 얻은 선교사들은 선교지역을 서울 밖으로 확장하기로 하고 그 첫 후보지로 인천을 택했다. 인천은 개항장이라 외국인 거주가 자유로웠지만, 서양인에 대한 주민들의 배척감이 강했다. 그래서 선교사들은 토착전도인 노병일을 인천에 먼저 파송했다. 1887년 여름 인천에 도착한 노병일은 6칸 초가집을 구해 전도를 시작했고 김기범과 이명숙을 얻어 집회를 시작했다. 오늘 인천 내리교회의 시작이다. 토착전도인들의 활약으로 교회가 부흥되자 미감리회 선교회는 1892년 8월 인천 주재 선교사로 존스를 파송하였다. 존스는 인천 용동(현 창영동)에 선교부를 개설하고 영화학교와 영화여학교를 시작하였다.

선교지역 확장을 원했던 존스는 성공회 신부 워너가 강화에 무난하게 정착한 것을 보고 1893년 여름 강화 방문을 시도하였다. 그러나 그는 강화 남문에서 출입을 금지당했다. 12년 전(1871년) 신미양요 때 강화 초지진을 점령했던 미국 해군과 같은 나라 사람이라는 이유였다. 결국 존스는 인천으로 퇴각했다. 그런 직후 존스는 내리교회에 다니던 '강화 출신' 이승환(일명 이성환)으로부터 "고향을 방문해 노모에게 세례를 베풀어 달라"는 요청을 받았다. 강화 서북부 서사면(현 양사면) 시루미(甑山)에 살던 이승환은 일찍이 인천에 나와 주막집을 하던 중 교회에 출석하였고 성경을 읽다가 "술을 파는 것이 죄가 된다"는 것을 알고 주막집을 처분한 후 고향으로 돌아가 가족에게 복음을 전했다. 그때 나이 든 노모가 아들의 전도를 받고 믿기로 결심했다.

그렇게 해서 1893년 가을 존스는 이승환의 안내를 받아 강화를 다시 방문하였다. 그런데 이승환 가족이 살던 시루미로 가려면 해안가 다리목(橋項) 마을을 지나야 했다. 그 마을은 경주 김씨 집성촌으로 양반 동네였다. 특히 '김 초시'로 불렸던 김상임(金商任, 혹은 김상림)은 보수적인 유교 한학자로 서양 기독교가 들어오는 것을 반대하였다. 그는 이승환에게 "서양 사람이 내 땅을 밟으면 네 집을 불사르겠다"며 엄포를 놓았다. 이에 이승환은 밤중에 노모를 업고 다리목 뒤편 해안가에 정박해 있던 배에 올랐고 존스는 보름 달빛에 비추어 예문을 읽으며 어머니와 이승환 모자에게 세례를 주었다. 이것이 그 유명한 '강화 최초 선상세례'이다.

인천으로 돌아간 존스는 주일마다 이명숙 전도사를 강화로 보내 시루미 이승환 집에서 집회를 시작했다. 선교사가 자기 땅을 밟지 않았음에도 안동네, 시루미에서 집회가 시작된 것에 당황한 김상임은 "야소

교의 정체를 알아 저들의 무지를 깨우치리라"는 생각으로 한문 성경을 구해 읽다가 오히려 감동하고 "이것이 참 종교다" 하며 개종을 결심했다. 그는 1895년 존스를 초청해서 세례를 받은 후 자기 집 사랑방을 예배처소로 내놓으면서 다리목의 양반들과 시루미의 천민들이 한 곳에서 예배를 드리게 되었다. 그렇게 강화 기독교(감리교)의 모교회로 불리는 교산교회(橋山敎會)가 시작되었다.

한학자로 유명했던 김상임이 기독교로 개종했다는 소식은 강화지역 양반 지식인들에게 충격이었다. 많은 강화 유생들이 그를 찾아와 항의, 혹은 토론했다. 송해면 상도리 홍의(홍우) 마을에서 서당 훈장을 하던 박능일(朴能一)도 그렇게 항의하러 김상임을 찾아왔다가 오히려 설득당해 믿기로 했다. 박능일은 홍의 마을로 돌아와 가족과 마을 사람들에게 복음을 전하여 일곱 가정이 믿기 시작했고 예배당으로 개조한 서당에서 예배를 드리기 시작했다. 1896년 설립된 강화 두 번째 교회, 홍의교회의 시작이다.

홍의교회 교인들의 믿음은 남달랐다. 그들은 존스 선교사에게 세례를 받으면서 이름을 바꾸었다. 즉 "우리가 세례받고 거듭났으니 새 이름을 쓰기로 하자"면서 성(姓)은 그대로 두고 "우리는 처음 믿은 사람들이다" "우리는 하나다"라는 뜻으로 한 일(一) 자를 돌림자로 쓰기로 했다. 그 결과 홍의 마을에 처음 복음을 전한 박능일을 비롯하여 장양일(張良一)과 종순일(種純一), 김경일(金敬一), 정천일(鄭天一), 주광일(朱光一), 권신일(權信一) 등이 같은 날 세례를 받으면서 개명했다. 이후 강화에서는 처음 믿은 사람이 '일'자로 개명하는 것이 유행이 되어 고부교회, 강화읍교회, 건평교회, 망월교회 교인들도 '일자 돌림' 개명을 하였다.

또한 홍의교회 교인들은 성경 말씀을 '문자 그대로'(in a literal sense) 실천하였다. 대표적인 인물이 종순일 속장이었다. 홍의 마을의 큰 부자로 살았던 그에게 돈을 빌려다 쓴 사람들이 많았다. 그런데 종순일은 마태복음 18장 21-35절에 나오는 '불의한 종의 비유' 말씀을 읽다가 "하나님께서 나의 천만 냥 빚(죄)을 탕감하여 주셨으니 나도 남이 내게 빚진 것을 탕감하여 주는 것이 옳다"고 생각하고 자신에게 돈을 빌려 간 마을 사람들을 모두 집으로 불러 모으고 빚 문서를 불태워버렸다. 그 사실이 서울에서 간행되던 감리교신문 〈대한크리스도인회보〉(1900.6.6)에 실렸다.

> "[종순일이] 빗준 문서를 사람들 앞에서 즉시 불을 놓으니 탕감하여 줌을 입은 자들이 크게 감복하여 영화를 하나님께 찬송하고 서로 공론하되 세상 사람이 백지 없는 빗도 있다 하여 기인취물(欺人取物) 하는 자 있거늘 예수교를 믿는 사람은 자기 돈까지 버려 남에게 적선하니 참 거룩한 일이라 한다더라."

종순일의 '말씀 실천'은 그것으로 끝나지 않았다. 그는 예수님이 부자 청년에게 하셨던 "네가 온전하고자 할진대 가서 네 소유를 팔아 가난한 자들에게 주라 그리하면 하늘에서 보화가 네게 있으리라 그리고 와서 나를 따르라"(마태 19:21)는 말씀을 읽고 자기 재산을 처분하여 동네 가난한 사람들에게 나눠주고 남은 토지는 교회에 기부한 후 "땅 끝까지 이르러 내 증인이 되리라"(행 1:8)는 말씀에 따라 부인과 함께 전도자의 길에 나섰다. 그는 강화 남쪽 길상면으로 가서 전도한 결과 길직과 길촌, 온수, 선두, 넙성, 덕진 등지에 교회가 설립되었다. 이후 종순일은 도서

강화 홍의마을의
권신일 목사 묘소

지역 목회자로 나서 영홍도와 덕적도, 영종도를 거쳐 1916년 주문도 진촌교회를 담임하였다. 그가 진촌교회에서 목회할 때 주문도에서도 '부자 교인의 빚 탕감 잔치'가 벌어졌다.

종순일이 강화 남쪽으로 전도자의 길을 떠날 때 같은 홍의교회의 권신일과 권혜일 부자(父子)는 서쪽 교동도(喬桐島)와 송가도(宋家島, 현 삼산면 상리)로 가서 복음을 전했다. 그곳에도 역시 교회가 설립되었다. 권신일의 전도로 처음 믿기 시작한 교동 신자들은 믿을 '신'(信) 자를 돌림자로 썼다. 그리하여 서한리의 방족신과 방합신, 방도신, 서한신과 서중신, 인사리의 황초신과 황어신, 황한신, 교동읍의 안낙신 등이 나왔다. 존스 선교사는 1901년 권신일을 교동구역 전도사로 세웠다. 그 무렵 설립된 주문도 진촌교회가 그의 목회 구역에 속했다.

석모도에도 교회가 계속 설립되었다. 석모도는 일제강점기 간척사업으로 한 개의 섬으로 통합되기 전 송가도와 석모도, 매음도로 나뉘어 있었다. 1893년 여름 워너와 콜웰을 안내해서 주문도를 방문한 바 있는 윤정일(尹定一)이 그 무렵(1899년) 성공회에서 감리교로 교적을 옮기고 고향 매음리(어류정)로 돌아가 복음을 전했다. 오늘 삼남교회의 출발이다. 그도 본명이 따로 있었으나 홍의교회나 강화읍교회 교인들처럼 세례를 받으면서 '윤정일'로 이름을 바꾼 것으로 보인다. 존스 선교사는 윤정일을 감리교 권서(勸書, 매서인)로 세웠다. 윤정일은 매음도뿐 아니라 인근 항포와 석모도, 서검도 등으로 다니며 성경책을 팔면서 전도하였다. 그가 가는 곳마다 교회가 설립되었다.

강화 서남부지역 섬들을 돌면서 전도하던 윤정일이 주문도를 다시 찾은 것은 1902년 5월이었다. 성공회 선교사 워너와 콜웰 대위를 안내해서 주문도를 방문한 지 9년 만이었다. 그리고 그의 전도로 주문도에 비로소 교회가 설립되었다.

김근영의 개종과 주문교회 설립

감리교 권서로 신분이 바뀌어 주문도를 다시 찾은 윤정일의 전도에 대하여 「진촌교회 연혁」은 이렇게 기록하고 있다.

> "윤정일(尹定一) 씨는 륜돈교(倫敦敎, 성공회)에 투신하였다가 주(主)의 택하심을 몽(蒙)하야 본교(本敎, 감리교) 도리(道理)에 귀(歸)하고 헌신천국(獻身天國)하야 열심으로 주의 도리를 전할 새 1902년 5월에 본처에 도착하여 복음진리(福音眞理)를 가유호설(家喩戶說)하고 이제면명(耳提面命)하였는데 그 제목은 약한(約翰) 3장 16절이라."

주문도를 다시 찾아온 윤정일은 집집마다 찾아다니며 만나는 사람에게 요한복음 3장 16절, "하나님이 세상을 이처럼 사랑하사 독생자를 주셨으니 이는 저를 믿는 자마다 멸망치 않고 영생을 얻으리라"는 말씀을 들려주며 복음을 전하였다. 윤정일이 집중적으로 전도한 곳은 응구지나루터였다.

> "윤씨는 심중(心中)에 결정하기를 죄다처(罪多處)에 견문(見聞)이라 하여 죄악의 괴수(魁首)되는 인류를 선결심방(先決尋訪)하였는데 본처 동부(東附) 암곶포(奄串浦, 응구지)는 매년 6월이면 수산물을 대판매(大販賣)하든 유명한 포구라. 선범(船帆)이 임립(林立)하고 상객(商客)이 운집(雲集)하야 석양환적(夕陽渙笛)과 월불전내(月不顚乃)는 물외(物外)에 성황(盛況)을 정(呈)하되 탕자(蕩子)의 위기(危機)와 음녀(淫女)의 화망(禍網)은 세상의 윤리를 상(傷)하야 단석나정(袒裼裸程)의 무례(無禮)함과 사주투한(使酒鬪猂)의 올화(嗢嘩)는 단정인사(端正人士)의 안목(眼目)을 이도(泥塗)에 좌(坐)함과 여(如)하야 망망묵거지(忙忙默去之)하는 처(處)이라."

주문도 동북 해안 포구, 암곶포 곧 응구지는 매년 6월이면 멀리 연평도와 백령도, 어청도까지 다니며 조기와 민어를 잡는 범선들로 돛대 숲을 이루었고 고기를 사러 전국에서 몰려온 상인들로 성시를 이루었다. 돈이 풍성하니 상인과 어부를 상대로 술과 몸을 파는 여인들까지 몰려왔고 술집과 여관이 즐비했다. 한때 응구지에 술집만 열 곳이 넘었다고 한다. 밤마다 달빛 아래 술집과 선상에서 술 마시는 사람들의 노랫소리, 피리소리가 끊이지 않았고 술에 취해 벗은 몸으로 진흙탕에 뒹굴며

싸우는 사내들의 고함에 체면과 예절을 중시하는 양반들은 황급하게 피하였다. 기록한 대로 탕자의 위기와 음녀의 올무가 넘치는 곳이었다. 윤정일이 그런 곳을 전도지로 삼은 것은 "죄 많은 곳에 구원받을 자도 많다"는 전도 원리 때문이었다.

> "씨는 차(此)의 반대로 죄악중(罪惡中) 생령(生靈)을 구제(救濟)함을 질구두연(叱救頭燃)하야 담대한 용맹(勇猛)과 활발한 보무(步武)로 인해중(人海中)에 직입(直入)하야 세례요한(洗禮約翰)의 광야성(曠野聲)과 구주예수(救主耶穌)의 복음으로 제목을 정하고 고성(高聲)과 대호(大呼) 왈(曰) '회개하라 천국(天國)이 근의(近矣)라' 하고 주의 도리를 순순연(淳淳然) 전파할 새 일간(一間) 방사(房舍)를 세거(貰居)하야 곤루매고(捆屢賣苽)로 여비(旅費)를 자자(自資)하고 봉인즉설(逢人卽說)은 주(主) 예수(耶穌)의 성호(聖號)더라. 여차(如此)히 삼하(三夏)를 경과하였는데 주의 도리를 순종(順從)하는 자도 유(有)하며 맹렬히 반대로 구방군축(誹謗窘逐)을 가(加)하는 자도 다(多)하드라."

윤정일은 성어기(盛漁期)인 여름 석 달(음 5-7월) 동안 웅구지나루터에 방 한 칸을 세내어 살면서 밤에는 새끼줄을 꼬고 낮에는 그것을 팔아 숙식비를 마련하는 자비량(自備糧) 전도를 했다. 그는 요단강가의 세례 요한처럼 웅구지나루터에서 "회개하라 천국이 가까이 왔다"라고 외치며 전도했다. 그의 전도에 귀를 기울이는 사람도 간혹 있었지만, 그보다는 "정신 나간 놈"이라며 조롱하고 핍박하는 사람들이 더 많았다. 그럼에도 윤정일은 포기하거나 주눅 들지 않고 용맹한 군사처럼 무리 속에 뛰어들어 복음을 전하였다.

그렇게 윤정일이 1902년 여름 석 달 동안 웅구지에서 고군분투하며 전도한 결과, 개종자 한 사람을 얻었다. 주문도의 첫 신자 김근영(金根永)이었다.「진촌교회 연혁」기록이다.

> "시(時)에 현임(現任) 본처전도사(本處傳道師) 김근영(金根永) 씨는 수년간 개성(開城)에 여유(旅遊)하다가 천주교(天主敎)를 신앙하다가 주야(晝夜)로 송경부절(誦經不絶)하드니 윤씨의 열심전도(熱心傳道)를 문(聞)하고 성신(聖神)의 감화(感化)를 수(受)하야 즉지(卽地) 회심향도(回心向道)하니 주문(注文)은 전(前) 가리리(加利利) 해빈(海濱), 선생은 금(今) 피득(彼得) 사도(使徒)러라."

김근영은 주문도 태생은 아니었다. 교동에서 몰락 양반 후예로 태어나 어려서 글공부도 좀 하였지만 가난한 집안 형편 때문에 농사를 짓기 위해 주문도로 들어와 살고 있었다. 조씨(趙氏)와 결혼해서 딸만 둘(김순애와 김인애) 두었는데 집안일에는 관심을 두지 않고 사업을 핑계로 외지를 돌아다니며 '풍류객'(風流客)으로 살았던 것으로 보인다. 그런 김근영이 개성으로 가서 수년간 지내던 중 우연히 천주교 신앙을 접하였고 또한 개신교 성경도 구해 읽기 시작하였다. 그는 방랑 생활을 청산하고 주문도로 돌아와 진촌 집에서 홀로 성경을 읽으며 '구도'(求道) 생활을 시작했다.

바로 그때 윤정일이 주문도에 들어와 웅구지나루터에서 전도하기 시작했다. 대다수 동네 주민은 윤정일을 조롱하고 무시했지만 김근

응구지 나루터와 옛 우물

영은 달랐다. 수년간 개성에서 천주교인으로 살았던 경험에다 지금 읽고 있는 성경에 호기심을 갖던 중 그 성경책을 팔러 윤정일이 왔으니 호감이 갈 수밖에 없었다. 그런 김근영에게 윤정일은 훌륭한 안내자가 되었다. 윤정일도 예전(禮典)과 의식(儀式)이 천주교와 비슷했던 성공회 신자로 살았던 경험이 있어 김근영에게 천주교와 기독교(개신교)의 차이를 정확하게 설명할 수 있었고 김근영이 성경을 읽으며 의심되거나 알 수 없었던 부분도 상세히 가르쳐 주었다. 김근영은 무엇보다 주민들의

온갖 조롱과 핍박을 무릅쓰고 지치지 않은 열정으로 복음을 전하는 윤정일의 모습에서 '참된 진리'를 발견한 사람만이 누릴 수 있는 감격과 기쁨을 느낄 수 있었다. 김근영은 주저하지 않고 윤정일에게 "나도 믿겠다"는 의사를 표했다. 「진촌교회 연혁」은 이를 두고 "주문도가 주님께서 복음을 전하였던 옛날 갈릴리 해변이었다면 김근영은 오늘 주문도에서 첫 번째 얻은 제자 베드로와 같다"고 적었다.

믿기로 작정한 김근영의 행동 또한 거칠 바 없었다.

"김 선생은 도리에 순복(順服)한 이후로 자기의 죄과(罪過)를 통회(痛悔)하여 9월 9일에 윤씨를 초대하야 조선이래(祖先以來)로 복록(福祿)을 축도(祝禱)하든 허신(虛神)과 국풍(國風) 관계로 누대(累代) 봉안(奉安)하든 사당(祠堂)을 일절 화염중(火焰中)에 사절(謝絶)하고 독일상제(獨一上帝)와 무이구주(無二救主)를 진심갈력(盡心竭力)하여 경배찬미(敬拜讚美)하며 동일(同日)에 전도사(傳道師) 권신일(權信一) 씨는 학습예식(學習禮式)을 거행하였는데 씨는 교회규칙(教會規則)을 준행하여 주일예배(主日禮拜)와 삼일기도(三日祈禱)를 자가(自家)에서 각수(恪守)하며 품성(稟性)이 묵중(默重)하야 언어동작(言語動作)이 거개중절(擧皆中節)하고 희로애락(喜怒哀樂)을 불형어색(不形於色)하니 빈천(貧賤)이라도 불능이(不能移)하고 부귀(富

주문교회 첫 예배처였던 김근영의 집(왼쪽 아래).
그 오른쪽 큰 집이 진말 동수 김창룡과 아들 김치준이 살던 집이다.

현재 모습. 김근영의 집 터에 벽돌 양옥이 들어섰고 오른쪽 양철 지붕의 김치준 생가는 그대로 있다.
뒤쪽 언덕에 서도중앙교회가 보인다.

貴)라도 불능요(不能搖)하고 위무(威武)라도 불능굴(不能屈)이라."

김근영은 여름 석 달 동안 응구지 전도를 마치고 매음도로 돌아가 있던 윤정일에게 "다시 와 달라"고 부탁했다. 자신을 초청한 이유를 알고 있던 윤정일은 그 무렵 교동구역 담임자로 강화도 서부지역 교회를 관리하던 권신일 전도사와 함께 주문도를 방문했다. 전도자가 주문도 사람의 초청을 받고 온 것은 처음이었다. 김근영은 윤정일과 권신일의 도움을 받아 그동안 집안에서 섬기던 우상과 조상의 위패를 모신 사당을 불태웠다. 그리고 그날 김근영은 권신일 전도사의 문답으로 학습(學習)을 받았다. 음력으로 1902년 9월 9일, 양력으로 10월 12일 화요일의 일이다. 그날이 주문교회, 즉 오늘 서도중앙교회의 생일이라 할 수 있다.

그때부터 진말 김근영의 초가집에서 주일예배 및 수요기도회가 시작되었다. 이렇게 설립된 주문교회는 교동구역에 속하게 되었고 구역 담임인 권신일 전도사가 초대 담임자가 되었다. 권신일 전도사는 인천 선교부에 주문도 교회가 설립되었음을 알렸다. 이때부터 권신일 전도사는 주기적으로 주문도를 방문하여 주문교회 예배를 인도했고 그가 오지 못할 때는 김근영이 가족예배 형태로 집회를 인도하였다. 이렇듯 주문교회 설립은 1) 토착전도인 윤정일의 자발적 입도(入島) 전도에 2) 토착인 구도자 김근영이 호응하여 개종을 결심하고 3) 집안 사당과 우상을 철폐한 후 자기 집을 예배처소로 내놓아 예배를 드림으로 4) 선교사의 도움이나 간섭 없이 토착인 전도자와 개종자가 힘을 합쳐 설립한 자생교회(自生敎會)가 되었다.

그러나 모든 초대교회의 역사가 그러하듯 주문교회의 초기 역사도

순탄치 못했다. 특히 주문도에서 처음 믿어 집안 사당을 불태우고 집을 예배 처소로 내놓은 김근영이 마을 주민, 누구보다 집안 식구들로부터 받은 핍박과 시련이 극심했다.

> "도(道)의 연고로 환난핍박(患亂逼迫)을 당함은 성도(聖道)의 상사(常事)인즉 선생[김근영]이 해독면차(奚獨免此)리오. 상(上)으로 노친(老親)의 중견(重譴)과 하(下)로 중당(中堂)의 편적(偏謫)과 애제(愛弟)의 원방(怨謗)이며 외면(外面)으로 고구(故舊)의 조소(嘲笑)와 인리(隣里)의 비방(誹謗)이 거개(擧皆) 전로(前路)를 장애(障碍)하나 선생은 장왕즉진(長往卽進)하야 가정과 인리(隣里)에 주의 도리를 열심충고(熱心忠告)하고 경건(敬虔)한 의표(儀表)는 일단화기(一團和氣) 이도인(泥塑人)을 주(做)하였으며 원래 가세(家勢)가 빈한(貧寒)하고 풍류(風流)를 탐호(耽好)하여 가인(家人)의 상산작업(常産作業)을 불사(不事)하드니 일자회개(一自悔改) 이래로 춘경하운(春耕夏耘)과 산초수어(山樵水漁)는 관광자(觀光者)의 감상(感想)을 기(起)하야 귀영상제(歸榮上帝)하되 도부동(道不同)한 연고인지 분전입미(分錢粒米)의 취대주급(取貸周急)은 부득여의(不得如意)하여 궁막심위(窮莫甚爲)이러니."

김근영이 견디기 힘들었던 것은 이웃 주민들의 비난보다 가족과 친척들의 반대였다. 연로한 어머니와 동생, 그리고 작은아버지 등 친척들의 원망과 질책이 극심했다. 사당 훼파 이후 오랫동안 사귀었던 친구들도 그를 멀리하며 조롱하였고 동네 주민들의 비방도 더해갔다. 전에 윤정일이 당했던 조롱과 핍박을 김근영이 그대로 이어받았다. 이런 비

난과 비판에 대하여 김근영은 '개종 후' 변화된 삶으로 대응하였다. 몰락한 양반 후예로 가난했던 집안 살림에는 관심도 없이 떠돌아다니며 풍류만 즐겼던 그가 기독교인이 된 후 직접 논밭에 나가 농사를 짓고 산에 올라 나무를 했으며 바다에도 나가 고기를 잡았다. 그리고 만나는 모든 사람에게 겸손한 자세로 복음을 전하였다. 시간이 흐르면서 그의 과거 생활이 어떠했는지 알고 있었던 가족과 주변 사람들로부터 "저 사람 많이 변했다"는 말을 듣게 되었다. 동시에 기독교를 바라보는 주민들의 시선도 바뀌기 시작하였다. 간혹 그를 변화시킨 '하나님께 영광을 돌리는'(歸榮上帝) 사람들도 생겼다.

그러나 근본이 가난한 집안이라 김근영의 경제 사정은 계속 곤궁했다. 집안 사당을 불사른 후에는 더욱 친척이나 주민들의 도움도 받을 수 없었다. 그런 상황에서 1903년 5월(음력) 윤정일이 다시 '여름 전도'를 위해 주문도를 찾았다.

> "1903년 5월에 윤 선생이 본처(本處) 제2회 전도에 종사하여 김 선생의 빈핍(貧乏)함을 주선(周旋)키 위하여 여비(旅費)의 소요물약료(所要物藥料)를 기부(寄附)하고 사관(舍館)을 김 선생 댁에 정하여 동고동락(同苦同樂) 중 마희(魔戲)가 승간(乘間)하여 김 선생 부인 조마대(趙馬大) 씨가 우연 득병(得病)에 주궤무인(主饋無人)이라. 윤씨는 용맥(舂麥)하고 김씨 집화(執火)하여 맥반총탕(麥飯葱湯)으로 기장(飢腸)을 위(慰)하여 여사(如斯)히 전도에 진력(盡力)하야 삼하(三夏)를 경(經)하고 폐전오엽(陛前梧葉)이 추성(秋聲)을 보(報)함에 윤 선생은 주식중(主息中) 장연거별(帳然去別)하다."

8개월 만에 다시 주문도를 찾은 윤정일은 온갖 비난과 시련 속에서도 김근영이 '흔들리지 않는' 믿음으로 교회를 지키고 있음을 확인했다. 다만 김근영이 외부 지원이나 도움을 받지 못해 경제적으로 파산지경에 처해 있음을 알고 여비 마련을 위해서 가져온 서양 의약품과 물품을 김근영에게 맡겨 팔아서 연명하도록 했다. 그리고 응구지나루터에 세 들어 살기로 했던 것을 포기하고 김근영의 집을 숙소로 삼아 함께 지냈다. 김근영이 윤정의 응구지나루터 전도에 합류한 것은 물론이다. 홀로(solo) 하던 응구지 전도를 둘이(dueo) 함께 하게 되었다.

그런데 집안 살림을 맡아 하던 김근영의 부인 조씨가 병들어 눕게 되었다. 동네 사람들이 "조상귀신이 노했다"거나 "서양귀신 탓이다"라며 수군거릴 것은 당연했다. 그런 상황에서 김근영은 직접 음식을 만들어 병든 아내를 간호하고 가족을 먹였다. 부부유별(夫婦有別)과 남존여비(男尊女卑) 풍조가 강했던 가부장적 유교 문화풍습에서 남자가 부엌에 들어가 요리를 한다는 것은 상상하지 못 할 일이었다. 그러나 김근영은 주변의 시선을 아랑곳하지 않고 병든 아내를 극진하게 보살폈다. 이런 모습을 지켜본 가족과 친척, 이웃 주민들로부터 "저 사람 변했어도 착하게 변했네"란 말을 듣게 되었다. 그렇게 윤정일은 1903년 여름 석 달 동안 김근영과 함께 '동고동락'하면서 응구지 전도를 하고 매음도로 돌아갔다.

다시 홀로 남은 김근영은 더욱 타오르는 신앙 열기로 복음전도에 나섰다. 그 사이 아내의 병도 나았다. 기독교 신자가 된 후 '변화된' 김근영의 생각과 행동을 가장 가까이서 지켜본 아내도 믿기로 작정했다. 아내는 후에 세례를 받으며 '마대'(馬大, 마태)란 이름을 얻었다. 또한 가정을 돌보지 않다가 예수를 믿은 후 변화된 삶을 사는 아버지의 모습을 지켜본 맏딸 김순애(金順愛)가 아들 하성범(河聖範)을 데리고 집회에 참석했다. 후에 전화선(田華先) 장로의 부친 전유성과 결혼하게 될 김근영의 둘째 딸 김인애(金仁愛)도 가족예배에 빠지지 않고 참석했다. 집안 사당 훼파사건 이후 비난에 앞장섰던 친척 중에도 개종자들이 나왔다. 김근영과 같은 김씨 문중으로 역시 교동에서 주문도로 건너와 농사짓고 살던 김택현(金澤賢)과 손시금(孫時今) 부부, 그 사이에서 태어난 김기찬(金基燦)이 교회에 나오기 시작했다.

이렇듯 1903년 가을부터 1904년 봄 사이에 김근영의 집에서 모이는 주문교회 예배 집회에 참석자들이 늘어났다. 「진촌교회 연혁」 기록이다.

> “김 선생은 질풍연초(疾風煙草)의 맹렬한 정신(精神)과 대한송백(大寒松柏)의 강직한 기개(氣概)로 무한한 곤란(困難)과 유력(有力)한 간도(懇禱)로 삼개성상(三個星霜)을 경(經)하야 1904년에 자가일문(自家一門)이 심열성안(心悅誠眼)으로 도리(道理)에 귀순(歸順)하고 인리(隣里) 수삼(數三) 형제가 인경응소(鱗頃應召)하여 교회기초(敎會基礎)가 성립(成立)하였으며.”

윤정일이 처음 주문도에 와서 전도한 지 3년 만인 1904년에 이르러 김근영 가족과 집안사람들, 서너 명의 동네 주민 가족들이 믿기로 작정하고 집회에 참석함으로 주문교회는 김근영 집안의 가정교회를 벗어나 마을교회로서 그 기초가 세워졌다. 주문도 사람들은 새로운 종교, ‘서양 종교’로 알려진 기독교가 어떤 종교인지 의심과 호기심을 갖고 지켜보았다. 그들은 전도자들이 전하는 교리나 설교보다 그들의 행동과 생활을 주목하였다. "좋은 나무가 나쁜 열매를 맺을 수 없고 못된 나무가 아름다운 열매를 맺을 수 없고" "그들의 열매로 그들을 알리라"는 말씀처럼(마 7:18, 20), 종교는 이를 신봉하는 사람들의 삶과 행실을 통해 종교의 진위(眞僞)가 판가름 난다. 그런 면에서 김근영의 '개종 전' 생활과 '개종 후' 생활을 가까이서 지켜보았던 가족과 친지, 마을 사람들 가운데 믿기로 작정한 사람들이 나올 것은 당연하였다. 이들은 모두 말보다 실천을 우선시했던 김근영의 '생활전도'(preaching in life), 그 믿음의 결실이었다.

당골 국사당 훼파사건

이렇듯 윤정일이 웅구지나루터에 와서 복음을 전한 지 3년 만인 1904년에 이르러 김근영의 가족과 친척, 마을 주민 가운데 믿기로 작정한 사람들이 생겨나 김근영의 집에서 모이는 주문교회 집회에 어른과 아이 포함, 열 명이 넘는 교인들이 참석하게 되었다. 이에 자신감을 얻은 김근영은 더욱 열정적으로 복음 전도사역에 나섰다. 그 신앙의 뜨거운 열기가 주문도 전체 주민을 경악시킨 대사건을 불러일으켰다. 이에 대한 「진촌교회 연혁」 기록이다.

> "그해[1904년] 11월에 서(徐) 선생 중신(重信) 씨는 망도(望島)에 전도파송(傳道派送)을 당하여 과경(過頃)에 김[김근영] 선생을 심방하였는데 성신(聖神)이 망도에 전도할 기회를 불허(不許)하심인지 시(時)에 풍운(風雲)이 대작(大作)하고 빙시(氷澌)가 만강(滿江)하여 주즙(舟楫)을 난통(難通)이

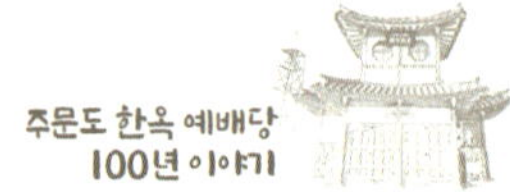

라. 부득이 본 교회에 유연(留延)하야 아동(兒童)을 교수(敎授)하며 대전도(大傳道)의 시기를 요(要)하여 일도(一島)가 수백 년 숭봉(崇奉)하든 국사신당(國師神堂)에 처위(處位)를 화존성(火存性)에 소멸(消滅)하니 평지풍파(平地風波)가 홀연대작(忽然大作)하야 김(金) 서(徐) 양씨(兩氏)를 동정초치(洞庭招致)하고 훼가출경(毁家出境)이며 혹은 수화불통(水火不通)의 중론(衆論)이 분운(紛紜)하였고 양(兩) 선생은 격렬한 전도(傳道)로 구주의 도리를 증거하여 사신숭배(邪神崇拜)함이 상제(上帝) 전(前)에 일대죄루(一大罪戾) 됨을 정당설유(正當說喩)하였으며."

사건은 교동도 서한리 교인 서중신(徐重信)이 주문도에 도착하면서 시작되었다. 그 역시 권신일에게 전도받고 세례를 받으면서 '신'자 돌림으로 개명한 교동 초기 신자 중 한 사람이었다. 그는 강화구역 담임자 권신일 전도사의 지시를 받고 주문도 서편에 있는 망도, 즉 볼음도에 전도하러 가던 중 주문도에 들러 김근영을 방문했다. 그런데 볼음도로 출발하려는 때 갑자기 날씨가 나빠져 큰바람이 불고 한강에서 떠내려온 얼음덩어리 때문에 배를 띄울 수 없게 되었다. 결국 서중신은 김근영의 부탁으로 주문도에 머물러 낮에는 교인 자녀들에게 한글과 성경을 가르치고 저녁에는 전도 집회를 열었다.

'첫 믿음'의 열정과 전도열기에 불타올랐던 서중신과 김근영은 기도하던 중 "마을 사람들이 우상 숭배하는 것을 두고 볼 수 없다"면서 주문도 국사당(國師堂)을 훼파하기로 했다. 구약에서 요시아 왕이 종교개혁을 하면서 이스라엘 백성으로 하여금 죄를 짓게 만든 "산당(山堂)들을 불사른"(왕하 23:15) 것과 같은 열정이었다. 김근영과 서중신은 교인들을 데

국사신당이 있던 당골(공동뫼골)

리고 새멀 당골로 가서 그곳 국사당과 거기 있던 화상과 제단, 굿하던 도구들을 모두 불태웠다. 동네 사람들이 모두 나와 놀란 눈으로 그 광경을 지켜보았다. 국사당에 불을 지른 것은 집안 사당을 불태운 것과 차원이 달랐다. 국사당은 느리나 응구지, 살곶이에 있는 개인 당집과도 구별되었다. 봉구산 산신(山神)을 모셨다는 당골 국사당은 주문도 섬사람들에게 경외의 대상이었다.

그런 국사당을 불 질렀으니 마을 주민들이 크게 동요할 것은 당연했다. 흥분한 마을 사람들은 김근영과 서중신을 붙잡아 포박한 후 동네 마당으로 끌고 가서 "너희 집에도 불을 놓겠다" "섬 밖으로 쫓아내겠다"며 엄포를 놓았다. 폭력을 행사하는 사람도 있었다. 그런 중에도 김근영과 서중신은 두려워하거나 주눅 들지 않고 "헛된 신과 우상을 숭배하는 것은 하나님께 죄가 된다" "예수님의 도를 믿고 구원을 받으라"며 전도하였다. 방화범을 어떻게 처리할 것인가를 두고 마을 사람들의 주장이 엇갈렸다. 대다수 주민은 무조건 내쫓자고 주장하였지만 김근영과 교인들의 '변화된' 삶을 지켜보면서 기독교에 대한 인식이 바뀐 소수는 폭력과 추방을 반대했다. 그런 때 마을 동수(洞守, 지금의 里長)가 나섰다.

> "시임(時任) 동수(洞守)는 현직[1952년] 권사(勸師) 김치준(金致俊) 씨의 춘장(春丈)이라. 품성이 근후(勤厚)하고 임사명민(臨事明敏)하여 경외상제(敬畏上帝)는 인생의 본분(本分) 됨과 현세추이(現世推移)는 시국(時局)의 당연(當然)함을 대중권고(對衆勸告)하여 인리돈목(隣里敦睦)을 유지(維持)케 하였드라. 차시(此時)에 교회가 각 방면으로 군축(窘逐)을 당하나 성경을 참고하든지 시국(時局)을 의(依)하든지 장래의 진흥(振興)은 추상적(推想的) 명확한지라."

당시 주문도 행정 책임자 동수(洞守, 현 里長)는 훗날 주문교회 권사와 본처전도사, 그리고 서도면장을 역임하게 될 김치준의 아버지 김창룡(金昌龍)이었다. 한학자로서 "품성이 근후하고 맡은 일을 슬기롭게 처리하여" 마을 사람들의 존경을 받고 있던 김창룡이 나서서 마을 사람들의 흥분을 가라앉히고 한 말은 두 가지였다.

> "교인들이 국사당에 불을 지른 것은 상제(하나님)를 공경하는 인간 본연의 욕구에서 나온 것이다."
>
> "지금 시대가 바뀌고 있다. 교인들은 바뀌고 있는 현세의 추이에 따라 행동한 것이다."

동수는 사실상 교인 편을 들어주었다. 강화도에서 벌어진 병인양요와 신미양요, 운양호사건을 목격한 김창룡은 청일전쟁과 갑오개혁 이후 정부에서 추진되고 있는 각종 개혁정책을 지켜보면서, 급변하는 시대 상황에서 "옛것을 고집하는 보수인가? 아니면 새것을 추구하는 개혁인가?" "변화하는 세상에 문을 닫고 사는 폐쇄인가? 아니면 시대의 흐름에 적극 호응하는 개방인가?" 고민하였을 것이다. 10년 전 영국 선교사를 데리고 주문도에 처음 들어왔다가 이제 감리교 전도인으로 변신하여 다시 찾아온 윤정일의 응구지 전도활동도 눈여겨보았다. 그리고 그의 전도로 주문도에서 처음 믿은 김근영의 개종 후 변화된 생활 모습도 지켜보았다.

> "아무런 의미도, 효험도 없이 수백 년 관습으로 내려오던 국사당에서 굿을 하며 주민들을 겁박하는 무당의 종교가 참 종교인가? 아니면 수백 년, 수십 년 동안 답습해 오던 낡은 생각과 악한 행실을 버리고 선하고 근면한 사람으로 만들어내는 기독교가 참 종교인가?"

동수 김창룡의 중재와 설득으로 주민들은 흥분을 가라앉히고 물러섰다. 김근영과 서중신은 아무런 피해를 보지 않고 풀려났다. 그렇게 해서 주문도 주민, 특히 배를 타는 어부들을 '영적으로' 지배해 왔던 사신우상(邪神偶像)이 철폐되었다. 불교 사찰이나 암자가 없었던 주문도에서 굿을 하던 무당이 유일하고도 절대적인 종교 지도자였다. 누구도 무당의 권위에 도전하는 사람이 없었다. 그런데 설립된 지 2년밖에 안 된 교회가 수백 년 동안 섬을 지배해 왔던 국사당을 무너뜨렸다. 백전노장의 골리앗을 거꾸러뜨린 양치기 소년 다윗의 물맷돌(삼상 17:49), 난공불락의 여리고 성을 무너뜨린 제사장들의 나팔소리(수 6:20)와도 같은 교회의 승리였다. 동네에서 "무너진 국사당을 다시 짓자"는 말도 나오지 않았다. 이 사건을 계기로 주문도에서 기독교가 무교(巫教) 및 다른 토속종교보다 확실한 우위를 점하게 되었다. 그래서 「진촌교회 연혁」은 "이때로부터 교회가 각 방면에서 핍박당하기는 했으나 성경을 참고하든지 시국을 살펴보든지 장래에 진흥할 것은 명확한지라"라고 기록하였다.

국사당 훼파사건은 주문도 안에서만 영향력을 끼친 것이 아니다. 이 사건은 주변 섬 지역교인들에게도 자극이 되었다. 김근영과 함께 국사당에 불을 지른 서중신은 교동으로 돌아가 그 사실을 그곳 교인들에게 알렸다. 그 결과 교동도에서도 교인들이 오랫동안 섬겨오던 사당과 우상을 철폐하는 일들이 벌어졌다. 1905년 가을 교동도를 방문했던 선교사 케이블(E.M. Cable, 奇怡富)의 선교보고(1906년)다.

> "지난해 가을, 나와 데밍이 교동구역에 갔는데 어느 주일 오후 내내 믿기로 작정한 교인들의 집을 방문해서 섬기던 우상을 소각하는 일에 매달렸습니다. 우리는 너무 지쳐서 나머지 집들의 우상 처리하는 것을 동행한 그곳 교인들에게 맡겼습니다. 우상 숭배하던 것을 처분하겠다는 의사를 밝힌 교인 집에 들어가면 우선 찬송을 부르고 기도한 후 대대로 섬겨오던 우상단지와 위패들을 한곳에 모아 놓고 불을 지릅니다. 낡아서 때가 묻고 더러워진 것들이 불탈 때 시커먼 연기가 피어오릅니다. 그 모든 것이 말끔하게 태워지고 난 후에 비로소 교인들은 환한 얼굴로 기뻐하였습니다. 어떤 집에서는 우상 섬기던 것들을

꺼내던 중 우상 밑에 쪽복음이 깔려있는 것을 보았습니다. 악한 귀신이 해코지하지 못하도록 집주인이 그렇게 해 놓았다고 했습니다."

주문도에서 일어난 것과 같은 현상이 교동도에서도 일어났다. 한국에서 초대교회 교인들에게 믿는다는 것은 지금까지 섬겨오던 우상과 미신을 폐기한다는 것을 의미했다. 처음 믿기로 작정한 사람들은 "혹시 그동안 섬겨왔던 귀신이 해코지할까" 두려워하여 선교사나 전도사를 불러서 소각하는 일을 부탁했다. 그러면 전도사가 집안에 들어가 대대로 섬기던 우상단지와 부적, 위패 등을 집 밖으로 끌어내 마당 한가운데 모아 놓고 찬송과 기도를 한 후 불살랐다. 모든 것이 재로 변한 후에야 교인들은 비로소 안도의 한숨을 쉬며 기뻐하였다.

케이블은 1903년에 안식년 휴가를 얻어 귀국한 존스의 후임으로 인천선교부 관리자 겸 인천지방 감리사로 봉직하고 있었다. 그리고 그와 동행했던 데밍(C.S. Deming, 都伊明)도 미감리회 선교사로 1905년 5월 인천에 도착, 어학공부를 하면서 케이블의 인천선교를 돕기 시작했다. 케이블과 데밍이 주로 한 일은 인천과 부천, 부평, 강화, 옹진, 연안 지방의 교회들을 순회하며 교회를 관리하고 토착전도인들이 얻은 교인들에게 세례를 베푸는 일이었다. 주문도 같은 외지 섬은 선교사들이 1년에 한 번 방문하기도 어려워 주문도 교인들은 교동도로 나가 구역회를 주재하러 온 선교사에게 세례받는 경우가 많았다. 그렇게 김근영을 비롯한 주문도의 초대 교인들은 대부분 케이블이나 데밍에게 세례를 받았다.

케이블이 1906년 안식년 휴가를 얻어 귀국한 뒤에는 데밍이 인천지방 감리사가 되었다. 데밍은 1912년 임지가 서울로 바뀌기까지 인천

에 머물면서 순회선교와 교회 관리를 계속했다. 데밍 감리사의 지휘를 받아 주문교회가 속한 교동구역을 담임한 토착 목회자는 권신일 전도사였다. 권신일 전도사는 수시로 주문도를 방문해서 교인들의 신앙생활을 지도하였고 세례를 받기 위한 학습 문답을 실시했다. 권신일의 사역에 대한 데밍의 1907년 선교보고 내용이다.

"교동구역은 다섯 개 섬에 있는 교회들을 관리하고 있습니다. 이들 섬에 있는 교회들을 방문하는 것이 쉬운 일은 아니지만 가서 볼 때마다 하나님의 은총이 놀랍게 임하고 있음을 확인하게 됩니다. 구역담임 권신일 전도사는 참으로 신실한 하나님의 사람이자 한 책(성경)의 사람입니다. 그는 어려운 중에도 새 예배당 건축 기금을 성공적으로 모금했습니다. 송해(송가)에 새교회 예배당을 건축했고 남학교와 여학교 건물도 마련했습니다. 주문에서도 새 예배당 부지를 마련했습니다."

권신일 전도사는 1907년 5월 서울에서 개최된 연회에서 목사안수를 받았다. 강화 출신으로는 첫 번째 목사였다. 목사안수를 받은 권신일을 인천과 부평구역 담임자로 파송하였다. 권신일 목사는 부평구역으로 떠나기에 앞서 주문도에 와서 한 주간 사경회를 인도하였다. 1907년 연회는 권신일 목사 후임으로 교동 출신인 방족신(方足信) 전도사를 교동구역 담임자로 파송했다. 방족신 전도사는 이미 권신일과 서중신의 구역회 보고를 통해 주문교회의 부흥과 성장을 알고 있었다. 교동구역 담임자로 주문교회 목회를 담당하게 된 방족신 전도사가 우선 해결해야 할 과제는 급증한 주문도 교인들을 수용할 새 예배당 건축이었다.

영생학교 설립과 예배당 건축

1904년 11월에 일어난 국사당 훼파사건은 주문도 주민들에겐 충격과 당혹감을 안겨주었지만 주문교회 교인들에겐 믿음의 확신과 용기를 심어주었다. 이 사건을 계기로 주문교회 교인들은 더욱 적극적으로 복음 전도에 나섰고 국사당을 훼파한 기독교의 위력(?)을 체감한 주민들 가운데 기독교로 개종하는 사람들이 늘어났다. 우선 사건을 지혜롭게 해결한 동수 김창룡의 동생 김창만(金昌萬)과 그 어머니 손다마리, 부인 최수산나가 1905년 1월부터 교회에 나오기 시작했다. 그해 10월에는 김창룡의 아들 김치준과 그의 아내 박인애(朴仁愛)가 아들 김대옥과 김상옥, 김종옥 등을 데리고 집회에 참석하기 시작했다. 그 무렵 최씨 집안의 최운길(崔云吉)과 김브리스길라 부부도 믿기 시작했다. 이처럼 마을 행정관인 동수의 가족들이 집회에 참석함으로 교회를 바라보는 주민들의 시선이 더욱 달라졌음은 물론이다.

이에 자신감을 얻은 김근영과 교인들은 교회부속학교를 설립하기로 했다. 그 무렵 강화본도에서도 교회부속학교 설립이 '대유행'이었다. 그런 교회부속학교 설립운동을 주도한 인물이 일제강점기 한국의 대표적 독립운동가로 활약한 성재 이동휘(李東輝)였다. 함경도 단천 출신인 이동휘는 일찍이 무과에 급제하여 궁궐 수비대원으로 있다가 고종황제의 신임을 얻어 1903년 5월 27세 나이에 참령(參領)으로 승진, 삼도통어영을 이름을 바꾼 강화진위대(江華鎭衛隊) 대장이 되었다. 민족의식이 투철했던 그는 독립협회 시절부터 안창호와 이승만, 이동녕, 전덕기, 이상재 등과 교류하였고 강화에 부임한 후에는 박능일과 권신일, 방족신, 유

경근, 윤명삼, 김용하, 전병규 등 기독교 지도자들과 가깝게 지냈다. 그러다가 1904년 강화읍교회 김우제 전도사(교산교회 김상림의 아들)의 설교를 듣고 기독교로 개종하였다.

그 무렵 이동휘는 민족계몽운동에 전념하기 위해 진위대 대장직을 사임한 후 고종황제의 승인과 지원을 받아 강화읍 군영건물에서 사립 보창학교(普昌學校)를 시작했다. 학생들에게 군복을 입히고 사관학교처럼 운영했다. 그는 감리교 권사가 되어 강화 전역을 순회하며 "기독교가 아니면 서로 사랑하는 마음(相愛之心)이 없고 기독교가 아니면 나라 사랑하는 마음(愛國之心)이 없으며 기독교가 아니면 독립하려는 마음(獨立之心)이 없다. 스스로 닦아 강해짐(自修自强)의 기초가 기독교에 있으며 군왕께 충성하고 나라를 사랑함(忠君愛國)의 기초가 기독교에 있으며 독립단합(獨立團合)의 기초가 기독교에 있다"고 외치면서 '1동1교'(一洞一校)운동, 즉 "마을마다 교회 하나, 학교 하나" 세우는 운동을 전개했다. 그 결과 1904년 강화구역에 학교 3개(학생 52명), 교동구역에 1개(10명)에 불과했던 것이 1908년에 이르러 강화구역에 17개(222명), 교동구역에 13개(260명)로 늘어났다. 그와 함께 교회도 부흥했다. 이처럼 강화지역 학교 설립과 교회 부흥을 이끌어낸 이동휘에게 선교사들은 '강화의 바울'(Paul of Kangwha)란 칭호를 붙여주었다.

이동휘가 주문도까지 방문했는지는 알 수 없다. 그러나 주문교회 교인들도 교인 자녀들을 위한 사립학교를 시작하기로 했다. 우선 1905년 2월 주문진영 관사로 쓰던 건물을 빌려 교실로 사용하기로 했다. 이처럼 진영 관사를 교실로 사용할 수 있게 된 데는 당시 주문진 진위대 상등병(上等兵)으로 근무하던 유봉진(劉鳳鎭)의 지원이 있었다. 강화 진위

주문진영 터에 세워진 영생학교 자리. 서도초등학교가 사용하던 건물이 남아 있다.

대 참위로 근무하던 유홍준의 아들로 강화읍에서 태어나 부자가 이동휘 참령의 부하로 근무하였다. 유봉진도 이동휘의 '1동1교운동'을 지지하였고 주문교회가 교회부속학교를 시작하겠다고 했을 때 진영 부지와 관사 건물을 쓰도록 주선했다. 그뿐 아니라 학교명을 지어달라는 교인들의 부탁을 받고 '영생학교'(永生學校)란 이름을 지어주었다. '영생'이란 이름을 지어준 것으로 보아 그도 기독교로 개종했음을 알 수 있다.

강화읍에서 이동휘가 그러했던 것처럼 주문도에서도 진위대 지휘관이 개종하고 학교 설립을 도와줌으로 영생학교는 순탄하게 출발할 듯 보였다. 그러나 그렇지 못했다. 「진촌교회 연혁」 기록이다.

> "1905년 2월에 김[김영] 선생이 교실기지(敎室基地)는 전진유지(前鎭遺址)에 정(定)하고 학교 교실은 경퇴(傾頹)한 공해(公廨)를 표점(表占)하였드

니 시(時)는 정부가 유신(維新)하고 일진회(一進會) 세력이 팽창하여 본 교회 도리를 극력 반대하는 중이오 본처에서 약간 회원을 모집코저 하야 본군(本郡) 해지회(該支會)로서 경박소년(輕薄少年) 수인(數人)이 내(來)하여 일변(一邊)으로 선생의 소점공해(所占公廨)를 해사무소(該事務所)로 사용키 위하여 비상한 풍파를 환기(喚起)하였드라."

러일전쟁이 터진 1904년에 송병준과 이용구, 윤시병 등 친일파 인사들이 조직한 어용단체 일진회(一進會)는 처음 세력이 미미했으나 일본의 전쟁 승리 후 1905년 을사늑약이 체결되자 일본 통감부를 등에 업고 전국으로 세력을 확장하였다. 일진회는 강화도에 들어와 일진회원(정경수)을 군수로 앉힐 정도로 위세가 등등했다. 일진회는 주문도에도 들어와 영생학교가 사용하기로 한 진영 관사에 사무소를 차리고 회원 모집에 나섰다. 건물 사용권을 두고 교회와 일진회 사이에 갈등과 분쟁이 야기되었다. 주문도의 지역사회 여론이 어느 쪽을 지지하느냐에 따라 결론이 날 수밖에 없었다. 그런 상황에서 교인들은 하나님께 간절히 기도하였다. 곧바로 응답이 왔다. 다시 「진촌교회 연혁」 기록이다.

"의인(義人)의 간구(干求)를 희문(喜聞) 하시고 죄다처(罪多處)에 은혜(恩惠)를 풍성케 하시는 구주께서 차처(此處)에 당신의 교회를 설립코저 하사 각인(各人)에게 성신보혜사(聖神保惠使)를 견(遣)하야 회심향도(回心向道)케 하심으로 1906년 7월 28일에 박승형(朴承馨) 씨가 상제(上帝)를 경외(敬畏)하야 일문제족(一門諸族)을 인도(引導)하고 주의 도리에 귀(歸)하니 수월내(數月內)에 교인원수(教人員數)가 수백(數百)에 달한지라. 씨는 근후장자(謹厚長者)오 경주애인(敬主愛人)하여 호덕희사(好德喜施)하고 씨의 이자(二子) 두병(斗秉) 순병(淳秉)은 효제지행(孝悌之行)이 인(人)의 추앙(推仰)하든 바이오 열심사주(熱心事主)하든 인(人)의 모범(模範)을 작(作)할 바이라.”

주문도에서 가장 큰 세력가로 알려진 박승형(朴承馨, 1873-1910년)이 일가 친족을 인솔하고 교회에 나온 것이다. 박승형의 5대 후손인 고 박상인 장로 집안에 보관 중인 『밀성박씨충헌공파족보』(密城朴氏忠憲公派族譜)와 『박씨가세록』(朴氏家世錄)에 따르면 박승형은 자를 선호(善浩)라 하였고 고종 때 가선대부(嘉善大夫) 동지중추부사(同知中樞府事) 겸 오위장(五衛將)을 지냈다. 종2품 동지중추부사를 지냈다면 이는 3품 벼슬인 참령 이동휘보다 높았다는 얘기다. 그가 현직으로 그런 벼슬을 했는지, 아니면 조선 말기 정부사업에 재정적 지원을 한 사람들에게 명예직 벼슬을 후히 내릴 때 그때 받았는지 확인할 수는 없지만 주문 출신 인사로서 가장 높은 관직을 받았던 인물임은 틀림없다. 종교는 물론 유교였을 것이다. 그러나 청일전쟁과 러일전쟁, 을사늑약 등으로 이어지는 정치적 격변기에 윤정일과 김근영, 서중신 등 기독교인들의 변화된 생활, 국사당까지 훼파하는 용기 있는 믿음을 보고 기독교에 대한 부정적 선입견을 버렸다. 거기에 먼저 믿기로 작정한 아들 순병(舜秉)의 '변화된 삶'과 간곡한 권면도 개종을 결심하는데 크게 작용하였다. 박순병의 개종에 대해서는 잠시 후 자세히 살펴볼 것이다.

박승형이 기독교로 개종할 때 나이가 이미 칠십 세였다. 나이로 보나, 경력으로 보나, 재력으로 보아 주문도 최고 세력가인 박승형이 일가

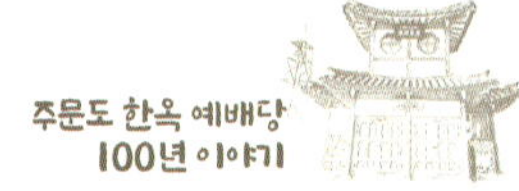

족을 이끌고 교회에 출석함으로 지역사회의 분위기가 다시 한번 크게 바뀌었다. 관망하던 다른 주민들도 다투어 교회에 나오기 시작했다. 주문도에 진출하려던 일진회가 큰 타격을 입었음은 물론이다. 결국 일진회는 주문도에 들어오지 못했다. 그에 따라 진영 관사 점유 문제도 자연스럽게 해결되었다. 학교 교사를 확보한 교인들은 내친김에 예배당까지 마련했다.

> "1907년에 공해(公廨) 20간(間) 허차(許借)를 승(承)하야 남녀학교(男女學校) 2동(棟)을 건축하여 동(同) 6월 20일에 낙성(落成)하니 형제의 노력은 물론이오. 연금(捐金) 백원(百圓)이라. 남학교(男學校)는 즉시 개교(開校)하고 여학교(女學校)는 학생모집의 관계를 인(因)하여 교당(教堂)으로 이용하니 위치는 일동(一洞)의 중앙을 점유(占有)하여 후면(後面)은 봉대산(奉大山, 봉구산)이 존기(奠基)하고 전면(前面)은 동정해(同靜海)가 온류(穩流)하야 송시도(宋時島)는 우영(右榮)하고 은점서(恩占嶼, 은염도)가 좌회(左回)하였드라."

주문교회는 1907년 초 20칸 규모의 진영 부지에 대한 임대 계약을 체결한 후 거기 있던 낡은 관사를 헐고 그해 6월 20일(양력 7월 29일) 남녀학교 2개 동을 건축했다. 초가집 건물이지만 내부는 서구식으로 꾸몄다. 건축비는 교인들의 헌금 1백여 원으로 충당했다. 건물이 마련되자 학생 수가 이미 확보된 남학교부터 시작하였다. 영생학교는 인천선교부의 존스를 설립자로, 당시 교동구역 담임자로 주문교회를 관리하고 있던 방족신을 교장으로 하여 대한제국 학부로부터 설립인가를 받았다. 학교 실무는 박승형의 손자 박용세(朴容世)가 담당하였다. 이후 영생학교는 일제 말기(1936년) 서도공립보통학교(후의 서도국민학교 및 서도초등학교)로 변신하기까지 30년 동안 주문도 최초이자 유일한 사립 근대 교육기관으로서 1백 명이 넘는 졸업생을 배출하였다.

이처럼 남학교는 곧바로 시작하였지만 여학교는 교사와 학생 부족으로 개교를 미뤘다. 이에 주문교회 교인들은 여학교 건물을 예배당으로 사용하기로 했다. 그때까지 교인들은 김근영의 좁은 초가집에서 예배드리고 있었다. 1백 명에 육박하는 교인들을 수용하기는 비좁았다. 그렇게 해서 주문교회 교인들은 영생학교가 개교한 1907년 7월, 영생학교와 같은 부지 안에 있는 새 예배당으로 옮겨 예배를 드리기 시작했다. 이처럼 주문교회 교인들이 학교 교사와 동시에 새 예배당도 마련하는 과정을 알고 있었던 데밍 감리사는 1907년 5월 연회에서 "주문교회가 새 예배당 부지를 마련했다"고 보고한 후 1908년 연회에서, "교동구역 주문교회는 지난해 새 예배당 건축을 마무리 지었다"고 보고할 수 있었다. 그렇게 주문교회 교인들은 외부(선교사) 지원도 받지 않고 교회부속학교와 새 예배당을 마련하였다.

그렇게 주문교회 부흥의 결정적 계기를 만들어 주었던 박승형은 이후 4년간 교회 출석을 열심히 하다가 1910년 2월 14일(양력 3월 24일) 향년 74세로 별세하였다. 그가 살던 집 뒤편 웃멀 언덕(황완남 권사 자택 뒤편)에 조성된 묘소엔 "基督人 嘉善大夫 朴承馨之墓 奉祀 子 斗秉"(기독교인 가선대부 박승형 묘. 아들 두병이 비를 세움)이란 묘비가 세워져 있다. '정부인'(貞夫人) 칭호를 받았던 부인 고씨(高氏)도 남편을 따라 교회에 출석하다가 1913년 7월 향년 82세로 별세하여 남편 곁에 묻혔다. 비록 박승형 부부의 신앙생활 연조는 오래 되지 않았지만, 이들 부부의 개종과 교회 출석으로 주문교회뿐만 아니라 지역사회에 선하고 큰 영향력을 끼쳤다. 그리고 그 신앙은 아들과 손자, 후손에 이르러 지금까지 8대째 지속되고 있다.

박승형 묘소

박승형의 맏아들 박두병(朴斗秉, 1856-1931년)도 조선 말기 정6품 감찰(監察) 벼슬을 한 것으로 전해진다. 자를 근식(根植)이라 했던 그는 배 사업을 해서 일제강점기 주문도에서 '제일가는 부자' 소리를 들었다. 박두병은 주문교회의 권사와 유사, 탁사로 교회 재정과 관리를 주로 맡아 보았다. 박두병은 첫 부인 조씨(趙氏)와의 사이에 용태(容泰)와 용조(容祚), 두 아들을 두었다. 박두병은 1918년 부인 조씨와 사별하고 평안북도 운산에서 살다가 내려온 윤기현(尹基鉉)의 딸 윤성심(尹聖心)과 재혼하였다. 1920년대 박두명과 윤성심 부부는 본처전도사(本處傳道師, 지금의 장로)와 전도부인(傳道婦人)으로 진촌교회를 섬겼다.

박두병의 아들 박용태(1883-1924년)도 치화(致和)란 자를 썼는데 부친의 뒤를 이어 배 사업을 크게 했다. 그는 특히 1919년 '기미년 대흉년'으로 주문도 사람들이 굶어 죽게 되었을 때 거액의 사비를 털어 자기 배로 전라도에서 곡식을 실어와 동네 주민들을 구휼했다. 그 일로 주문도 주민들은 1920년 5월 진말 입구에 그의 공덕을 기리는 〈유학 박용태 영세불망비〉(幼學朴容泰永世不忘碑)를 세웠다(이 공덕비는 현재 느리 서도면 사무소 마당으로 옮겨져 있다. 그런데 면에서 비석 설명문을 만들면서 한자 비문을 잘못 읽어 박용태가 구휼사업을 한 연도를 '신해년'[1901년]으로 적고 있다). 그 비문 내용은 다음과 같다.

박용태 공덕비(서고면사무소 소재)

"참된 은혜를 베푼 사람 이름 듣기 어려운 중 그런 위인이 있으니(難名眞惠 偉哉若人) 기미년 가뭄 때 널리 베풀어 가난한 이들을 구제하였네(己未旱災 博施濟貧)."

박승형의 둘째 아들 박순병(朴淳秉, 1861-1938년)도 춘식(春植)이란 자를 썼으며 종9품 선공감역(繕工監役) 벼슬을 얻었다. 그는 부친(박승형)이 별세(1910년) 후 후사가 없는 일가 박승태(朴承台, 1847-1924년)의 양자로 들어가 대를 이었다. 그는 일찍이 부모에 대한 효행으로 일반인들에게 큰 칭송을 받았다. 이는 1932년 편찬된 『속수증보 강도지』(續修增補江都誌)에 실린 내용에서 확인된다. 그 내용을 쉽게 풀어쓰면 다음과 같다.

"항상 효제시례(孝悌詩禮)로 가법(家法)을 엄히 지키더니 부친[박승형]이 우연히 큰 병에 걸려 위중한 지경에 이르렀을 때 수개월 동안 매일 밤 목욕재계하고 하늘에 지성으로 간구하였지만 안타깝게도 천명이 다하여 부친이 별세하자 피눈물을 흘리며 3년 동안 성묘(省墓)를 지극정성으로 하였다. 그 후 친척 집에 후사로 들어가 살던 중 양부(養父, 박승태)가 역시 병이 들어 3년 동안 정성을 다해 간병하였지만 상(喪)을 당하매 전과 같이 상례(喪禮)를 다하였다. 이로써 서도(西島) 사람들 모두 그의 효행을 칭송하였다."

그런데 박순병의 초기 가정생활과 개종에 관한 흥미로운 증언 기록이 남아있다. 1914년부터 인천지방 감리사를 지낸 최병헌(崔炳憲) 목사가 편집한 설교집 『백목강연』(百牧講演, 1921년)에 실린 내용이다.

"주문도에 박순병(朴淳秉)이란 형제가 엄부시하(嚴父侍下)에 애첩(愛妾)을 두었음으로 그 부친이 걱정하고 형벌함으로 그 첩을 송가도(宋家島, 석모도)에 옮겨두고 가만히 상종하며 사랑하기를 자기 부모나 처자보다 더욱 사랑하였습니다. 뜻밖에 그 첩이 윤정일(尹定一) 씨의 전도하는 말씀을 들으며 첩 노릇하는 사람은 구원을 얻지 못할 줄 깨닫고 회개하야 죄를 자복하고 그 남편 되었든 박순병을 볼 때에 남매(男妹)의 의(義)를 맺어 오라버니라 하여 박씨도 그 첩

박순병

의 말에 감동되어 남매지의(男妹之義)를 맺으며 예수를 믿기로 작정할 때에 성신의 감화를 받아 새 삶이 되었다 합니다."

가부장적 봉건시대 돈 많은 양반들처럼 박순병도 첩을 두었다. 부친이 이를 꾸짖자 첩을 송가도로 보내 놓고 몰래 가서 만났다. 그런데 첩되는 여인이 윤정일 전도사의 설교를 들으며 "첩 생활하는 것이 죄가 된다"는 것을 깨닫고 만나러 온 남편에게 "이제부터 남매로 살자"고 제안했다. 그동안 부친의 명령을 거역하고 몰래 첩을 만나왔던 박순병도 선뜻 그 제안을 받아들였고 자신도 믿기로 했다. 박순병은 그 사실을 주문도 아버지와 집안사람들에게 알렸다. 아버지도 아들의 잘못된 행위를 한순간에 고쳐놓은 기독교의 '선한 능력'을 확인하고 식솔을 인솔하여 교회로 나온 것이다.

박순병은 1938년 별세하기까지 주문교회의 기둥이 되었다. 그는 권사와 유사, 탁사 외에 본처전도사가 되어 강단 설교를 맡았다. 박순병의 부인 홍씨도 남편과 함께 신앙생활을 하다가 1915년 별세하였다. 이에 김씨(1861-1944년)와 재혼했는데 그는 세례를 받으면서 '포베스'란 이름을 얻었다. 박순병은 첫째 부인에게서 용세(容世, 1882-1927년)와 용규(容奎, 1899-1940년)·용조(容祚, 1901-1923년), 세 아들을 얻었다.

박순병의 맏아들 용세는 부모를 따라 교회에 나갈 때 이미 24세였다. "거룩함을 잇는다"는 뜻의 '계성'(繼聖)이란 자를 썼던 박용세는 부인 김해라(金海羅)와의 사이에 일곱 살짜리 아들 봉원(鳳遠, 1900-1923년)이 있었다. 어려서부터 할아버지에게 한학을 배웠고 1907년 교회부속 영생학교가 설립되자 교육과 학교 운영의 실무를 담당하였다. 그는 선교사

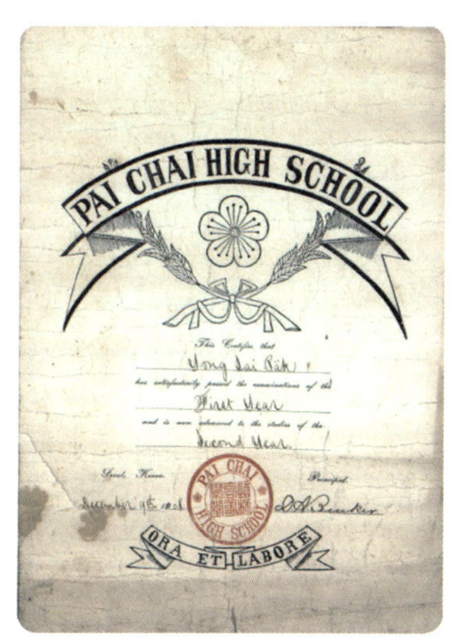

박용세 배재학당 고등과 수업증서(1908년)

의 추천을 받아 1907년 서울 배재학당 고등과에 들어가 서구학문을 배웠다. 그는 주문도 출신으로 서울에 유학한 최초 인물이었다. 그는 배재학당을 마치고 고향에 돌아와 1927년 별세할 때까지 영생학교 교장으로 후학 양성에 매진하였다.

이처럼 지역사회에서 지도급 인사로 추앙받았던 박승형과 두 아들 박두병과 박순병, 그리고 박씨 문중의 일가친척들이 교회에 합류하면서 주문교회의 지도력과 영향력도 크게 상승하였다. 이는 김근영과 김택현, 최응록 등 주문도에서 처음 믿었던 초대교인들이 보여주었던 불굴의 믿음과 성실한 인품, 모범적 행실이 '거룩한 누룩'처럼 주문도 사람들의 마음을 움직였기 때문이었다. 그것은 곧 주문도 주민들의 '가족 단위' 개종을 끌어냈다.

주문교회 초대 교인들

주문도의 최고 세력가 박승형과 두 아들 가족 20여 명이 '한꺼번에' 교회에 출석한 것에 이어 주문교회 교인들이 일진회의 훼방을 뚫고 1년 만에 학교와 예배당 건물을 마련하자 기독교의 우세를 확인한 주민들이 '가족 단위'로 교회에 나오기 시작했다. 우선 박승형과 같은 밀양

박씨 가문에서 박경호(朴京浩) 오자혜(吳子惠) 부부, 박예병(朴禮秉) 전영애(田永愛) 부부, 박춘근(朴春根) 김은혜(金恩惠) 부부, 박용운(朴容運) 고밀가 부부와 어머니 이데라, 박명길(朴明吉) 김순애(金順愛) 부부, 박정애(朴貞愛)와 김남천(金南天) 모자, 박범운(朴範運) 김나혈 부부, 박선봉(朴先奉) 윤마리아(尹馬利亞) 부부가 자녀들을 데리고 나오기 시작했다.

주문도의 또 다른 양반 가문인 파평 윤씨 집안에서도 박순병의 전도로 윤상준(尹尙俊) 김세라(金世羅) 부부를 필두로 윤병규(尹秉規) 김시윤(金時潤) 부부, 윤병문(尹柄文) 김시윤(金時允) 부부가 자녀들을 데리고 나오기 시작했다. 최씨 집안에서도 앞서 나온 최응록 외에 최운길(崔云吉) 김부리스길라 부부, 최인근(崔仁根) 박효애(朴孝愛) 부부와 어머니 김효의(金孝義), 동생 최예근(崔禮根)이 나오기 시작했으며 최복연(崔福連) 김순임(金順姙) 부부와 어머니 우성애(禹聖愛), 최윤칠(崔允七) 강엘리사벳 부부도 자녀들을 데리고 나오기 시작했다.

주문도의 첫 교인 김근영과 김택현을 배출한 김씨 집안에서도 마을 동수였던 김창룡과 아들 김치준, 동생 김창만 외에 김상근(金尙根) 강청결(姜淸潔) 부부와 사위 박태복(朴泰福), 김산길(金山吉) 조인애(趙仁愛) 부부, 김성식(金聖植)과 김환옥(金煥玉) 부자, 김연화(金連化) 김성은(金聖恩) 부부가 자녀들을 데리고 나왔다.

그 외에 교동에서 이주해 온 모명식(牟明植) 정공화(鄭恭和) 부부와 아들 모태정(牟泰貞), 안말의 손정삼(孫禎三) 이신천(李信天) 부부와 어머니 최마가렛, 손정진(孫禎鎭) 김몽혜(金蒙惠) 부부, 송상규(宋相奎) 엄인덕(嚴仁德) 부부, 조춘길(趙春吉) 고은성(高恩成) 부부, 이복순(李福順)과 며느리 김복섬(金福暹), 한(韓)유이게와 며느리 최인희(崔仁姬), 이홍근(李興根)과 이홍완(李興完) 형제, 한정렬(韓貞烈) 등이 나오기 시작했다. 이 외에도 개인 혹은 가족 단위로 교회에 출석하는 사람들도 많았다.

이들 가족 단위로 개종한 교인들은 교회에 출석하면서 '김근영의 예'를 따라 집안에서 대대로 섬겨오던 사당과 우상을 철폐하였다. 그런 주문교회 신도들의 신앙 열기는 선교사에게도 알려졌다. 1909년 봄, 구역회를 인도하기 위해 교동에 들렀던 데밍 감리사가 그 소식을 듣고 주문도를 방문했다. 데밍의 1910년 선교보고다.

> "지난해[1909년] 교동구역 신자가 크게 늘었다. 여러 곳에서 사경회를 연 것이 도움이 되었다. 지난 봄 순회여행 때 교동에 갔다가 주문도에서 일어난 놀라운 일에 대해 들었다. 주문도 섬에 있는 297호 가구 중에 96호가 우상을 철폐하고 귀신 섬기는 일을 그만 두겠다고 결심했다고 하였다. 나는 그 사실을 확인하기 위해 주문도에 갔다. 나는 시간이 없어 그곳에서 믿기로 작정한 교인들 가운데 반도 만나지 못했다. 내가 세례 및 학습 문답을 한 교인은 403명에 달한다."

데밍은 교동에서 열린 구역회를 주재하고 돌아갈 계획이었다. 그런데 구역회 중에 방족신 전도사로부터 "주문도 전체 주민 297호 가운데 96호가 우상을 철폐하고 믿기로 결심했다"는 보고를 듣고 사실 확인을 위해 주문도를 방문했다. 데밍이 문답한 교인 403명이 전부 주문도 사람들인지 아니면 1년 동안 그가 인천지방에서 문답한 교인 수인지는 확실치 않다. 하지만 그가 주문도를 방문했을 때 세례나 학습을 받겠다고 찾아오는 사람들 가운데 "반도 만나지 못했다"고 기록한 것으로 보아 주문

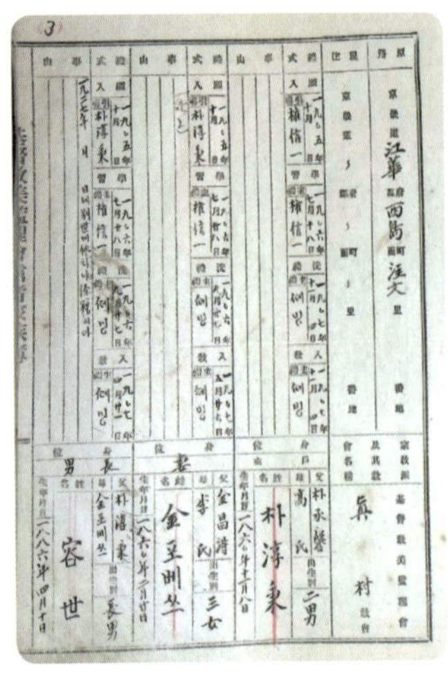

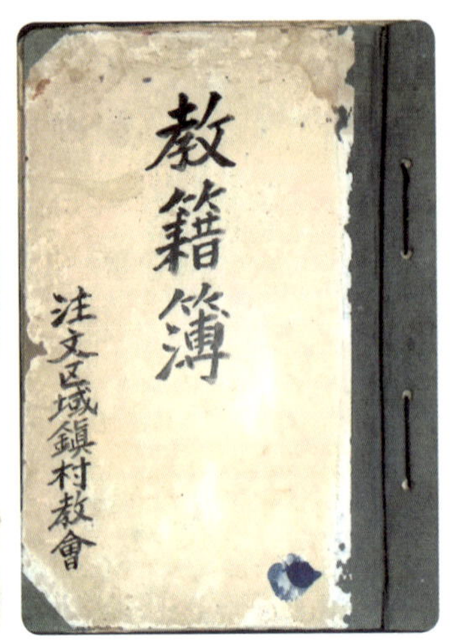

진촌교회 교적부

도 거의 전 주민이 개종 의사를 밝혔던 것으로 보인다. 그때 데밍의 세례 문답을 통과한 어른과 아동 20여 명이 주문도 새 예배당에서 세례를 받았다. 학습인 명부에 이름을 올린 교인은 더욱 많았다.

그 무렵 교회에 출석했던 교인들은 어떤 사람들이었을까? 다행히 1920년대 기록을 시작한 「진촌교회 교적부」(鎭村敎會敎籍簿)와 「진촌교회 제적부」(鎭村敎會除籍簿)가 남아있어 이를 통해 주문교회 초대교인들의 면모를 파악할 수 있다. 다음은 김근영이 믿기 시작한 1902년부터 1910년까지 교회에 출석했던 교인 명단이다(원입연도 순서, 나이는 1910년 기준).

이름	성별	나이	원입(인도자)	학습(집례자)	세례(집례자)	비 고
하성범	남	14	1902.3(김근영)	1903.7(권신일)	1906.9(데밍)	김순애 아들
김순애	여	33	1903.1(김근영)	1911.1(하춘택)	1911.12(벡크)	김근영 딸
하성대	남	6			1906.9(데밍)	하성범 동생

이름	성별	나이	원입(인도자)	학습(집례자)	세례(집례자)	비 고
김택현	남	39	1903.10(김근영)	1904.9(권신일)	1906.9(데밍)	
손시금	여	44	1903.10(김근영)	1904.9(권신일)	1906.9(데밍)	김택현 부인
김기찬	남	16	1903.10(김택현)	1904.9(권신일)	1906.9(권신일)	김택현 아들
최응록	남	49	1903.10(박순병)	1911.1(하춘택)	1911.12(벡크)	
박대원	남	11		1906.7(권신일)	1906.9(데밍)	박두병 손자
김창만	남	22	1905.1(오자혜)	1906.7(권신일)	1906.9(데밍)	
손다마리	여	52	1905.1(김창만)	1906.7(권신일)	1906.9(데밍)	김창만 모친
최수산나	여	24	1905.1(김창만)	1906.7(권신일)	1906.9(데밍)	김창만 부인
김치준	남	36	1905.10(김근영)	1906.9(데밍)	1907.4(데밍)	
박인애	여	36	1905.10(김치준)	1906.9(데밍)	1907.4(데밍)	김치준 부인
김대옥	남	13	1905.10(김치준)	1906.9(데밍)	1907.5(데밍)	김치준 아들
김상옥	남	17	1905.10(김치준)	1906.9(데밍)	1907.4(데밍)	김지준 아들
김종옥	남	7	1905.10(김치준)	1906.9(데밍)	1907.5(데밍)	김치준 아들
박순병	남	40	1905.10(권신일)	1906.7(권신일)	1907.11(데밍)	박두병 동생
김포베쓰	여	40	1905.10(박순병)	1906.7(권신일)	1906.9(데밍)	박순병 부인
박용세	남	24	1905.10(박순병)	1906.7(권신일)	1906.9(데밍)	박순병 아들
김해라	여	30	1905.10(박용세)	1906.7(권신일)	1906.11(데밍)	박용세 부인
박경호	남	44	1905.10(박순병)	1906.6(권신일)	1907.5(데밍)	
오자혜	여	39	1905.10(박순병)	1906.6(권신일)	1907.5(데밍)	박경호 부인
박두병	남	55	1905.10(박순병)	1906.7(권순일)	1906.9(데밍)	박순병 형
최운길	남	39	1905.10(김근영)	1906.2(권신일)	1906.9(데밍)	
김부리실나	여	24	1905.10(최운길)	1906.2(권신일)	1906.9(데밍)	최운길 부인
최영희	여	3		1906.7(권신일)	1906.9(데밍)	최운길 딸
안해라	여			1906.7(권신일)	1906.9(데밍)	
고윤일	남	44		1906.7(권신일)	1906.9(데밍)	
박명길	남	32		1906.7(권신일)	1906.7(데밍)	
김순애	여	27		1910.2(방족신)	1911.12(벡크)	박명길 부인
박태진	남	7		1906.7(권신일)	1906.7(데밍)	박명길 아들

이름	성별	나이	원입(인도자)	학습(집례자)	세례(집례자)	비 고
윤상준	남	53	1906.1(박순병)	1906.10(권신일)	1911.2(노블)	
김세라	여	56		1906.10(권신일)	1907.5(데밍)	윤상준 부인
윤병규	남	35	1906.1(박순병)	1906.10(권신일)	1907.1(데밍)	윤상준 아들
김시윤	여	28		1906.10(권신일)	1907.5(데밍)	윤병규 부인
윤병문	남	24	1906(윤병규)	1906.10(권신일)	1907.4(데밍)	윤상준 아들
김시윤	여	22		1906.10(권신일)	1907.4(데밍)	윤병문 부인
김상근	남	31		1906.11(권신일)	1907.5(데밍)	
강청결	여			1906.11(권신일)	1907.5(데밍)	김상근 부인
박태복	남	6		1906.7(권신일)	1906.9(데밍)	김상근 사위
박춘근	남	48		1907.1(권신일)	1917.2(종순일)	
김은혜	여			1907.1(권신일)	1907.5(데밍)	박춘근 부인
박충애	여	5		1907.1(권신일)	1907.5(데밍)	박춘근 딸
박효애	여	11		1907.2(권신일)	1907.5(데밍)	
최인근	남	11	1909.10(박용태)	1910.2(방족신)	1911.11(벡크)	박효애 남편
김효의	여	45		1910.2(방족신)	1911.11(벡크)	최인근 어머니
최예근	남	4		1910.1(방족신)	1922.3(종순일)	최인근 동생
손정삼	남	17		1907.2(권신일)	1907.5(데밍)	
최마가렛	여	40		1907.2(권신일)	1907.5(데밍)	손정삼 모친
이신천	여	30		1907.2(권신일)	1907.5(데밍)	손정삼 부인
김광성	남	31	1908.10(김성대)	1909.3(방족신)	1910.2(노블)	
모명식	남	35	1908.10(박순병)	1909.4(방족신)	1910.4(데밍)	
정공화	여	27		1909.4(방족신)	1911.12(벡크)	모명식 부인
모태정	남	4		1910.2(방족신)	1910.4(데밍)	모명식 아들
박예병	남	34	1908.10(김근영)	1909.4(방족신)	1910.4(데밍)	
전영애	여	31	1908.10(박예병)	1909.4(방족신)	1911.2(노블)	박예병 부인
박용구	남	8		1910.2(방족신)	1910.4(데밍)	박예병 아들
김신임	여	8		1909.4(하춘택)	1910.4(데밍)	박용구 부인
박선봉	남	30	1908.10(김치준)	1909.3(방족신)	1910.4(데밍)	

이름	성별	나이	원입(인도자)	학습(집례자)	세례(집례자)	비 고
윤마리아	여	18		1909.3(방족신)	1918.12(종순일)	박선봉 부인
최복연	남	18		1909.3(방족신)		
우성애	여	33		1909.3(방족신)	1911.2(노블)	최복연 모친
김순임	여	15			1909.5(데밍)	최복연 부인
최윤칠	남	41		1909.3(방족신)	1910.4(데밍)	
강이리사백	여	38		1909.3(방족신)	1911.2(노블)	최윤칠 부인
최은혜	여	20		1909.3(방족신)	1911.2(노블)	최윤칠 딸
박신애	여	13		1909.3(방족신)	1911.2(노블)	
김나혈	여	19		1909.3(방족신)	1911.11(벡크)	
박범운	남	22		1909.4(방족신)	1915.4(최병헌)	김나혈 남편
김남천	남	13		1909.4(방족신)	1911.12(벡크)	
박정애	여	33		1909.4(방족신)	1911.2(노블)	김남천 모친
이홍완	남	12		1909.4(방족신)	1910.4(데밍)	
이홍석	남	3		1909.4(방족신)	1910.4(데밍)	이홍완 동생
이홍근	남	26	1910(김치준)	1910.2(방족신)	1910.4(데밍)	이홍완 형
한신애	여	37		1909.4(방족신)	1917.3(종순일)	
최인희	여			1909.4(방족신)	1911.12(벡크)	한신애 며느리
박용운	남	27	1909.10(박두병)	1910.2(방족신)	1911.2(노블)	
이데라	여	48		1910.2(방족신)	1910.4(데밍)	박용운 모친
고밀가	여	23		1910.2(방족신)	1911.12(벡크)	박용운 부인
박신애	여	13		1909.3(방족신)	1911.2(노블)	
한유이계	여	22		1909.4(방족신)	1910.4(데밍)	
최인희	여	14		1909.4(방족신)	1911.12(벡크)	한유이계 며느리
김몽혜	여	23		1909.4(방족신)	1911.12(벡크)	
손정진	남			1909.4(방족신)	1915.3(종순일)	김몽혜 남편
김산길	남	22	1909.10(김성대)	1910.2(방족신)	1911.12(벡크)	
조인애	여		1909.10(김성대)	1910.2(방족신)	1911.12(벡크)	김산길 부인
김성식	남	30		1910.2(방족신)	1910.4(데밍)	

이름	성별	나이	원입(인도자)	학습(집례자)	세례(집례자)	비 고
김환옥	남	5			1910.4(데밍)	김성식 아들
송상규	남	48			1911.2(노블)	
엄인덕	여	41		1910.2(방족신)	1911.2(노블)	송상규 부인
조춘길	남	23		1910.2(방족신)	1910.4(데밍)	
고은성	여	23		1910.2(방족신)	1911.12(벡크)	조춘길 부인
이복순	여	47		1910.2(방족신)	1911.12(벡크)	
김복섬	여	17		1910.2(방족신)		이복순 며느리
한정렬	남	48		1910.2(방족신)	1911.12(벡크)	
김연화	남	49	1910.1(김근영)	1910.2(방족신)	1910.4(데밍)	
김성은	여	46		1910.2(방족신)	1914.3(노튼)	김연화 부인
김순업	남	16		1910.2(방족신)	1910.4(데밍)	김연화 아들
이수애	여	19		1910.2(방족신)	1915.3(최병헌)	김순업 부인
김순식	남	5		1910.2(방족신)	1910.4(데밍)	김연화 아들

모두 1백 명의 명단이 확인되고 있다. 이들 초대 교인들이 교회에 나와 믿기로 작정(願入)하도록 이끈 인도자들을 보면 김근영과 김치준, 박순병이 제일 많이 인도했다. 다음으로 김창만과 박두병, 오자혜, 박예병, 박용세, 최운길 등이 많은 사람을 인도했다. 세례를 집례한 목사를 보면 초기엔 데밍이 단연 주도하였고 그의 뒤를 이어 인천지방 감리사 및 순회선교사로 활약했던 벡크(S.A. Beck, 백서암)와 노블(W.A. Noble, 노보을), 로튼(B.R. Lawton, 노돈) 등도 주문도를 방문해서 세례를 베풀었다. 세례를 받기 전 교인들의 학습 문답은 데밍 외에 한국인 목회자로 교동구역 담임자 권신일과 방족신 등이 주로 맡았다.

다음으로 주문교회 초대 교인 1백 명을 성별과 연령별로 구분하면 다음과 같다.

나이	이름(출생연도)	
	남 자	여 자
51-60세	박두병 윤상준	손다마리 김세라 최마가렛
41-50세	박순병 김택현 최응록 김연화 박춘근 송상규 한정렬 박경호 고윤일 최윤칠	김포베쓰 이데라 이복순 김성은 김효의 손시금 엄인덕
31-40세	최운길 김치준 윤병규 모명식 박예병 박명길 김상근 김광성 박선봉 김성식	오자혜 강이리사백 한신애 박인애 김순애 우성애 박정애 전영애 김해라
21-30세	김산길 박용운 이홍근 윤병문 조춘길 김창만 박용세 박범운	김시윤(金時潤) 김순애 정공화 최수산나 김부리실나 고밀가 김몽혜 고은성 한유이계 김시윤(金時允) 이신천 최은혜
11 20세	최복연 김상옥 손정삼 김기찬 김순업 하성범 김대옥 김남천 이홍완 박대원 최인근	김나혈 이수애 윤마리아 김복섬 김순임 최인희 박신애 박효애
10세 미만	박용구 김종옥 박태진 하성대 박태복 김환옥 김순식 최예근 모태정 이홍석	김신임 박충애 최영희
미상	손정진	안해라 강청결 김은혜 최인희 조인애

성별로 보면 남자 53명, 여자 47명으로 균형을 이루고 있으며 연령별로는 50대가 5명, 40대가 17명, 30대가 19명, 20대가 20명, 10대가 19명, 10세 미만이 12명, 미상이 6명이다. 노년층이 별로 없는 대신 40대부터 20대까지 10-20명씩 골고루 분포되었음을 알 수 있다. 10세 미만 아동층은 대부분 영생학교 학생들이었다.

다음은 교적부에 거주지 주소가 명기되어 있는 교인 가정이다.

주소	호주	주요 가족
주문리 74	차유복	한씨(부인) 차귀동(1남) 차귀영(2남) 차귀례(장녀) 차귀훈(3남) 차귀산(4남)

주소	호주	주요 가족
주문리 75	최운길	김브리스길라(부인) 최영희(장녀) 최영랑(2녀) 최영실(4녀) 최영금(5녀) 최영배(장남)
주문리 365	하학근	박명옥(부인) 하승택(장남) 김옥단(장남 부인)
주문리 532	유진옥	임인애(부인) 유영랑(장녀) 유춘화(3녀) 유옥랑(4녀)
주문리 533	이복순	김기윤(장남) 김복섬(장남 부인) 김귀영(장손자) 김정임(정손녀)
주문리 553	박경호	오자혜(부인) 박인희(손녀)
주문리 555	고윤일	고명제(장남) 이정임(장남 부인) 고순의(장손녀) 고영위(장손남)
주문리 556	최윤칠	강엘리사벳(부인) 최은혜(장녀) 정정희(외손녀) 정연식(외손녀) 정진식(외손자)
주문리 566	김규환	김순이(어머니) 김규선(동생)
주문리 582	김연화	김성은(부인) 김순업(장남) 이수수(장남 부인) 김순식(2남) 김세진(장손자)
주문리 595	김치준	박인애(부인) 김상옥(장남) 박순애(장남 부인) 김종옥(3남)
주문리 598	이창남	김주문(어머니) 인락도(부인) 이삼순(장남) 손순희(장남 부인) 이해라(2녀) 이금녀(3녀)
주문리 599	김백선	이원신(할머니) 박순화(어머니) 박신은(부인) 김문철(2녀) 김명철(장남)
주문리 644	강산봉	김복희(부인) 강해원(장남) 강복순(3녀) 강복례(4녀)
주문리 662	전유성	김인애(부인) 전화선(2남) 전응선(3남)
주문리 663	전범선	이영실(부인)전경일(장남) 전영일(2남) 전명선(3남) 전명순(장녀) 전명숙(2녀) 전명임(3녀)
주문리 678	박예병	전영애(부인) 박용구(장남) 박용완(2남) 김신임(장남 부인)
주문리 690	박태근	한신애(어머니) 조인희(부인) 박태식(동생) 박유병(동생) 박태병(동생) 박용근(장남)
주문리 706	박근택	김은분(부인) 박용화(장남) 박용남(2남) 윤음전(장남 부인)
주문리 707	송상규	엄인덕(부인) 송상옥(3남) 김순익(둘째 며느리)
주문리 714	조기남	김기순(부인) 조원복(장남) 이정희(장자 부인) 조분옥(장손녀) 조일현(장손자)
주문리 722	박두병	박진원(장남) 김현숙(장남 부인) 이창훈 이진주

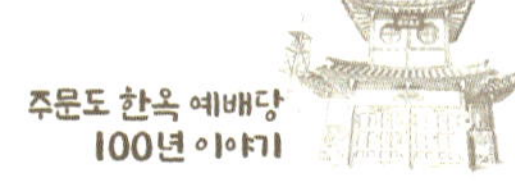

주소	호주	주요 가족
주문리 726	김광성	김신용(부인) 김귀현(2남) 김귀호(3남) 김쇄옥(장남 부인)
주문리 735	최복연	우성애(어머니) 김순임(부인) 최동원(장남)
주문리 736	김남천	박정애(어머니) 정현숙(부인) 김옥분(장녀)
주문리 742	강청결	김순정(3녀)
주문리 743	김상근	강청결(부인) 김양선(장녀) 김수례(2녀)
주문리 744	윤병문	김시윤(부인) 윤대홍(장남) 윤세홍(2남) 윤완홍(3남) 윤경분(장녀)
주문리 753	이동준	전은봉(어머니) 김순임(주인) 이홍근(동생) 이명준(동생)
주문리 763	이완성	김예순(모) 이근성(장남) 이근선(2남) 이근학(3남) 이진희(4남) 유화영(장남 부인)
주문리 855	배범률	박옥분(부인) 배철호(장남)
주문리 868	최진근	김순분(부인) 최종출(장남)
주문리 920	김산길	조인애(부인) 김봉길(장남) 김양순(장녀)
주문리 922	최인근	김효의(어머니) 박효애(부인) 최예근(동생) 최홍원(장남) 최치원(2남)
주문리 925	손정삼	최마가렛(어머니) 이신천(부인) 손두원(장남) 한세라(장남 부인) 손영분(장녀) 손효분(2녀) 손두만(2남)
주문리 944	전동필	박산호(부인) 전성근(장남) 전성란(2녀) 전성오(2남)
주문리 950	최응록	고신의(부인) 최용구(장남) 유씨(장남 부인)
주문리 950	모명식	정태화(부인) 모태정(장남) 김영춘(장남 부인) 모태선(2남) 모경숙(장녀) 모혜자(2녀)

교인들의 거주지는 교회와 학교가 위치한 진말(鎭村)이 제일 많고 산 너머 느리와 대빈창(대변창)에서 나오는 교인도 있었다. 섬 전체가 복음화(福音化)되었다는 증거였다.

이로써 1902년 10월, 권신일 전도사에게 학습문답을 받은 김근영이 자기 집에서 가정예배 형태로 집회를 시작한 주문교회는 설립 7년 만에 자체 헌금으로 널찍한 새 예배당을 마련하고 1백 명이 넘는 교인이 모여 예배를 드리게 되었다. 교회부속학교까지 설립하였다. 1909년 봄에 이르러 주문도 전체 주민 297호 가운데 96호(32%)가 교회에 출석하였으니 '세 집 중에 한 집' 꼴로 '믿는 집'이 생겨난 셈이다. 기적과도 같은 현상이었다. 더욱이 김근영 이후 믿기로 작정한 주문교회 교인들은 하나 같이 집안 대대로 섬겨오던 사당과 미신, 우상을 철폐하였다. 국사당도 철폐되었다. 그 결과 주문도에서는 굿하는 소리가 사라지고 대신 찬송 소리가 울려 퍼졌다. 이를 두고 「진촌교회 연혁」은 다음과 같이 기록했다.

> "교회가 나날이 왕성(日益旺盛)하야 찬미가 소리(讚美歌聲)는 사방에 들리고(四境相聞) 서로 사랑하는 정의(親愛之誼)는 많은 사람을 감복시켜(人多感服) 모든 영광을 하나님께 올리더라(歸榮上帝)."

이렇게 성경의 "너희는 세상의 빛이라. 너희 빛이 사람 앞에 비치게 하여 그들로 하여금 너희 착한 행실을 보고 하늘에 계신 너희 아버지께 영광을 돌리게 하라"(마 5:14, 16)는 말씀이 주문도에서 응답되었다. 주문도 주민은 물론이고 주문도를 방문한 선교사와 목회자들은 하나 같이 "섬이 거룩하고 청결하게 변했다"고 입을 모았다.

2. 출애굽시대

내 백성을 해방하라(1910-1920년)

"여호와께서 이르시되 내가 애굽에 있는 내 백성의 고통을 분명히 보고 그들이 그들의 감독자로 말미암아 부르짖음을 듣고 그 근심을 알고, 이제 내가 너를 바로에게 보내어 너에게 내 백성 이스라엘 자손을 애굽에서 인도하여 내게 하리라

(출 3:7, 10)"

"너를 복의 근원으로 삼겠다"는 하나님의 약속 말씀을 듣고 고향을 떠나 가나안에 들어왔던 아브라함과 그 후손들은 수시로 "이 땅을 너와 네 후손에게 주리라"는 약속의 말씀도 들었다. 그러나 아브라함의 후손들은 가나안 땅에 정착해서 편안하게 살지 못했다. 야곱(이스라엘) 때에 큰 기근이 들어 일가족을 이끌고 아들 요셉이 총리대신으로 있던 애굽으로 내려갔다. 이스라엘 백성은 처음에는 환대받았지만, 세월이 지나면서 점점 신분이 낮아져 4백 년 후엔 노예 신세가 되었다. 고역과 고통에 견디지 못한 백성들의 아우성을 들으신 하나님은 조상들에게 약속하셨던 말씀을 기억하고 모세를 택하여 이스라엘 백성을 애굽에서 구출해 내기로 하셨다. 출애굽 대장정이 시작되었다.

우리 민족이 기독교 복음을 받아들여 교회를 설립하고 부흥시켜나간 시기는 곧 일본 제국주의 세력이 한반도를 침략하고 지배하기 시작한 시기와 일치한다. 그 결과 한국교회는 시작과 함께 일제의 탄압과 시련을 겪어야 했다. 이런 상황에서 '자유와 해방'을 복음의 핵심가치로 여기는 기독교는 일제하 고통받는 민족의 해방과 구원을 위해 투쟁하고 노력하였다. 일제에 의해 강제 해산당한 진위대 진영 터 위에 설립된 주문교회와 영생학교가 그런 역사의 주인공이 되었다.

느리와 대빈창 기도처 설립

1910년대 들어서 교회는 계속 부흥했다. 정치 상황은 경술국치(1910년)로 대한제국이 붕괴되고 한반도가 일본의 식민 통치를 받아야 하는 암담한 현실로 바뀌었다. 그런 상황에서 종교, 특히 기독교에 '민족 구원과 나라 독립'의 희망으로 교회에 입교하는 신자들이 늘어났다. 이미 기독교는 대한제국 시기부터 '충군애국'과 '나라사랑'하는 종교로 인식되어 많은 민족주의자가 기독교로 개종하였다. 강화에서 특히 그러하였다. 앞서 살펴본 대로 1904년 강화 진위대장이던 이동휘가 개종하고 '1동1교운동'을 벌였을 때 강화 각 지역의 지식인과 민족주의자들이 적극 호응하여 마을마다 교회와 학교를 설립하였다. 강화지역 교회부속 학교에서는 태극기와 십자기를 함께 내걸어 '나라 사랑하는 종교'로서 기독교의 위상을 높이 드러냈다.

인천과 강화지역 교회 부흥은 매년 열리는 연회보고를 통해 확인된다. 1909년 6월 연회보고에 의하면 강화구역은 28개 교회에 교인 2,048명, 교동구역은 7개 교회에 교인 1,094명이었다. 그런데 3년 후 3개 구역으로 나뉘어 강화읍구역은 4개 교회에 964명, 강화서구역은 10개 교회에 808명, 강화남구역은 15개 교회에 1,178명, 교동구역은 11개 교회, 1,341명 교인으로 늘어났다. 강화지역 총 교인수가 3년 사이에 3,142명에서 4,291명으로 1,149명(36%) 증가하였다. 교동구역 교인도 1,094명에서 1,341명으로 247명(23%) 증가했다.

주문교회는 설립 이후 계속 교동구역에 속하였다. 따라서 교동구역 담임자가 곧 주문교회 담임자였다. 초대 담임 권신일 전도사에 이어

1905년부터 교동구역 담임자로 방족신 전도사가 부임해서 주문교회의 '폭발적' 성장과 예배당 건축, 영생학교 설립을 이끌어냈다. 주문교회 제2대 담임이었던 방족신 전도사는 1910년 서울로 임지를 옮겼고 그해 5월 제3대 교동구역 담임으로 김광국(金光國) 전도사가 부임하였다. 그러나 김광국 전도사도 1년 만에 임지를 옮겼고 교동구역에 담임자가 파송되지 못한 상태에서 강화지방 순회전도사였던 하춘택 전도사가 주기적으로 주문도를 방문해서 교인과 교회를 관리하였다. 따라서 하춘택 전도사를 주문교회 제4대 담임자로 볼 수 있다.

그런 가운데 주문교회는 꾸준히 부흥하였다. 주문교회 부흥은 지교회 분리 개척으로 이어졌다. 1912년 봉구산 고개 너머 느리에 기도처가 설립되었다. 이에 대한 「진촌교회 연혁」 기록이다.

> "1912년 3월부터 느리교회(訥里教會) 형제자매의 열성으로 기도실(祈禱室)을 건축(建築)하였는데 다년간 열성으로 저장(貯藏)한 수전(收錢)과 생활상 경제로 구취(鳩聚)한 연금(捐金)이 육십 원(圓)이요 시(時)는 형제는 어농작업(漁農作業)에 진력하고 자매는 취변여가(炊辨餘暇)를 이용하여 운석단토(運石團土)에 망로(忘勞)하야 삼간(三間) 건축을 낙성하였고 기지는 박병민(朴秉旻) 씨가 기부하고 건축 종시(終始)에 전력하였드라."

느리에는 부자 교인이 없었다. 대부분 가난한 농부거나 어부였다. 그런 중에도 느리 교인들은 수년간 헌금하여 60원의 건축기금을 모았다. 부지는 교인 박병민이 내놓았다. 그런데 건축 시기가 농사와 뱃일로 바쁜 때라 남자들은 대부분 밭이나 바다로 나가 일했고 부인들이 나서서

느리교회(현 서도교회)

진흙을 개고 돌을 날랐다. 진말 교인들도 틈틈이 가서 건축을 도왔다. 그렇게 해서 세 칸(8평)짜리 초가집 예배당이 마련되었다. 이후 느리 교인들은 주일 오전예배는 진말 예배당에 가서 드리고 저녁예배와 속회는 느리에서 드렸다.

느리기도처를 분립시킨 후 진말의 주문교회도 계속 교인이 늘었을 뿐만 아니라 재정적으로도 발전하였다. 1912년 3월 연회에서 인천지방 감리사로 새로 임명된 노블(W.A. Noble) 선교사는 그해 9월 주문도를 방문하여 주문교회와 느리기도처를 돌아본 후 주문교회가 자립교회가 되었음을 선언하였다. 그때부터 주문교회는 목회자 생활비와 교회 운영비를 자체 부담하는 교회가 되었다. 주문교회는 그해 봄 박두병 권사의 지휘하에 초가집 예배당을 기와집으로 개수하였다. 초가집뿐이던 주문도에서 처음 기와집이 등장했다.

자립교회가 된 주문교회는 1913년 6월 연회에서 볼음도, 아차도 교회와 합하여 구역을 조직했다. 이로써 10년 동안 속했던 교동구역에서 독립하였다. 그때부터 주문교회뿐 아니라 느리기도처, 그리고 볼음도와 아차도 교회 임원들이 1년에 한 차례 당회로 모여 교회 임원을 선출하였고 1년에 네 차례 구역회(계절별로 모인다 해서 계삭회라고도 함)로 모여 교회 재정과 교인들의 신앙생활을 점검하였다. 독립 구역이 되면 단독 목회자를 파송 받을 수 있지만 목회자가 부족하여 당분간 교동구역 김익제(金益濟) 전도사가 주문구역 담임을 겸하였다. 주문교회 제5대 담임이 된 김익제 전도사는 교동과 주문 두 구역에 속한 10개 섬 교회들을 순회하며 1천 5백여 명 교인들을 지도하였다.

강화 최초 교회인 교산교회의 초대교인 김상임의 아들이기도 한 김익제 전도사는 1913년 8월 15일과 12월 20일 주문도에 와서 구역회를 주재한 후 저녁에 대전도회(부흥회)를 개최하였다. 김익제 전도사의 목회와 설교에 감화받은 교인들은 그에게 주문구역 전담 전도사가 되어 줄 것을 부탁하였다. 주문도 교인들은 이듬해(1914년) 2월 진말에 있던 초가집 한 채를 기금 40원으로 목회자 사택으로 구입하였다. 그때부터 교인들은 목회자 생활비를 위해 성미(誠米)를 시작했다.

이러한 주문도 교인들의 자급, 자립 노력에 호응하여 1914년 6월 연회는 김익제 전도사를 주문구역 담임자로 파송하고 교동구역은 강화읍에 있던 조내덕 전도사를 파송하였다. 이로써 주문교회는 교회 설립 후 처음으로 단독 목회자를 모시게 되었다. 김익제 전도사 부부는 연회를 마치고 7월 주문도로 이사하였다. 이에 대한 「진촌교회 연혁」 기록이다.

"동(同, 1914년) 2월에 전도사 주택을 매수하니 가격은 사십 원이오 교회 기금을 적립하기 위하여 성미(誠米) 수입이 시작되였고 동 7월에 전도사 김익제 씨 부임하고 동부인(同夫人) 이리사백(以利沙伯) 조(曺)씨는 전도부인(傳道婦人)으로 피임(被任)되었는데 조씨는 열심으로 부인속회(婦人屬會)를 권려(勸勵)하여 여학생을 인도하였드라. 윤인호(尹仁浩) 씨는 문도(聞道) 이후로 상제(上帝)를 경외하여 교회를 다년(多年) 찬성(讚成)하나 육신상(肉身上) 구애(拘碍)로 세월을 천연(遷延)하다가 주의 은품(恩品)하심을 몽(蒙)하여 일문(一門)을 인도하여 도리에 귀(歸)하고 열심사주(熱心事主)하여 교육권려(教育勸勵)에 전력(專力)하시다."

김익제 전도사의 부인 조엘리사벳도 전도부인으로 사역하였다. 그는 주문도와 볼음도, 아차도를 순회하며 글을 모르는 여성들에게 한글과 성경을 가르쳤다. 특히 주문도에서 "여자가 배워서 무엇에 쓰냐?"며 그때까지 여자아이들을 학교에 보내지 않던 교인과 주민들을 설득하여 영생학교 여자부란 명칭으로 주간 중 예배당 안에서 직접 학생들을 가르쳤다. 그리하여 주문도 여성교육이 비로소 시작되었다. 그 무렵 남편과 함께 인천지방 순회선교사로 사역하고 있던 로튼 부인(Olive H. Lawton)이 주문도를 방문하여 갓 시작한 여학교 모습을 보고 1915년 연회에 "주문구역 전도사[김익제] 부인 엘리사벳은 참으로 훌륭한 동역자인 것이 증명되었다. 그녀는 단지 여비만 받고 구역 안에 있는 여학교를 맡아 여자아이들을 모아 읽는 법을 가르치고 있다"라고 보고했다.

이런 엘리사벳 전도부인의 여성 교육을 적극 후원한 인물이 윤인호였다. 윤인호는 일찍이 박순병의 전도를 받고 "교회에 나가겠다"는 생각을 하고 있었지만 '육신상의 여러 장애물'로 인해 결행에 옮기지 못하고 있다가 '하나님의 은혜를 입어' 결단한 후 부인 김한라(金漢羅)와 며느리 박보배(朴寶培), 손자 윤세홍(尹世興) 등을 데리고 교회 출석을 시작하였다. 윤인호는 당시 나이 54세였으나 영생학교 교감이 되어 남녀 학교 운영과 발전을 위해 노력하였다.

엘리사벳 전도부인의 활약상은 미감리회 여선교사 헤스(Margaret L. Hess, 惠施)의 선교 보고에서도 확인된다. 주문도 교인들에게 '헤시 부인'으로 불렸던 헤스는 1913년 12월 내한하여 1940년 귀국하기까지 30년 가까이 인천지방에서만 사역하였다. 헤스는 처음 도착해서 인천 영화여학교 사역을 담당하였고 1915년부터 인천지방을 순회하며 복음전도 사역에 임하였다. 특히 자신이 담당했던 서해안 15개 섬을 주기적으로 방문하며 여성 사경회를 인도하였고 지역 여학교를 후원하였다. 1915년 주문도를 처음 방문했던 헤스는 엘리사벳 전도부인의 여학교와 그의 지도를 받은 주문교회 여신도들의 헌신적인 활약상을 목격하고 1916년 연회에서 다음과 같이 보고했다.

> "주문도에서는 전도부인 엘리자벳이 훌륭하게 일을 해서 구역 전체가 뜨거운 신앙열기에 싸여 있다. 한 곳에서는 부인들이 목수 한 사람과 본처전도사의 도움을 받아 아름다운 예배당(chapel)을 건축하는 모습을 보았다. 부인들은 머리에 돌과 목재를 이어 나르고 진흙에 짚을 넣어 벽돌을 만들었다. 엘리사벳은 구역 내 각 섬을 돌며 한 달씩 여자아이들을 가르쳤다."

엘리사벳은 학교가 없는 볼음도와 아차도에도 가서 한 달씩 머물며 교인 자녀들을 가르쳤다. 이처럼 김익제 전도사와 엘리사벳 전도부인 부부의 활약으로 주문교회뿐 아니라 느리기도처, 볼음도와 아차도 교회도 발전하였다. 또한 주문도 대변창에도 기도처가 설립되었다. 대변창기도처 설립은 1915년 3월 열린 주문구역 부흥사경회 결과였다. 주문구역 부흥회는 1914년 인천지방 감리사로 취임한 최병헌 목사와 미국 유학을 마치고 돌아와 인천지방 순회부흥사로 부임한 김유순(金裕淳) 목사가 인도하였다. 1915년 4월 서울에서 개최된 미감리회 연회에서 최병헌 감리사는 주문구역 부흥회 결과를 다음과 같이 보고하였다.

> “3월 15일에 김유순 목사와 같이 교동에 가서 김영식 씨와 같이 주문도교회에 가서 2주간에 사경회를 교수하고 1주일간 동안은 부흥회와 새벽기도회를 인도하였는데 성신께서 도와주심으로 교도가 크게 부흥하와 애통자와 다시 회개하는 자 많았사오며 3월 30일에 폐회하고 오후에 영생학교 졸업식에 증서를 수여하였사오며 즉시 아차도교회로 건너가서 저녁예배를 보았는데 새로 입교한 남아 오십팔인이오 세례받은 아희와 노인이 십팔명이오 주문도교회에서 이번에 입교한 이와 세례받은 이가 삼십 명이외다.”

부흥회 결과 주문도에서 입교인 30명, 아차도에서 세례인 18명과 입교인 58명을 얻었다. 최병헌 감리사와 김유순 목사가 인도했던 1915년 3월 주문구역 부흥회에 관한 「진촌교회 연혁」 기록은 좀 더 상세하다.

"1915년 2월(음력)에 감리사 최병헌(崔炳憲) 씨와 목사[전도사] 김영식(金永植)과 분홍회(奮興會) 목사 김유순(金裕淳) 씨의 인도로 본 교당에서 2주일간 사경회와 분홍회를 개(開)할 새 목사 김영식은 친상(親喪)을 조(遭)하야 수일 후 환택(還宅)하고 최 감리사는 독력(獨力)으로 매일 상오 3시에 기도회, 9시로 하오 3시까지 사경회, 하오 9시에 분홍회(奮興會, 부흥회)를 인도하여 열성의 결과는 중생(重生)하고 도리가 천명(闡明)하여 동(同) 3월에 대빈정(待賓亭, 대빈창) 교회 기도실을 경시(經始)하였는데 형제자매의 열성은 신자의 모범을 작(作)하였고 박용진(朴用辰) 씨는 건축감독에 전력하며 시(時)는 씨의 춘장(春丈) 도완(道完) 씨가 수월(數月) 황고(況痼)로 장지사세(將至辭世)하여 장례 제구(諸具)를 준비 중인데 도완 씨는 혼미중(昏迷中)에도 일심일념(一心一念)이 기도실 건축에 재(在)하여 위문하는 형제에게 건축의 완성함을 권면하며 자기 분묘(墳墓)에 입용(入用)할 석회(石灰)를 기도실 건축에 입용하라는 유언을 남겨 그 자손은 이를 준행하였으며 기지는 조길손(趙吉孫) 씨가 소유로서 기부되였드라."

「진촌교회 연혁」은 주문구역 부흥회가 끝난 한 달 후, 대빈창 교인들이 기도실 건축을 시작한 점을 강조했다. 즉 3년 전 느리 교인들이 독자적인 힘으로 기도처 건물을 마련한 것에 자극받은 대빈창 교인들이 주문구역 부흥사경회와 부흥회에 참석했다가 신앙 열정이 타올라 대빈창에도 기도처를 세우기로 했다. 대빈창 교인들은 조길손이 내놓은 부지에 4평 규모의 초가집 기도실을 지었다. 그때 공사 감독을 맡았던 박용진의 부친(박도완)은 별세 직전 "내 묘소에 쓸 석회를 예배당 건축에 사용하라"는 유언을 남겼다. 건축 과정에서 여신도들의 헌신이 남달랐다. 앞서 살펴본 헤스 부인의 1916년 선교보고에서 "부인들이 목수 한 사람과 본처전도사의 도움을 받아 아름다운 예배당을 건축하는 모습을 보았다. 부인들은 머리에 돌과 목재를 이어 나르고 진흙에 짚을 넣어 벽돌을 만들었다"고 언급했던 내용이 그것이다. 그렇게 대빈창 교인들도 외부 도움을 받지 않고 예배당을 마련했다.

이로써 주문교회는 진말 예배당 외에 느리와 대빈창, 두 곳에 기도처를 마련하였다. 그리고 1914년부터 볼음도와 아차도 교회와 합하여 독립구역이 되었다. 독립구역이 된 후 교인은 계속 늘어났다. 1916년 연회에 보고된 인천지방 통계에 의하면 인천구역(2개 교회) 855명, 부평구역(11개 교회) 671명, 강화읍구역(4개 교회) 857명, 강화서구역(9개 교회) 488명, 강화남구역(15개 교회) 862명, 교동구역(7개 교회) 669명, 주문구역(5개 교회)

대빈창 교회 터

856명, 영종구역(5개 교회) 571명, 영흥구역(8개 교회) 348명, 덕적구역(6개 교회) 349명이었다. 교인 수로 보면 주문구역은 강화읍, 강화남구역에 이어 3위였다. 주문구역 총 교인 856명 가운데 5백 명 이상이 진말 주문교회에 출석하였다.

부자 교인의 '빚 탕감 잔치'

1916년 3월 서울 정동교회에서 개최된 미감리회 연회에서 김익제 전도사의 임지가 영종구역으로 바뀌었다. 그리고 영종구역 담임자였던 종순일 전도사가 목사안수를 받고 주문구역 새 담임자로 파송을 받았다. 종순일 목사는 20년 전 홍의교회 창립 교인으로 자신에게 빚졌던 마을 사람들의 빚을 탕감해주었던 장본인이었다. 그 후 재산을 교회에 헌납하고 '땅끝 선교'의 길을 떠나 강화 남부 길상과 영흥, 덕적, 영종 등지에서 목회하다가 권신일과 방족신, 하춘택, 김익제 전도사에 이어 주문교회 제6대 담임자로 부임하였다. 부임 당시 그는 17년의 전도와 목회 경력을 지닌 40대 초반(43세)의 중견 목회자였다. 종순일 목사로서는 목사안수를 받은 후 첫 번째 파송 받은 곳이 주문교회였다. 주문교회로서도 목사를 맞이한 것이 처음이었다. 양쪽 모두에게 기대가 컸다. 종순일 목사 부임에 대한 「진촌교회 연혁」 기록이다.

> "1916년 2월(음력)에 목사 종순일(種純一) 씨 부임하여 교회를 열성으로 인도하여 여학생의 야학(夜學)을 통하여 보통과(普通科)를 교수하며 교회의 각항문부(各項文簿)를 정리하고 성정(性情)이 순일(純一)하야 교우

와 외인(外人) 교제에 감화력이 상다(常多)함으로 일반은 내하모(來何暮)에 탄(歎)과 중청하상(重聽何傷)의 감(感)이 유(有)하오며 동(同) 7월에 교당청사(教堂廳事)를 신설하고 장엄(莊嚴)을 일신(一新)히 하였으며 주택기지(住宅基址)는 진명여학교(進明女學校) 소유로서 동월(同月)에 박용세(朴容世) 박예병(朴禮秉) 박용태(朴容泰) 제씨(諸氏) 매수하여 교회에 기부하였고 본국(本國) 선교회로서 미국총회(美國總會)의 보조금 15만 원(圓) 청구의 건(件)으로 국내교회에 3만 원 적립에 대하여 개인별(個人別) 1원을 수입(收入)하고 동 11월 말일(末日)에 현재 교인원수(教人員數)는 514인이오 호수(戶數)는 103호러다."

종순일 목사가 부임하였을 때 영생학교는 총독부로부터 사립 보통학교로 인가를 받고 박용세 교장 중심으로 착실하게 발전하고 있었다. 다만 조엘리사벳이 2년 전 시작한 여자부는 수업과 학사 관리가 체계적으로 이루어지지 않고 있었다. 이에 종순일 목사는 여학교도 정식 인가를 받기 위해 야학교 형태로 정규수업을 시작했다. 당시 영생학교는 주야간으로 나뉘어 교사 3명이 76명 남녀학생을 가르쳤다. 그 결과 주문교회 교인 자녀 가운데 글을 깨치지 못한 아이는 없었다. 주문도뿐 아니라 건너편 볼음도와 아차도에서도 학생들이 건너왔고 교인 자녀뿐 아니라 불신자 자녀들도 와서 배웠다.

종순일 목사는 부임 즉시 주문교회 교적부와 각종 회의록 등 문서를 정비하였다. 그 결과 1916년 11월 주문교회에 등록된 교인이 103호, 514명임을 확인하였다. 1910년 데밍 감리사의 선교보고에서 "주문도 전체 297호 가구 중에 96호가 믿기로 작정했다"는 사실과 비교할 때 새로 등록한 집이 크게 늘지 않은 것 같이 보이지만 그사이 20-30호 정도 되는 느리와 대빈창 교인들이 기도처를 세우고 별도로 예배를 드리기 시작한 것을 감안하면 주문교회는 꾸준히 성장하였음을 알 수 있다.

또한 종순일 목사는 교회소유 부동산 문제도 정비했다. 우선 2년 전 구입한 예배당 뒤편 언덕의 목회자 사택 부지가 아직도 서울의 진명여학교 소유로 되어 있어 박용세와 박예병, 박용태 공동명의로 구입하여 교회 소유로 돌렸다. 이어 진영 자리에 지었던 예배당 건물도 대대적으로 수리했다. 지붕은 3년 전 기와로 바꾸었지만, 건물 내부는 10년 전 여학교 교사로 지은 것이라 낡고 예배당 분위기도 나지 않았다. 이에 예배당 내부를 수리하여 '성전 분위기'로 바꾸었다. 그러나 5백 명이 넘는 교인들을 수용하기는 여전히 비좁았다. 궁극적으로 새 예배당이 필요하였다. 마침 그 무렵 미국 감리교회가 해외선교 1백주년(1919년)을 앞두고 대대적으로 '선교 1백주년 선교기금' 모금운동을 전개하고 있는 것에 착안하여 미감리회 한국선교회에서는 1백 주년 기금 중 15만 원(달러)을 한국으로 유치하기 위해 자체기금(matching fund) 3만 원을 모금하기로 결의한 후 '교인 1명당 1원' 헌금운동을 시작했다. 이에 주문교회 교인들도 이 운동에 적극 참여했다. 사실상 새 예배당 건축헌금이 시작되었다.

이처럼 종순일 목사 부임 후 교회는 안팎으로 면모를 일신했다. 그러나 이런 외적 변화보다 더 중요한 것은 종순일 목사 부임 후 교회가 더욱 지역사회의 신뢰와 칭송을 받게 되었다는 점이다. 거기엔 종순일 목사의 성품과 목회, 교인과 주민을 대하는 태도가 크게 작용하였다. 이에 대해 「진촌교회 연혁」은 "(종순일 목사의) 성정이 순일(純一)하여 교인은 물론이고 불신자와도 널리 교제하였는데 어찌나 그 감화력이 큰지 모두들

'왜 이제야 왔소?'(來何暮)라고 탄식하면서도 '하시는 말씀이 어려워 알아듣기는 힘들지만 어찌 이를 탓하겠소?' 라고 칭찬하기를 마지않았다" 고 기록하였다. 이렇듯 종순일 목사는 주문교회 목사일 뿐 아니라 주문도 지역사회의 지도자로서 그 권위와 능력을 인정받았다.

1917년 종순일 목사와 주문교회의 위상을 다시 한번 크게 높여준 사건이 일어났다. 사건의 주역은 종순일 목사와 박두병, 박순병 형제였다. 이 사건은 서울에서 발행되던 초교파 교회신문 〈기독신보〉(1917.5.2)에 자세히 실렸다. 그 기사 전문이다.

> "경기도 강화군 서도면 주문리교회 권사 박두병 씨는 본시 재산이 좀 있는데 겸하여 주를 진실히 믿는 고로 범백이 그 동리에 모범이 되어 모든 사람의 칭예를 듣는 터이라. 자기 일가 한 사람이 자기에게 수천 원 빚을 지고 구차하여 갚지 못하고 세상을 떠나매 그 아들을 불러서 그 빚을 어찌하려느냐 한 즉 그 아들의 말이 일시에 갚을 수는 없으니 돈 버는 대로 다만 얼마씩이라도 갚겠다 하거늘 박씨가 즉시 허락하고 갚을 수 있는 대로 갚기를 힘쓰라 하고 도모지 재촉을 하지 아니하였더라. 금년[1917년] 음력 세초에 박씨 집에 여러 교우가 모여 기도와 성경공부를 하는 데 그 채무자가 여러 교우를 자기 집으로 청하여 기도하여 주기를 원하거늘 모였던 이들이 기쁨으로 가서 즐기는 때에 그 채무자가 자기 일가 집 빚에 대하여 말하기를 내가 아모리 갚으려고 힘을 쓰고 모으매 8년간에 겨우 16원을 모았으니 수천 원 빚을 어찌 갚을는지 주야로 마음이 편치 못하니 채권자 되신 일가 어른은 이 일에 대하여 처분하여 달라 하거늘 박씨가 졸연한 이 문제에 대하여

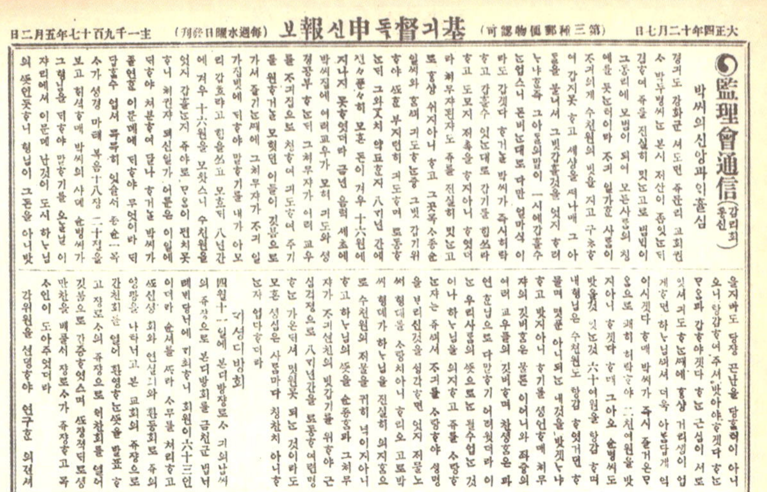

大正四年十二月七日 (第三種郵便物認可) 基督申報 (每週水曜日發刊) 主一千九百十七年五月二日

監理會通信(감리회통신)

주문교회 교인들의 빚 탕감에 대한 〈기독신보〉 기사

무엇이라 대답할 수 없어 묵묵히 있을 새 종순일 목사가 성경 마태복음 18장 20절을 보고 해석하매 박씨의 사제 순병 씨가 그 형님을 대하여 말하기를 오늘날 이 자리에서 이 문제 난 것이 도시 하나님의 뜻인 듯하니 형님이 그 돈을 아니 받을 지라고 당장 곤난을 당할 터이 아니오니 탕감하여 주어 받아야 하겠다 하는 마음과 갚아야 하겠다 하는 근심이 서로 있어 기도하는 때에 항상 거리낌이 없게 하면 하나님께서 더욱 아름답게 여기시겠다하매 박씨가 즉시 즐거운 마음으로 쾌히 허락하야 2천여 원을 받지 아니하겠다 하매 그 아우 순병 씨도 받을 것 있는 것 60여 원을 탕감하며 내 형님은 수천 원도 탕감하였거든 하물며 몇 푼 아니 되는 내 것을 받겠느냐 하고 받지 아니하기를 성언하매 채무자의 기뻐함은 물론이거니와 좌중의 여러 교우들이 기뻐하며 찬송함은 과연 한 입으로 다 말하기 어려웠더라."

이 사건을 순차적으로 재구성하면 다음과 같다.

1) 주문교회 권사 박두병은 같은 박씨 집안사람에게 2천 원을 빌려주었다. 그러나 채무자는 그 돈을 갚지 못하고 별세하였다. 그 빚은 고인의 아들 몫이 되었다.
2) 박두병 권사는 장례 후 그 아들을 불러 "부친이 남긴 빚을 어찌하겠느냐?" 고 묻자 아들은 "한꺼번에 갚을 수는 없으니 돈을 벌어 얼마씩이라도 갚겠다" 하였다. 이에 박두병은 "그렇게 하라" 며 이후 빚 갚기를 독촉하지 않고 기다렸다.
3) 그렇게 8년 세월이 지나 아들은 겨우 16원을 모았다. 그런 식으로 2천 원 빚을 다 갚으려면 1천 년은 걸려야 했다. 도저히 '갚을 수 없는 빚' 때문에 아들의 마음이 편치 못했다. 주일마다 교회에서 만나는 박두병 권사의 얼굴을 보기가 민망했다.
4) 그러던 중 1917년 음력 설날(양력 1월 23일), 박두병 권사의 집에서 종순일 목사와 교우들이 모여 기도와 성경공부 모임을 가졌다. 모두들 기뻐하는 분위기였으나 그 자리에 참석했던 아들의 마음은 무겁기만 했다. 그래서 기도회를 마친 후 아들은 목사와 교인들에게 "저희 집에도 가서 기도해 달라" 고 요청하였다. 모두 기쁜 마음으로 응했다.
5) 집에 도착한 아들은 속마음을 털어놓았다. 특히 박두병 권사에게 "아버지가 남겨 놓고 가신 빚을 갚기 위해 지난 8년간 애써 모은 것이 16원밖에 되지 않습니다. 이런 식으로 해서는 제 생전에 빚을 도

무지 갚을 수 없으니 일가 어르신께서 마땅한 분부를 내리시면 그대로 따르겠습니다" 하였다. 아들은 박두병 권사 집에 머슴으로 들어가 평생 노비로 살 생각까지 하였는지도 모른다.

6) 전혀 예상치 못했던 말을 들은 박두병 권사는 순간 아무 말도 못 하고 침묵하였다. 교인들도 침묵할 뿐이었다.

7) 그런 침묵 가운데 종순일 목사가 마태복음 18장 20절, "두세 사람이 내 이름으로 모인 곳에는 나도 그들 중에 있느니라"는 말씀을 읽었다. 그 앞선 18-19절, "진실로 너희에게 이르노니 무엇이든지 너희가 땅에서 매면 하늘에서도 매일 것이여 무엇이든지 땅에서 풀면 하늘에서도 풀리리라. 진실로 다시 너희에게 이르노니 너희 중의 두 사람이 땅에서 합심하여 무엇이든지 구하면 하늘에 계신 내 아버지께서 그들을 위하여 이루게 하시리라"는 말씀도 읽었을 것이다.

8) 종순일 목사의 말씀 인도가 끝난 후 박두병 권사의 동생 박순병 속장이 입을 열었다. "형님, 오늘 이 자리에서 이 문제가 난 것은 아무래도 하나님의 뜻이 있는 것 같습니다. 형님이 저 아이와 함께 기도한들 '돈을 받아야겠다'는 형님 마음과 '돈을 갚아야겠다'는 아이의 마음이 서로 갈등하니 어찌 '땅에서 두 사람이 합심하여 구하면 하늘 아버지께서 들어주시리라'는 말씀이 응하겠습니까? 그러니 그 돈을 아니 받아도 생활에 불편이 없으신 형님께서 저 아이 빚을 탕감해주고 한 마음으로 하나님께 빌면 그것이 하나님께서 기뻐하시는 일이 아니겠습니까?" 하였다.

9) 이에 박두병 권사도 흔쾌히 "그러마. 저 아이 부친이 내게 진 빚은 이제 없다"고 선언하였다. 그러자 박순병도 "형님이 2천 원 빚을 탕

감해주었는데 어찌 내가 저 아이 부친에게 빌려주었던 60원을 받을 수 있겠는가? 나도 그 빚을 탕감해 주리라" 하였다.

10) 이처럼 박두병, 박순병 형제가 '빚 탕감'을 선언하자 그동안 아버지 빚 때문에 마음고생했던 아들은 물론이고 그 자리에 동석했던 종순일 목사와 교인들도 모두 기뻐하며 하나님께 감사 찬송을 올렸다.

당시(1917년) 쌀 한 가마(80kg) 값이 20원 정도였다. 그러니 박두병 권사가 탕감해준 빚 2천 원은 쌀 1백 가마를 살 수 있는 돈이었다. 요즘(2023년) 시세(가마당 20만 원)로 환산하면 2천만 원 정도다. 섬에서 농사를 지으며 어부 일도 하던 가난한 아들로서는 쉽게 갚을 수 없는 돈이었다. 거기에 박두병뿐 아니라 박순병에게 진 빚 60원(60만 원)도 탕감받았다. 아버지가 물려주고 떠난 이 '엄청난' 빚을 아무 조건 없이 탕감받았을 때 그 아들이 느꼈을 기쁨이 어느 정도였을지는 쉽게 짐작할 수 있다. 탕감해준 박두병, 박순병 형제의 마음도 기뻤다. 그 자리에 함께했던 교인들도 역시 기뻐했다. 곧 구약 성경의 희년(禧年, 50년) 잔치, 즉 빚 때문에 남의 집에 팔려 갔던 사람들이 해방되어 집으로 돌아오고, 차압당했던 땅도 되돌려 받음으로 모든 백성이 함께 즐거워하였던 것과 같은 분위기였다(레 25:8-12). 그날 현장에서 누구보다 기뻐한 사람은 종순일 목사였다. 자신이 20년 전 고향에서 시도했던 '빚 탕감잔치'가 목회지에서 그대로 재현된 것을 보고 '동일하신' 성령의 역사, 말씀의 능력이 시간과 공간을 초월해 '동일하게' 나타난 것을 목격하며 감격하였다.

이러한 빚 탕감 잔치가 있은 나흘 후 1917년 1월 27일(음력 1월 5일)부터 한 주간 주문구역 사경회가 개최되었다. 주문교회 교인뿐 아니라 느리와 대빈창 기도처, 그리고 볼음도와 아차도 교인들까지 참석하여 대성황을 이루었다. 그리고 사경회에 참석했던 교인들을 통해 빚 탕감잔치 소문이 주문도는 물론 볼음도와 아차도에도 퍼져나갔다. 이 일을 계기로 주문도 지역사회에서 종순일 목사와 주문교회 교인들의 위상이 더욱 높아졌다. 또한 종순일 목사의 기고를 통해 이 기사가 〈기독신보〉에도 실림으로 주문도 교인들의 빚 탕감잔치 이야기는 초교파적으로 전국적인 '신앙 미담'이 되었다. 그뿐만 아니라 주문도를 방문한 선교사들의 선교보고를 통해 미국과 해외 교회에도 알려졌다.

그동안 인천지방 순회선교사로 서해안 각 섬을 순회하며 교회를 관리하고 후원했던 벙커 선교사는 1917년 서울로 옮겨가고 대신 그해에 새로 나온 아펜젤러 2세(H.D. Appenzeller) 선교사가 그 일을 맡았다. 한국 개신교회 개척선교사였던 헨리 아펜젤러(H.G. Appenzeller)의 아들로 서울에서 출생한 그는 1902년 부친이 어청도 앞바다에서 해상사고로 순직한 후 미국에 돌아가 프린스턴대학과 드류신학교를 졸업한 후 부친의 뒤를 이어 한국선교를 지원, 1917년 9월 내한하였다. 그는 곧바로 인천지방에 파송을 받아 1918년 강화도 일대를 순회하던 중 주문도에도 들러 주문구역회를 인도하였다. 아펜젤러 2세는 1920년 서울 배재학당 교장으로 취임하기까지 2년간 인천과 강화지역 교회들을 관리했다. 그와 함께 인천지방 여선교회와 전도부인 사업을 관리하던 헤스도 주기적으로 주문도를 방문했다. 이들 선교사의 보고와 증언을 통해 주문교회는 한국에서 가장 모범적으로 부흥하고 성장할 뿐 아니라 교인들의 아름다운 신앙, '말씀 그대로' 실천하는 믿음으로 유명한 교회가 되었다.

3·1 독립만세운동과 주문교회

1919년 3월 18일 일어난 강화읍 독립만세운동은 기독교(감리교)인들이 주도하였다. 그 주동 인물이 주문도에도 거주한 바 있던 유봉진(劉鳳鎭)이었다. 1876년 강화읍 관청리에서 출생한 유봉진은 일찍이 구한국 부대(진위대)에 들어가 강화 진위대장 이동휘 참령 휘하에서 훈련받고 육군 상등병이 되어 주문 진영에서 근무하였다. 그 무렵(1907년) 주문교회가 교회부속학교를 시작할 때 '영생학교'란 교명을 지어주기도 했다. 그도 이동휘와 비슷한 시기에 기독교로 개종하고 주문교회에 출석하였다. 그런 관계로 영생학교 교장 박용세를 비롯한 주문교회 지도자들과 가깝게 지냈다. 그러다가 일본 통감부의 내정간섭으로 1907년 구한국 부대가 강제 해산될 때 그도 강제로 옷을 벗긴 후 강화읍에 잠시 머물다가 길상면 온수리에 정착, 금은방을 운영하였다. 부인 조인애(曺仁愛)와 사이에 자식이 없어 양자로 들인 유학봉 부부와 함께 생활하면서 길상면 산뒤교회(산후교회) 속장 및 권사로 활약하였다.

서울에서 시작된 3·1운동 소식이 강화도에 알려진 것은 3월 5일 서울 시내 학생연합 시위로 휴교령이 내리면서 고향으로 내려온 강화 출신 유학생들을 통해서였다. 그런 식으로 길상면 선두리 출신 황도문은 서울 연희전문학교 재학 중 만세 시위에 참가한 후 독립선언서를 갖고 고향으로 돌아와 친구 유희철에게 서울 소식을 전하였다. 유희철은 3월 6일경 평소 항일 민족의식을 숨기지 않았던 유봉진을 찾아가 만났다. 유봉진과 유희철은 같은 산뒤교회 교인이자 인척 관계였다. 유봉진과 유희철은 "강화에서도 만세를 부르자"고 합의하고 산뒤교회가 속한 강화남구역 담임 이진형 목사와 상의했다. 이진형 목사도 동의하고 강화남구역 각 교회 지도자들을 모아 운동 방향과 방법에 대해 논의하기로 했다.

그렇게 해서 3월 9일 주일 오후 길상면 피뫼(길직)교회(현 초대교회)에서 이진형 목사와 유봉진을 비롯하여 피뫼교회의 조종렬과 장윤백, 장명순, 장기홍, 장상용, 장삼수, 장덕기, 장홍완, 선두리교회의 황유부와 황도문, 황윤실, 염성오, 조상문, 산뒤교회의 유희철과 조종환, 장홍환 등이 모였다. 여기에 "교인들이 모여 독립운동을 모의한다"는 소식을 듣고 불신자 황명희와 홍관후도 참석하였다. 이날 회합에서 참석자들은 1) 강화도 전 인민이 참여하는 독립만세운동을 벌이기로 하고 2) 사람들이 많이 모이는 강화읍 장날을 기해 강화읍에서 시위를 벌이되 강화읍 장날인 3월 13일은 너무 급박하여 다음 장날인 3월 18일을 거사일로 정하고 3) 시위 때 사용할 태극기와 독립선언서 등 유인물 제작은 염성오 권사와 선두리 교인들이 담당하고 4) 강화읍에도 같은 정보가 전달되었을 가능성이 크니 강화읍교회(현 강화중앙교회)와 연락해서 연합운동을 모색하고 5) 강화도 각 지역교회 및 사회 지도자들을 동지로 포섭하기로 결정했다. 유봉진 권사는 동지를 포섭하는 일을 맡기로 했다.

유봉진은 3월 12일 온수리를 떠나 강화 남부와 서부지역을 돌며 교회와 지역사회 지도자들을 만나 설득했으나 동참자를 얻지 못했다. 그가 마지막 희망을 걸고 찾은 곳이 주문도였다. 그는 3월 16일 주일 오후 주문도에 도착해서 주문교회에서 저녁예배를 드린 후 예배에 참석했던 120여 명 신도에게 방문 목적을 알리며 동참을 호소하는 연설을 했다. 다음은 그가 경찰에 체포된 후 심문받은 내용이다.

“경찰: 주문도 학교에서는 무슨 이유로 연설했는가.

유봉진: 나는 종래 한국의 육군 상등병으로서 주문도에 주재 중 예수교학교가 신설되어 나에게 그 이름을 부탁하기에 영생학교라고 이름을 붙였다. 그 밖에 여러 가지 수고한 일이 많아 학교 관계자도 나를 알고 있으므로 주문도 예수교도에게 독립운동을 하는 연설도 하게 된 것이다.

경찰: 그대가 연설할 때 결사대라는 것을 신도에게 표시하였는가.

유봉진: 실은 나라를 위한 일이기에 내 결심의 표시로 내의 흰 바탕에 '결사대'라고 검게 쓰고 연설 후 웃옷을 벗고 그것을 신자에게 보인 것이다.

경찰: 연설의 목적은 달성했는가.

유봉진: 교사 최공섭 외에는 나의 목적에 따라오지 않아 나는 유감으로 생각했다.

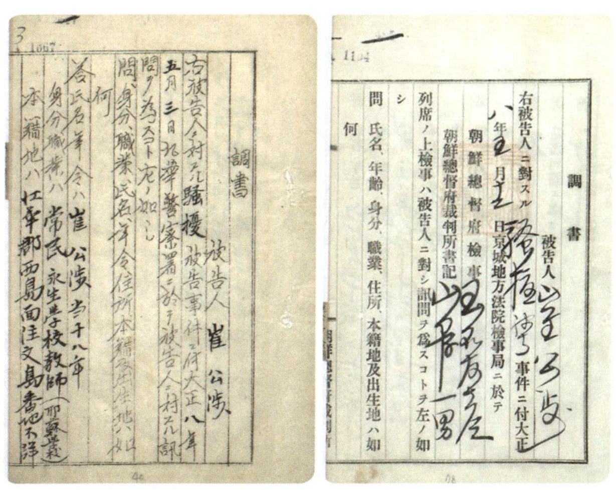
調書

右被告人ニ對スル 事件ニ付大正八年五月 日京城地方法院檢事局ニ於テ

朝鮮總督府檢事

朝鮮總督府裁判所書記

列席ノ上檢事ハ被告人ニ對シ訊問ヲ爲スコト左ノ如シ

問 氏名、年齡、身分、職業、住所、本籍地及出生地ハ如何

최공섭의 경찰 및 검찰 조서

경찰: 주문도에서 연설한 것 외는 연설 또는 기타 방법으로 운동을 권유한 적은 없던가.

유봉진: 그밖에는 없었다."

유봉진은 주문도에서 영생학교 교사로 있던 최공섭(崔公涉), '단 한 명'의 동지를 얻었다. 최공섭은 엄밀한 의미에서 주문도 사람은 아니었다. 본래 교동도 화개면 읍내리 출생으로 보통학교를 졸업한 후 주문도 영생학교에 교사가 급히 필요하다는 연락을 받고 '임시 교사'로 와서 학생들을 가르치고 있었다. 당시 그의 나이 18세, '소년 교사'였다. 최공섭은 경찰 심문에서 독립운동에 참여하게 된 과정을 다음과 같이 진술했다.

"3월 16일 오후 9시경 주문도 사람 약 120명쯤이 예수교회당에 모여 그 석상에서 유봉진이 신약전서에 있는 '의를 구하라'란 글귀를 설명하고 또 '파리강화회의는 민정을 돌아본 것으로 조선의 민정을 돌보지 않은 것은 아니다. 거기서 조선인민의 독립을 바라는가 아닌가를 침묵하고 있어서는 안 되니 크게 독립만세를 불러서 소요를 일으켜야 한다. 나는 그 운동을 위해 결사대원이 될 것이니 천명을 다하지 못할 것이며 언제 죽을지 모른다. 금후에는 천국에서 만나게 될 것이다'라면서 가슴을 열어서 보니 종이에 '강화 길상면 온수리 유봉진 독립결사대'라고 써서 그것을 상의에 붙여서 여러 사람에게 보였다. 결사대를 찬성하는 자가 있으면 손을 들라고 말해서 나는 손을 들어 찬성하였다. 드디어 유봉진은 단독으로 찬송가 '내 평생소원 이것뿐 주의 일

하다가 이 세상 이별하는 날 주 앞에 가리라'를 노래하였다."

그날 저녁 그 자리에 참석했던 영생학교 학생 대여섯 명이 '선생님을 따라'(?) 손을 들었지만, 너무 어리다는 이유로 합류하지 못했다. 유봉진은 그날 저녁 영생학교 교장 박용세의 집에서 숙박한 후 이튿날(3월 17일) 주문교회와 지역사회 지도자들을 만났으나 더 이상 동지를 획득하지 못했다.

유봉진과 최공섭은 3월 17일 밤 주문도를 출발하여 이튿날(3월 18일) 새벽 2시 석모도 매음리에 도착했고 해명산을 넘어 그 날 아침 석포리를 출발, 오전 10시경에 강화 외포리에 도착했다. 그날 오후 2시에 강화읍에서 만세를 부르기로 약속되었기에 최공섭은 곧바로 강화읍으로 출발하고 유봉진은 온수리 집에 들렀다 합류하기로 했다. 최공섭은 강화읍내 친척 김순애의 집에 잠시 들렀다가 읍내 신문리 돌다리에서 시작된 만세 시위에 참여하였다. 시위는 유희철과 장명순, 장동원, 황윤실, 황일남, 조상문 등 청년들로 구성된 '길상 결사대'가 주도하였다. 그러나 이미 정보를 입수하고 경계망을 펼치고 있던 경찰은 시위 주도자 3명을 현장에서 체포하고 군중을 해산시켰다. 지도자들이 체포되자 수백 명 군중은 방향을 잃고 당황했다.

그 순간 온수리로부터 '결사대장'이란 깃발을 휘날리며 백마를 타고 달려온 유봉진이 시위 군중을 지휘하기 시작했다. 시위대는 순식간에 5천 명으로 불어났다. 유봉진은 시위대를 이끌고 종각에 걸린 범종을 친 후 일장 연설을 하고 군청으로 가서 군수를 불러내 "너도 조선 사람이니 만세를 부르라"고 요구했다. 이어서 시위대는 향교와 객사를 거쳐 길상 결사대원들이 구금된 경찰서로 몰려가 석방을 요구하였다. 그때 시위대는 2만으로 불어났다. 군중의 위세에 압도된 경찰서장은 결국 구금되어 있던 결사대원들을 풀어주었다. 승리감에 도취된 군중은 강화읍 내를 돌며 밤늦도록 만세를 불렀다. 밤 11시가 되어서야 유봉진은 군중을 해산시키기로 하고 마지막 연설을 하였다. 그때까지 대형 태극기를 흔들며 시위에 참여했던 최공섭이 경찰 신문에서 밝힌 유봉진의 마지막 연설 내용이다.

> "조선은 종래 민지가 낮았으나 현재는 독립할 정도가 되고 경성 기타에서도 이 운동이 크게 일어나고 있다. 더욱이 이태왕 전하의 죽음은 병사(病死)가 아니고 독살이란 풍설이 있다. 이것은 하늘이 명하는바 독립의 기운이 익어가고 있으니 열렬한 운동을 해야 한다. 내일 정오에 길상면 온수리에 모여 만세를 부르자."

유봉진의 연설을 끝으로 3월 18일 강화읍 만세 시위는 평화적으로 마무리되었다. 그러나 유봉진이 약속했던 대로 3월 19일 온수리에서 만세운동은 일어나지 못했다. 강화읍 만세운동 소식을 접한 인천 경찰서에서 진압 병력을 급파해 강화읍 뿐만 아니라 강화도 주요 지역에 삼엄한 경계망을 펼쳤기 때문이었다. 경찰은 3월 19일부터 만세운동 지도자 체포에 나섰다. 비록 3월 19일 예정했던 온수리 만세 시위는 이루어지지 못 했지만 3월 21일부터 사흘간 교동에서 만세 시위가 벌어졌고 3월 27일에는 온수리에서 만세 시위가 벌어져 2천 명이 참석했다. 그리고 4월 들어서 송해와 하점, 양사, 석모도, 선원, 양도, 불은, 망월 주민들이

산에 올라 야간 봉화시위를 벌이기도 했다.

이처럼 강화 전역에서 다양한 형태로 만세운동이 계속 벌어지자 경찰은 피신 중인 강화읍 만세운동 주모자들을 체포하려 애썼다. 이미 시위 직후 체포된 이들도 있었지만 유봉진을 비롯한 핵심 지도부 인사들은 한 달 이상 피신하였다. 결사대장 유봉진도 강화읍 시위 직후 고려산과 장봉도, 마니산 등지를 전전하며 한 달 이상 숨어 지내다가 자수하기 위해 온수리로 오던 중 체포되었다. 최공섭도 한 달가량 피신했다가 역시 경찰에 체포되었다. 강화에서 경찰에 체포된 독립운동 피의자는 1백여 명에 달했다. 강화경찰서는 그중에 만세운동을 주도했거나 현장에서 극렬하게 시위에 참여한 43명을 경성 지방법원 검찰에 넘겼다.

검찰에 넘겨진 43명 중에 28명(65%)이 기독교인이었다. 유봉진과 염성오, 유희철 등 길상 결사대원은 물론이고 만세 시위에 적극 참여했던 최공섭과 유봉진의 아내 조인애, 독립선언서를 강화읍내에 미리 살포했던 강화읍교회 전도부인 김유의(金有義)도 포함되었다. 이들은 5월 검찰에 넘겨지면서 서울 서대문형무소로 이감되었다. 경성 지방법원 재판은 6월 예심으로 시작되어 10월 4일 예심 종결을 거쳐 12월 18일 결심 공판에서 유봉진은 징역 2년, 염성오 1년, 유희철 8개월, 조인애와 김유의 6개월 징역, 나머지 인사들은 3-5개월 징역과 태형을 선고받았다. 피의자 중 나이가 제일 어렸던 최공섭은 태형 90도를 선고받았다. 이로써 최공섭은 미결수로 6개월 옥고를 치른 후 사흘에 걸쳐 태형 90도를 맞고 석방되었다. 이후 최공섭은 주문도로 복귀하지 못하고 고향 교동으로 돌아갔다.

이로써 강화 3·1독립만세운동은 일단락되었다. 그렇다면 3월

17일 밤 유봉진과 최공섭이 주문도를 떠난 후 주문교회 교인들은 무엇을 하였을까? 최공섭 외에 3월 18일 강화읍 만세 시위에 참가한 교인은 없었다. 그리고 주문도 교인과 주민들이 독자적으로 만세 시위를 벌이거나 강화 본도에서 이루어진 야간 봉화시위에도 참여하지 않았던 것으로 보인다. 그러면 아무것도 하지 않았는가? 이 대목에서 「진촌교회 연혁」은 다음과 같은 짧은 기록을 남겼다.

> "1919년 민족 자주독립(自主獨立) 성취를 위하여 헌신기도회(獻身祈禱會)를 가지어 독립운동 신도(信徒)를 보호은신(保護隱身)하였다."

주문교회 교인들은 저녁마다 교회에 모여 민족의 자주 독립을 위한 기도회를 실시하였고 강화읍 만세 시위에 참가하고 피신해 온 독립운동 신도에게 은신처를 마련해 주고 보호하였다. 그때 주문도로 피신해 온 독립운동가가 유봉진인지, 최공섭인지 확인할 수는 없다. 다른 독립운동가일 수도 있다. 그렇게 간접적인 형태로나마 주문교회는 3·1독립만세운동에 참여하였던 것이다.

이처럼 강화 3·1독립만세운동은 기독교(감리교) 신도들이 기획하고 주도하였다는 점에 특징이 있다. 3·1운동 때 기독교인들은 "나라를 위해 목숨을 버리겠다"는 각오로 결사대를 조직해서 2만여 명이 참가한 독립만세운동을 추진하였고 그로 인해 다수가 옥고를 치렀다. 3·1운동 이후 기독교에 대한 강화 지역사회의 호감도가 더욱 높아진 것은 당연했다. 그것은 1920년 9월 중순 결사대장 유봉진이 서울에서 1년 6개월 옥고를 치른 후 강화로 돌아왔을 때 강화 주민들이 갑곶나루까지 나가 '인

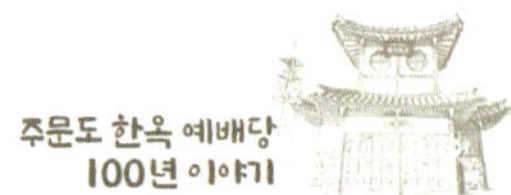

산인해'를 이루며 그를 개선장군처럼 환영한 것에서도 확인할 수 있다. 그 환영 인파 가운데 그의 권면으로 독립운동에 참여했던 최공섭이 포함되었는지는 확인할 수 없다. 다만 그가 교사로 근무했다는 이유 하나만으로 주문도 영생학교의 명성이 널리 알려진 것은 분명하다. 유봉진이 결사대원을 모집하기 위해 섬을 방문하여 '구국 연설'을 했던 주문교회도 마찬가지 명성을 얻었다.

한옥 예배당 건축

3·1독립만세운동 1년 후 1920년 10월 14-16일 강화읍교회 신문리 예배당에서 오기선 감리사 주재로 미감리회 제6회 인천지방회가 열렸다. 인천지방에 속한 강화읍, 강화남, 강화서, 주문, 교동, 인천, 부평, 영종, 부천, 덕적, 영흥, 화도, 삼산 등 13개 구역의 목회자와 평신도 대표 93명이 참석했다. 주문구역에서는 담임 종순일 목사를 비롯해서 김근영과 박두병, 박순병, 김치준, 박예병, 박용세, 이수연 등이 참석했다. 이들 가운데 볼음교회 권사 이수영, 주문교회 권사 박예병, 영생학교 교장 박용세를 제외하고 나머지는 모두 '본처전도사'(本處傳道師, local preacher)였다. 본처전도사란 목회자가 부족했던 선교 초기 감독의 파송을 받아 임지를 옮겨 다니며 목회하는 '순회목회자'(itinerant preacher)와 달리 지역에 정착해 살면서(생업에 종사하면서) 순회목회자가 자리를 비우거나 오지 않았을 때 예배를 인도하던 평신도 목회자였다. 안수받은 이를 '본처목사', 안수받지 않은 이를 '본처전도사'라 불렀다. 따라서 본처전도사는 평신도 신분이었지만 교회에서 '전도사' 칭호를 받으며 예배를 인도하

였다(본처전도사는 해방 후 '장로'로 그 칭호가 바뀌었다).

1920년 10월 인천지방회에 참석한 주문구역 본처전도사는 김근영과 김치준, 박두병, 박순병 등 4명이었다. 다음은 인천지방 오기선 감리사가 주문구역에 파송한 본처전도사 및 권사 명단이다.

진말(진촌) 전도사: 박두병(2년급)

아첨(아차도) 전도사: 박순병(2년급)

대변창(대빈창) 전도사: 김치준(3년급)

느리 전도사: 김근영(4년급 졸업)

보름(볼음) 권사: 이수연

진말(진촌) 권사: 박예병

주문교회 최초 교인 김근영이 1920년 '본처전도사 4년' 진급 과정을 모두 마쳤고 뒤를 이어 김치준과 박두병, 박순병도 본처전도사가 되어 진말 뿐 아니라 느리와 대빈창 기도처, 그리고 아차도교회로 가서 예배를 인도하였다. 이로써 주문교회는 설교자(평신도 목회자)를 배출하는 교회로 발전하였다. 그 사이 교세도 꾸준히 늘었다. 1920년 10월 20-26일 서울에서 개최된 미감리회 연회에 보고된 인천지방 주문구역 통계에 의하면 종순일 목사와 전도사 3명, 권사 4명이 5개 예배 처소의 원입인 175명, 학습인 336명, 입교인 200명, 총 711명(여자 교우는 원입인 77명, 학습인 59명, 입교인 106명, 총 242명)을 지도하고 있었다. 주일학교는 유년부 2개, 장년부 3개 학교에서 교사 14명이 학생 178명을 가르쳤으며 매일학교(영생학교)도 남학교는 교사 3명이 학생 58명, 여학교는 교사 1명이 학생 28명

을 가르치고 있었다.

주문구역 711명 가운데 5백 명 이상이 주문교회 교인이었다. 주문교회는 여학교 교실로 마련했던 건물을 10년째 예배당으로 사용하며 한 차례 지붕과 내부를 대대적으로 수리하였지만 5백 명이 넘는 교인을 수용할 수 없게 되었다. 새 예배당 건물이 시급히 필요했다. 주문교회 교인들은 이미 1916년부터 '1인 1원' 모금운동에 참여하여 새 성전 건축헌금을 시작하였다. 또한 3·1운동을 겪은 후 1920년 주문교회 자체로 국내선교회를 조직, 건축헌금과 연회 소속 은퇴 목회자들을 위한 선교비 모금에 착수했다. 1921년에는 십일조회(十一條會)를 조직하여 소득의 십분의 일 뿐 아니라 소유재산의 십분의 일을 헌납하는 운동을 시작하였다.

이처럼 주문교회 교인들이 새 성전 건축운동을 시작할 무렵인 1921년 7월 주문도 첫 교인 김근영 전도사가 별세했다. 주문교회 교인들은 그의 집에서 시작된 주문교회의 역사와 부흥을 증명하기 위해서라도 새 성전을 아름답게 짓자는 데 뜻을 모았다. 이러한 주문교회 교인들의 예배당 건축운동에 대해 오기선 감리사는 1921년 9월 평양에서 개최된 미감리회 연회에서 "주문에서는 새 예배당 건축을 위해 지난 2년간 헌금을 해왔다. 백 주년 기금이 온다면 건축이 가능할 것이다"고 보고하였다. 그러나 미국에서 올 것으로 기대했던 선교 백 주년 기금(보조금)이 늦어지자 주문교회 교인들은 자체 힘으로 예배당을 건축하기로 했다. 주문교회는 처음 시작할 때부터 선교사의 보조를 받지 않는 '자립교회'로 출발했다. 3·1독립만세운동으로 교인들의 '자립심'은 더욱 고조되었다.

종순일 목사는 1922년 건축을 위한 부흥사경회를 개최하였다. 사경회를 마친 후 박순병과 도광현(都光鉉)을 '교회건축확장위원'으로 임명하고 본격적인 건축에 나섰다. 새 예배당 부지는 김치준이 기부한 주문리 717번지 145평과 이창남(李昌南)이 기부한 주문리 718번지 102평을 합친 247평으로 마련했다. 예배당 건물은 김치준 전도사가 기증한 717번지 토지 위에 지었다. 건축 감독은 박순병과 도광현이 맡았고 공사는 삼산(석모도) 목수 이경재에게 맡겼다.

건축 공사는 1923년 3월에 착수하여 기초공사를 마친 후 5월 12일에 상량식을 가졌다. 한옥 예배당 대들보에 먹으로 "救主降生 一九二三年 五月 十二日 午前 八時 立柱上樑"이라 쓴 상량문이 지금도 선명하다. 공사가 진행 중이던 5월 26-28일 인천지방회가 인천 내리교회에서 열렸다. 그때 지방회에 참석했던 종순일 목사와 김치준, 박두병, 윤성심, 박병섭, 김택현, 박예병, 이천국 등 주문구역 대표들은 김찬홍 감리사 주재로 주문구역 구역회까지 마치고 돌아왔다. 그 무렵 인천지방 순회선교사로 새로 부임한 레이시(J.V. Lacy, 禮是)가 주문도를 방문하여 건축 현장을 돌아본 후 6월 연회에서 "오랫동안 건물이 필요했던 주문도 교회와 학교는 지금 새 예배당과 교사를 건축하는 중이다"고 보고하였다. 외부 지원 없이 현지 교인들의 자립 헌금으로 짓는 주문교회 새 예배당은 지방회와 연회의 관심사가 되었다.

건축 공사는 순조롭게 진행되어 상량식 후 두 달 만인 7월에 공사를 마치고 주문교회 교인들은 새 예배당에서 예배를 드리기 시작했다. 그러나 공사 중 아무런 사고가 없었던 것은 아니다. 응구지나루터에서 공사 현장까지 좁은 고갯길로 강화 본도에서 실어 온 기와와 목재, 석회 등 건축 자재를 실어 나르던 소 두 마리가 죽었다. 그래서 주문교회 교인들은 새 예배당은 "소 두 마리를 제물로 바쳐 지은 성전"이라 했다. 그렇게 마련한 새 예배당은 그 위치나 규모, 형식과 내용 면에서 앞서 지어진 인천지방 내 여느 교회보다 아름답고 웅장했다.

우선 예배당 건물이 주변 자연환경과 잘 어울린다. 도시 교회 중에 서양식으로 고딕 예배당을 짓는 경우가 늘어나고 있었는데 직선 위주의 고딕식 건물 대신 곡선이 살아 있는 한옥 건물을 지음으로 서양 건물이 낯선 마을 주민에게 친근감이 들도록 했다. 예배당 위치도 도시의 선교사들이 선호하는 산이나 언덕 꼭대기가 아니라 한국 전통의 배산임수(背山臨水), 즉 봉구산을 배경으로 멀리는 바다가 보이는 야트막한 언덕에 지었다. 예배당 건물을 멀리 해안 쪽에서 바라보면 아라랏 산 턱에 걸려 있는 노아의 방주와 같고 건물 뒤편 언덕에서 내려다보면 출항을 앞둔 갈릴리호수의 배 같기도 하다. 어느 방향으로 보아도 마음이 편안한 건물이다.

건물 규모는 정면 4칸, 측면 8칸, 모두 50여 칸(32평)이다. 조선식 전통 기와집으로 지었지만, 자세히 보면 종탑과 본당, 두 건물을 합친 형태이다. 예배당 전면에 2층 높이의 6칸 규모의 돌출된 종탑건물을 세웠고 그 뒤로 장병형의 단층 본당 건물을 붙였다. 종탑 2층에는 평북 출신으로 일찍이 주문도에 들어와 살다가 기독교로 개종한 주문교회 초대교인 윤기현(尹基鉉)이 기증한 구리종을 걸었다. 종탑 2층에는 종소리가 잘 퍼져나가도록 세 벽에 팔각창호를 4개 냈다. 종탑이나 본 건물 모두 조선식 기와로 올렸는데 서울의 궁궐이나 고위 양반 저택에서 볼 수 있는 고급스러운 팔작지붕을 얹혔다. 건물 벽체는 중인방을 둘러 아래층은 벽돌로 쌓고 바깥으로 어른 주먹크기의 자연석 돌들을 석회로 발라 민가의

진촌교회
한옥 예배당

토담집 형태로 꾸몄다. 위쪽 벽에는 격자창문을 남쪽에 4개, 북쪽에 3개 어긋나게 달았다. 이는 바다 쪽에서 불어온 바람이 예배당 안에서 한 차례 휘돌게 함으로 여름 더위와 습기를 방지하기 위함이었다.

예배당으로 들어가는 종탑건물의 여닫이문은 남녀 출입을 구분하기 위해 좌우 두 개로 냈다. 현관에 들어서면 신을 벗어야 한다. "네가 있는 곳은 거룩한 곳이니 신을 벗으라"는 성경 말씀을 따른 것이다. 현관에서 여닫이문을 통해 비로소 예배당 내부로 들어간다. 이처럼 예배당으로 들어가는 문을 두 개 낸 것은 겨울철 추위와 바람을 막기 위함이기도 하지만 구약에서 하나님의 성전에 들어갈 때 성전 뜰을 거쳐 성소로 들어가는 질차를 염두에 둔 것으로 보인다. 예배당 내부에 나무마루를 깔았고 기둥(高柱) 열두 개를 좌우 두 줄로 세운 후 그 위에 들보와 도리(梁)를 일곱 개씩 얹혔다. 기둥 열두 개는 구약의 12지파, 신약의 12사도를 의미한다. 이런 2고주 7량 건물은 궁궐이나 서원의 대청처럼 규모가 큰 기와집에서 볼 수 있는 것으로 웅장하면서도 시원한 느낌을 준다.

주문교회 새 예배당은 성공회의 강화읍성당이나 온수리성당처럼 외모는 한옥 기와집 형태이지만 내부는 서양의 중세초기 교회건축 양식인 바실리카(Basilica) 양식을 취하고 있다. 바실리카 양식을 '삼랑식'(三廊式)이라고도 하는데 '그리스도의 몸'으로 상징되는 성전 내부공간을 몸통에 해당하는 신랑(身廊, nave)과 양쪽 팔에 해당하는 측랑(側廊 혹은 袖廊, aisle), 머리에 해당하는 후진(後陣, apse) 등 세 영역으로 구분하는 방식이다. 성전 내부에 두 줄로 세운 기둥 안쪽이 신랑, 바깥쪽이 측랑이다. 고대 바실리카 양식에서는 세례를 받은 자라야 신랑에 앉을 수 있었다. 그리고 예배당 제일 안쪽, 후진에 해당하는 곳에 강단이 있다.

그런데 예배당의 강단 높이가 정도 이상으로 높다. 1960년대에 강단 높이를 한 자 낮췄다는데도 강단 바로 앞에 앉은 사람은 거의 고개를 직각으로 꺾어야 할 정도다. 그런 강단 앞쪽으로 꽃무늬를 새긴 판자를 댄 난간을 설치했고 강단에 오르는 가파른 계단을 양쪽에 냈다. 그리고 강단의 강대상 위쪽 천장에 격자무늬 형태의 보개(寶蓋)가 장식되어 있다. 이런 강단과 강대 장식은 궁궐에서 가장 지엄한 곳, 곧 임금이 앉는 옥좌(玉座) 혹은 보좌(寶座) 장식과 비슷하다. 옥좌 색깔인 주색(朱色)으로 강대를 칠한 것도 그렇다. 예배당 내에서 가장 근엄하고 거룩한 곳, 성전의 지성소(至聖所) 같은 곳에서 '하나님의 말씀'을 대언하는 설교자의 권위를 느낄 수 있도록 만들었다. 강대 뒤편으로 설교자가 출입하는 쪽문을 별도로 냈다.

이처럼 주문교회 교인들은 하나님의 '거룩한' 성전(聖殿)을 짓기 위해 희생과 노력을 아끼지 않았다. 우선 7천여 원에 달하는 건축비를 외부 지원 없이 스스로 마련했다. 박두병과 박순병 같은 부자 교인들도 있었지만 모든 교인이 십일조회를 조직해서 소득뿐 아니라 재산의 십일조를 바치고 2년 넘게 교인 한 명이 매년 1원씩 의무금을 모아 건축을 준비했다. 건축이 시작되자 모든 교인은 건축현장에 나와 자재를 나르거나 흙을 개는 등 노력 봉사를 아끼지 않았다. 그 결과 3·1운동 후 한반도의 경제사정이 더욱 악화된 상황에서도 주문교회 교인들은 공사 착수 5개월 만에 웅장하고 아름다운 한옥 예배당을 지을 수 있었다.

그렇게 5백여 성도의 희생과 헌신으로 마련된 새 예배당은 주문교회뿐 아니라 지역사회의 자랑거리가 되었다. 새 예배당을 지은 1년 후 1924년 5월 17일부터 사흘간 제10회 인천지방회가 주문교회에서 개최되

었다. 그동안 인천지방회는 주로 인천 내리교회에서 열렸고 가끔 강화읍 신문리예배당에서 개최되었다. 1백 명이 넘는 지방회원들이 집회할 수 있는 공간을 갖춘 교회가 두 곳 외에는 없었기 때문이었다. 그런데 주문교회가 웅장하고 아름다운 새 예배당을 건축한 후 첫 대외(對外) 행사로 지방회를 개최한 것이다. 그리하여 김찬흥 감리사와 지방 순회선교사 레이시, 헤스, 그리고 지방 내 13개 구역, 50여 교회의 목회자와 평신도 대표 1백여 명이 배를 타고 주문도로 몰려왔다. 이처럼 인천지방 목회자와 평신도 지도자들이 대거 주문도를 방문한 것도 처음이지만 주문도 역사상 이처럼 많은 종교 지도자가 섬을 방문한 것도 처음이었다. 지방회가 개최되는 주문도의 주문교회와 느리교회, 대빈창교회 교인들은 외지 목회자와 평신도 지도자들의 숙박과 음식을 제공하며 '손님맞이'에 최선을 다하였다.

주문도에서 지방회를 성황리에 마친 김찬흥 감리사는 1924년 9월 서울에서 개최된 미감리회 연회에 참석, "주문도 교회가 새 예배당을 완공했다"고 특별 보고를 했다. 또한 주문도에서 지방회가 열리기 직전인 1924년 5월 10일 자 〈동아일보〉에도 투고문 형태로 "고도(孤島)의 분투자(奮鬪者)들"이란 기사가 실렸다.

> "서호(西湖) 주문(注文)은 반도사단(半島四端)에 붙어 황해중(黃海中)에 돌출하여있는 조그마한 고도(孤島)인데 인구는 약 천여 명이요 주위는 10리에 불과하는 적은 섬이다. 이 고도에 거주하는 사람들은 서해 빙류(氷流)에 어류(魚類)가 동사(凍死)하는 추위를 무릅쓰고 땡땡 얼어 감각을 잃게 되는 손끝을 호호 불면서 약간의 석화(石花)를 채취하야 근

근이 생활을 유지하여 가는 형편이다. 이와 같이 빈한한 생활 중에도 그네들은 신앙과 교육을 위하야는 아무것도 앗기는 것이 없었다. 원래 이 고도에 세상 바람이 불어오기 시작한 것은 20여 년 전이다. 예수교인 김근영(金根永) 씨가 무수한 핍박과 폭우같이 쏟아지는 비난공격에도 굴(屈)치 아니하고 포교에 진력하였으며 한 편으로 도중(島中)의 자제를 교육하기 시작하였다. 그리하야 20년간을 임전고투(臨戰苦鬪)한 결과 지금에 이르러서는 교회도 왕성하게 되었고 불완전하나마 교육기관의 학교도 있다. 나는 이 빈한한 고도 중에서 6천[7천]여 원의 거액이 예배당 건축을 위하여 모여들며 그 결과로 50여 칸의 훌륭한 와가(瓦家)가 준공됨을 통해 신앙의 힘이 얼마나 위대한 것을 감탄하였다."

주변 십 리, 인구 천 명에 불과한 자그만 섬. 겨울철이면 대부분 주민이 추위에 얼어 죽은 고기들이 얼음물에 떠다니는 추운 바다에 나가 굴을 캐서 생계를 유지하는 빈한한 형편에서도 교인들은 아낌없는 봉사와 희생으로 강화도에서는 강화읍교회 예배당(80평) 다음으로 큰 예배당을 지었다. 〈동아일보〉 기자는 그런 주문교회 교인들의 위대한 믿음의 뿌리를 20년 전 주문도의 첫 교인 김근영이 보여주었던 '임전 고투하는' 믿음에서 찾았다. 곧 어렵고 힘들수록 강해지는 믿음의 능력이었다. 그런 주문교회 성도들의 믿음의 반석 위에 세워진 한옥 예배당은 이후 일제 말기와 해방 후 한국전쟁으로 인한 시련과 혼란시기에도 헐리거나 훼손되지 않고 그 자리, 그 모습을 굳게 지켰다. 인천시에서도 이런 한옥 예배당의 역사적, 문화적 가치를 인정하여 1997년 8월 인천시 지방문화재 14호로 지정하였다.

주문교회는 진말 언덕에 새 예배당을 지은 후 '진촌교회'(鎭村敎會)로 불리기 시작했다. 이는 주문도의 느리와 대빈창에 있던 기도처가 교회로 발전하면서 이들 교회와 구별하기 위함이었다. 한동안 주문교회란 명칭도 같이 사용하였다. 주문교회 진촌 예배당 건축은 주변의 다른 교회 교인들에게도 자극이 되었다. 특히 10년 넘게 초가 3칸 예배당에서 예배를 드리던 느리교회 교인들은 1924년 4월 안정렬(安貞烈)이 기증한 주문도리 864번지 부지(30평)에 8평 규모의 기와집 예배당 건축을 시작해서 그해 가을에 끝냈다. 그리하여 주문도에 기와집 예배당이 두 개로 늘어났다.

사립 영생학교 인가와 교사 신축

주문도 진촌교회 교인들은 1924년 새 예배당을 건축하면서 동시에 교회부속 영생학교 교사(校舍) 신축운동도 전개했다. 진촌교회 교인들의 새 예배당 건축을 자세히 소개했던 〈동아일보〉(1924.5.10)는 이어서 영생학교 교사 신축운동도 소개했다.

"또 교육을 위하여 2천여 원의 기부금이 모여지며 그 학교를 유지하기 위하여 5, 60원씩 금전을 앗김없이 제공되는 사실을 볼 때에 자녀를 위하여 부모의 성력(誠力)이 얼마나 위대한가를 목도(目睹)한 감(感)이 있다. 실로 그네들은 전 생명과 전 재산을 교회와 학교에 제공한다 하니 그네들은 교회와 학교를 그네들의 생명이며 전 재산으로 알고 있

> 다. 이 얼마나 순진한 이야기냐. 또 학교를 위하여는 사재(私財)를 앗기지 않는 교장 박용세(朴容世) 씨와 학교의 일을 위하여 자기 사정을 불고(不顧)하고 발이 부르트도록 활동하는 목사 종순일(種純一) 씨의 성력(誠力)- 천혜(天惠)가 없는 고도 중에서 생을 위하여 분투하는 그네들의 생활을 볼 때 나는 형용할 수 없는 경건미(敬虔味)를 느끼었다."

"학교를 위해서는 사재를 아끼지 않는" 교장 박용세와 "학교 일이라면 자기 사정을 돌아보지 않고 발이 부르트도록 활동하는" 진촌교회 담임 종순일 목사의 노력에다 대부분 교인인 학부모들의 "자녀를 위한 아낌없는 희생"이 한데 어우러져 2천여 원의 기금을 모았다. 〈동아일보〉는 "저들이 전 생명과 전 재산을 교회와 학교에 제공하는 것은 저들이 교회와 학교를 자신의 생명이며 전 재산으로 여기고 있기 때문이다"고 설명했다. 이처럼 진촌교회 교인들이 학교에 생명과 재산을 아끼지 않았던 이유는 그 무렵 영생학교가 멸절의 위기에 처했기 때문이었다.

1910년 '강제 합병'으로 한반도를 식민 통치하기 시작한 일본 정부와 조선총독부는 한민족 내부의 항일 민족저항운동 세력을 척결하기 위해 애썼다. 1911년 일어난 백오인사건이 대표적이었다. 이 사건 직후 조선총독부는 기독교계 사립학교를 규제할 목표로 1915년 〈개정사립학교 규칙〉을 반포하였다. 이에 따르면 사립학교도 교장과 교사 임용을 총독부 승인을 받아야 하고 한글교육이나 종교교육을 실시하지 못하도록 했다. 그로 인해 교회부속학교에서도 성경을 가르치거나 예배를 드릴 수 없게 되었다. 이런 조치로 전국의 사립학교 중 반 이상이 문을 닫았다. 살아남은 기독교계 사립학교에서는 기숙사나 '방과 후' 시간을 이

용해 성경교육과 종교 활동을 계속하였고 교사들의 은밀한 민족주의 교육도 지속되었다. 그 결과 1919년 3·1운동이 일어났을 때 전국의 대부분 기독교계 사립학교 교사와 학생들이 주도한 만세운동이 일어났다.

3·1운동을 겪은 후 일본 정부는 종래의 '무단통치'에서 '문화통치'로 통치 방식을 바꾸었다. 외견상 폭력과 억압은 자제하였지만 실질적으로는 '내선일체'(內鮮一體)를 내세워 더욱 은밀하게 한민족을 흡수병합시키려는 정책을 썼다. 그런 배경에서 조선총독부는 1922년 한반도 공사립학교 교육을 일본의 학제 및 교과목과 일치시키는 것을 골자로 한 〈제2차 조선교육령〉을 반포했다. 이에 따라 종래 4년이었던 초등학교(보통학교) 과정을 6년으로 늘이고 일본어 수업을 더욱 강화하는 한편 교사자격도 총독부에서 실시하는 교원고사에 합격한 자로 제한했다. 교재 및 교과목을 총독부가 지정한 것으로 써야 했고 일본어 교육을 강화했다. 그리고 모든 사립학교도 총독부가 규정한 일정 규모의 기본재산을 갖춘 법인을 설립, 학교설립 인가를 받도록 했다. 이처럼 사립학교 설립과 유지에 까다로운 조건을 내건 것은 그동안 사립학교가 추구해온 민족주의 교육은 근절시키고 총독부가 추진하는 '식민지 공교육'으로 통합시키려는 의도였다.

이처럼 1915년의 개정사립학교 규칙과 1922년 제2차 신교육령 반포로 기독교계 사립학교가 큰 위기에 처하게 되었다. 특히 그동안 지역교회가 교회부속학교로 운영해온 소규모 사립학교는 존폐의 기로에 섰다. 무엇보다 학교 설립(인가) 조건으로 내건 기본재산 법인 설립이 힘든 과제였다. 강화 상황도 마찬가지였다. 이동휘의 '1동1교운동'으로 한때 70개가 넘었던 강화의 기독교계 사립학교 가운데 1920년대까지 살아남은 곳은 강화읍의 합일학교, 석모도의 부흥여학교, 그리고 주문도의 영생학교, 세 곳밖에 없었다. 나머지 폐쇄된 교회부속 사립학교들은 공립 보통학교나 심상학교에 흡수되었다. 조선총독부가 의도하고 추구했던 '식민지 통합 교육'은 1930년대 본격화되었다.

이런 상황에서 주문도 영생학교가 기독교계 사립학교로 명맥을 유지한 것은 종교적으로 뿐 아니라 역사적으로도 큰 의미가 있었다. 자녀들을 교육시켜야 한다는 현실적인 필요성 외에 문화통치 시기 일제의 간교한 민족주의교육 말살 정책에 항거하여 한민족의 역사적 전통과 혼,

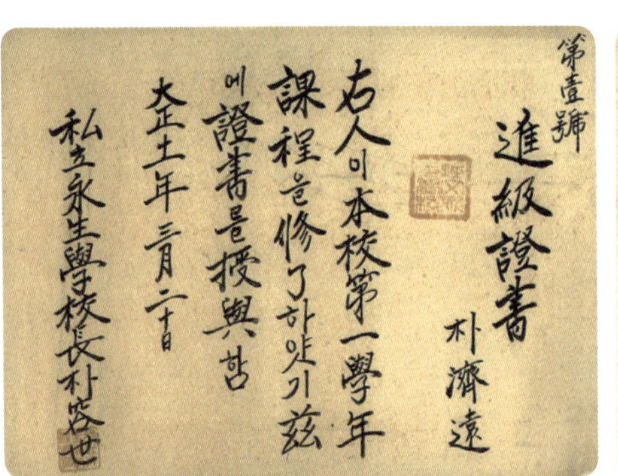
第壹號
進級證書
朴濟遠
右人이本校第一學年課程을修了하얏기玆에證書를授與함
大正十年三月二十日
私立永生學校長朴容世

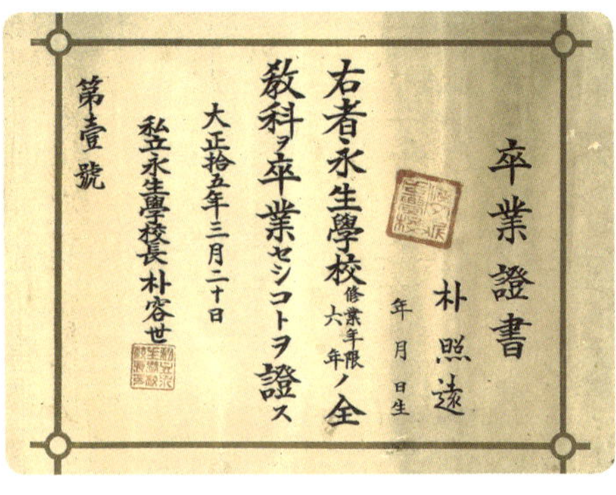
卒業證書
朴照遠 年月日生
右者永生學校(修業年限六年)ノ全教科ヲ卒業セシコトヲ證ス
大正拾五年三月二十日
私立永生學校長朴容世
第壹號

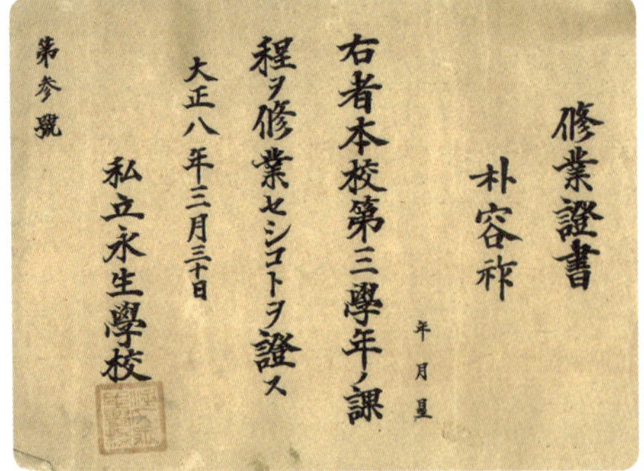
修業證書
朴容祚 年月日生
右者本校第三學年ノ課程ヲ修業セシコトヲ證ス
大正八年三月三十日
私立永生學校
第參號

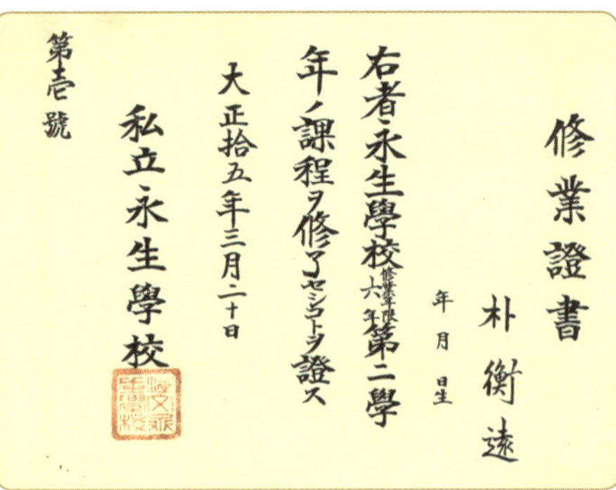
修業證書
朴衡遠 年月日生
右者永生學校(修業年限六年)第二學年ノ課程ヲ修了セシコトヲ證ス
大正拾五年三月二十日
私立永生學校
第壹號

영생학교 수업증서 및 졸업증서

기독교의 신앙교육 전통을 지키려는 정치적 목적도 있었다. 그런 맥락에서 민족주의 계열의 〈동아일보〉가 '교회와 학교를 자기 생명과 전 재산으로 여긴' 진촌교회 교인들이 예배당과 교사를 건축한 것에 "고도(孤島)의 분투자(奮鬪者)"란 제목을 붙였던 것이다.

앞서 언급한 것처럼 진촌교회 교인들은 1920년 새 예배당 건축을 위한 헌금을 시작하면서 영생학교 신교사 건축과 재단설립을 위한 모금 운동도 함께 전개했다. 진촌교회 교인들은 학교를 위해 가정 당 50-60원씩 작정해 헌금하였다. 주문도 유일의 학교를 살리기 위한 교인들의 노력에 일반 주민들도 적극 참여하였다. 이는 1922년 9월 미감리회 연회에 제출한 김찬흥 목사의 인천지방 감리사 보고에서 확인된다.

> "인천지방 내 모든 구역 교회에서 절제운동을 활발하게 전개하고 있다. 한 예로 주문도에서는 어부들이 그동안 술 먹는데 탕진했던 돈이 적지 않았는데 그 돈을 모아서 학교 운영비로 내기로 작정했다고 한다."

그 무렵 한국 기독교계는 초교파적으로 술과 담배, 아편을 근절하는 사회운동으로서 절제운동(temperance movement)을 활발하게 전개하고 있었다. 전매사업인 담배와 술 소비로 거둬들이는 연초세와 주세는 고스란히 총독부 재정으로 들어갔다. 기독교인들은 거리와 시장에 나가 일반 시민들에게 술과 담배를 끊고 그 돈으로 사립학교 운영에 보태자고 호소하였다. 따라서 절제운동은 기독교적 경건윤리 실천뿐 아니라 총독부의 재정 운용과 교육정책에 저항하는 민족운동 성격을 띠고 있었다. 인천지방 교회들도 이 운동에 적극 참여하였다. 특히 주문도에서는 일반 어부들이 이 운동에 참여하여 술 마실 돈을 영생학교에 기부하기로 했다. 주문도의 1천여 명 주민 가운데 5백 명 이상이 '술 먹지 않는' 교인이었는데 여기에 술 잘 마시는 어부들까지 금주운동에 합류하였으니 응구지나루터에 문을 닫는 술집이 늘어났다. 이때부터 주문도는 '술집이 안 되는 섬'으로 외부에 알려지기 시작했다.

이런 주문도 교인과 주민들의 '영생학교 살리기 운동' 소식은 1925년 5월 10일 〈동아일보〉에 실린 "영생교(永生校)에 토지 기부"란 제목의 기사를 통해 전국에 알려졌다.

> "강화군 서도면에 있는 사립 영생학교는 거금(距今) 20여 년 전에 이동휘 씨가 창립한 보창학교(普昌學校)의 후신으로 수년 전에 6학년제 사립학교로 하야 모든 방면에 장애가 많었던 바 일시는 유지난(維持難)의 비운까지 있었든바 진촌(鎭村) 부호 박용세 씨가 참상을 수수방관할 수 없음을 각오하고 자기의 소유 토지의 십분의 일(시가 약 1천 원)을 자진 기부하여 경제적 기초로 상고(常固)히 하여서 경영난을 면케 하였으며 윤인호(尹仁浩) 씨도 이 비운에 싸인 영생학교를 위하여 기십(幾十) 원의 기부를 비롯하야 신교사(新校舍) 증축 공사장에 칠순(七旬) 고령인 씨가 몸소 나와 공사 감독에 진력하였으며 박두병 씨도 역시 백여 원의 막대한 금액을 해교(該校)에 자진 기부하여 서광(曙光)을 보게 하였음으로 일반 도민(島民)은 삼씨(三氏)의 교육열에 감복한다더라."

진촌교회 교인들은 1921년 예배당 건축기금을 조성하기 위해 십일조회를 조직한 바 있었다. 그런 맥락에서 박용세는 자기 소유 토지의 십

일조를 학교 기본자금으로 헌납하였다. 그때 박용세가 기증한 토지는 새멀 뒤편 주문리 42번지 임야 3천여 평, 주문리 73번지 임야 5천여 평, 도합 8천여 평 되는 넓은 땅이었다. 당시 시가로 1천여 원에 달하였다. 이에 큰아버지 박두병도 1백여 원, 교감 윤인호도 수십 원을 기부하였다. 그렇게 학교 운영과 재단설립을 위한 기본재산이 모였다. 이를 바탕으로 영생학교는 총독부로부터 6년제 사립학교로 인가를 받을 수 있었다.

〈동아일보〉는 이런 소식을 전하면서 주문도 영생학교가 '이동회가 설립한 보창학교 후신'인 것을 강조하였다. 독자들은 당시 상해 대한민국 임시정부 국무총리로 활약하고 있던 이동휘가 20년 전 강화에 설립했던 강화읍 보창학교의 지교(枝校)로 설립되었다가 폐교 위기에 처한 영생학교 유지를 위해 주문도 주민들이 고군분투하고 있다는 소식에 깊은 관심을 표명하였다. 서울에서 간행되던 또 다른 민족주의 계열의 〈시대일보〉(1925.6.17)도 "영생학교 기부모집"이란 제목으로 같은 내용을 소개했다.

> "경기도 강화군 서도면 사립 영생학교는 발서 15년 전에 설립되야 이래 다수한 인재를 양성하여 오던바 최근에 이르러 그 경영이 매우 곤난하게 되었음으로 백방으로 경영책을 강구하든 바 작년 4월경에 기부금 모집 허가를 얻었으나 맛츰 흉년으로 곤란을 받어오던 중인데 지금에 와서는 남녀 생도 120여 명을 둔 동교(同校)가 닫힐 형편에 이르렀음으로 교원 종순일 씨가 경성부내(京城府內)에서 기부금을 모집 중이라는 바 일반의 많은 동정을 바란다더라."

종순일 목사는 1925년 6월 17-23일 평양에서 개최될 미감리회 연회에 참석하기 위해 서울에 들렀다가 모금운동을 전개했다. 그러면서 〈동아일보〉와 〈시대일보〉에 들러 "이동휘의 보창학교 후신인 주문도 영생학교 유지를 위해 도와 달라"고 호소한 것으로 보인다. 종순일 목사는 서울로 가는 도중에 들린 인천에서도 모금운동을 벌였다.

이러한 종순일 목사의 상경(上京) 모금운동은 이듬해에도 이어졌다. 즉 종순일 목사는 1926년 6월 23-29일 서울 피어선성경학원에서 열린 미감리회 연회에 참석해서도 틈틈이 기부금 모금운동을 벌였다. 그 사실 역시 〈동아일보〉와 〈시대일보〉에 실렸다. 우선 〈동아일보〉는 1926년 5월 4일 자 신문에서 "주문 인사의 교육열"이란 제목으로 "강화군 서도면에 있는 사립 영생학교는 거금 20여 년 전에 이동휘 씨가 창립한 보창학교의 후신으로 몇 해 전에 6학년제 사립학교의 인가까지 얻었으나 그 후 재정문제를 비롯하여 모든 방면에 장애가 많아서 일시는 경영난의 비운에까지 빠졌던바 독지가 부호 박용세 씨가 자기의 소유 토지의 십분의 일(시가 약 1천 원)을 자진 기부하였으며 당지 윤인호 씨도 역시 수십 원을 기부하고 박두병 씨도 백여 원의 막대한 금액을 자진 기부하였다"는 사실을 밝혔고 6월 20일 자 신문에서는 "경기도 강화군 서도면 사립 영생학교는 최근에 이르러 그 경영이 매우 곤란하게 되었음으로 백방으로 경영책을 강구하든 바… 동교가 문을 닫힐 형편에 이르렀음으로 교원 종순일 씨가 경성부내에서 기부금 모집 중이라는 바 일반의 많은 동정을 바란다더라"고 보도하였다.

〈시대일보〉 역시 1926년 5월 6일 자에 "영생교(永生校) 유망(有望)"이란 제목의 기사를 통해 영생학교 상황을 자세히 알렸다.

"강화군 서도면 주문리는 원래 고도(孤島)로서 경제상 불편불리(不便不利)함이 막대한 중에도 더욱 교육계는 위비부진(萎靡不盡)하야 교육기관이라곤 거금 20유여(有餘)년 전에 이동휘 씨의 창설한 보창학교의 후신인 사립 영생학교의 일교(一校)가 있을 뿐인 이 해교(該校)는 그동안 불소(不少)한 파란과 곡절을 뇌영(雷零) 하면서 한결같이 영재(英才)를 교양하여 오는 중 시대변천을 따라 현 교명으로 개칭하는 동시에 당지 유지 제씨를 비롯하여 농민 일동의 열렬한 물질적 원조를 말미암아 수년 전에 6년제 사립학교의 인가까지 얻은 후 금일에 지(至)하기까지에 교육계의 공헌이 번다(繁多)한바 더욱 요사이는 당지 독지가 박순병 윤인호 김치준 종순일 제씨의 열성으로 기초를 일층 상고(常固)하여 교사(校舍)를 증축하며 교원을 증빙(曾聘)하여 배전(倍前) 열심 교수함으로 생도의 수는 일복일증(一復一增)하여 현금 남녀 생도가 120여 명에 달하며 따라 교운(校運)이 날로 발전한다는 바 금번 신임 교원명은 여좌하다고. 교장 박용세, 교감 윤인호, 학감 종순일, 서무 김치준, 교원 모태정(牟泰貞) 장성준(張聖俊) 박용구(朴容九) 신원철(申元徹)."

영생학교는 6년제 학교로 인가를 받으면서 120여 명으로 늘어난 남녀 학생들을 모태정과 장성준, 박용구, 신원철 등 증원된 교사들이 가르쳤으며 설립자로 등록된 김치준이 서무를 맡았다. 또한 〈시대일보〉 기사를 통해 영생학교 증축(신축) 공사가 진행되고 있었음도 알 수 있다. 사실 종순일 목사가 1926년 6월 연회 참석차 서울에 올라가 기부금 모금 운동을 벌이고 있을 무렵 영생학교 신축공사는 한창 진행 중이었다. 신축 교사는 처음(1905년) 여학교로 지었던 건물, 그동안 주문교회가 예배당

영생학교 신축공로자 〈영세기념사〉

으로 사용하다가 새 예배당을 짓고 나감으로 비게 된 건물을 헐고 그 자리에 지었다.

새 교사 건축이 끝난 후 영생학교는 건축비 모금운동을 주도했던 종순일 목사와 현장 건축공사 감독을 맡았던 윤인호 교감을 치하하는 〈영세기념사〉(永世紀念辭)를 현판(懸板)으로 제작하여 헌정하였다. 현재 그 현판이 한옥 예배당 안에 걸려 있다(처음에는 신축한 영생학교 교실 안에 걸었다가 1937년 학교가 공립학교에 흡수되면서 예배당으로 옮긴 것으로 보인다). 영생학교 교사 모태정과 신원철이 공동 작성한 〈영세기념사〉 전문은 다음과 같다.

> "인류(人類)로 하야곰 선천적(先天的)으로 부여(賦與)된 바 본능(本能)을 개발(開發)케 함을 대상(對象)으로 하여 이상적(理想的) 희망(希望)의 행복(幸

福)을 증진(增進)하야 써 중생(衆生)을 구제(救濟)함을 최고(最高)의 목적(目的)으로 하고 무한무량(無限無量)한 영량(靈量)을 온축(蘊蓄)하는 지능(智能)을 계발(啓發)식히여 현실적(現實的) 생활(生活)을 향상(向上)케 함을 유일(唯一)한 생명(生命)으로 하는 교육기관(敎育機關)으로서 외관적(外觀的) 형식(形式)의 교사(校舍) 건축(建築)에 대(對)하여 그다지 과장(誇張)해야만 될 필요(必要)야 없을 것이다. 수연(雖然)이나 아- 장재(壯哉)- 위재(偉哉)라! 사립(私立) 영생학교(永生學校)의 교사(校舍)여! 이는 전(全)혀 종순일(種純一) 목사(牧師)의 열성(熱誠)의 결과(結果)이며 독지(篤志)의 표현(表現)인 동시(同時)에 봉공희생적(奉公犧牲的) 노력(努力)의 결정(結晶)이고 따라 윤인호 씨(尹仁浩氏)의 적극적(積極的) 후원(後援)의 은사물(恩賜物)이니 양씨(兩氏)는 일즉이 헌신적(獻身的) 정신(精神)이 농후(濃厚)하시샤 종전(從前)에 민족적(民族的) 사업(事業)을 위(爲)하야 공헌(貢獻)한바 사실(事實)이 번다(繁多)하시더니 금반(今般) 본교(本校) 교사건축(校舍建築)을 제(際)하야도 종순일 씨(種純一氏)는 산천(山川)을 발섭(跋涉)하시고 강화일군(江華一郡을 비롯하야 경성(京城) 인천(仁川) 등(等) 방면(方面)으로 순회활동(巡廻活動) 하시면서 와신상담적(臥薪嘗膽的)으로 국궁진췌(鞠躬盡瘁)하신 결과(結果) 진실(眞實)로 막대(莫大)한 기부금(寄附金)을 모집(募集)하시사 구주강생(救主降生) 1926년 4월 12일에 총건축비(總建築費) 이천사백 원(円)을 투(投)하야 건축공사(建築工事)에 착수(着手)한바 그 후(後) 칠순고령(七旬高齡)한 윤인호(尹仁浩) 씨의 망아헌신적(忘我獻身的) 봉사(奉仕)와 침식(寢食)을 망각(忘却)하시고 독려(督勵)하시는 공리적(公利的) 정신(精神)의 발휘(發揮)로 하등(何等)의 지장(支障)없이 공사(工事)가 순조적(順調的)으로 진행(進行)되여 6월 26일(滿 75日間)에 십유여일(十有一) 간(間)의 목조와즙평가(木造瓦葺平家) 교사(校舍) 일동(一棟)이 낙성(洛城)하야 주문도(注文島) 중앙지점(中央地点)에 외외연(嵬巍然) 용립(聳立)하게 되었으니 아- 이 엇지 우리의 자랑거리가 안이며 또한 마음 잇는 자(者) 그 누구라서 양씨(兩氏)의 피 끓는 특지(特志)와 뜨거운 교육열(敎育熱)에 감읍(感泣)하지 안으며 동시(同時)에 위렴부진(萎廉不振) 하는 우리 교육계(敎育界)의 일대서광(一大曙光)임을 깨닷지 않을손가? 희재(禧哉)! 미재(美哉)라! 씨등(氏等)의 민족적(民族的) 정신(精神)의 발휘(發揮)여! 오-오등(吾等)은 양씨(兩氏)의 백열적(白熱的) 교육열(敎育熱)에 감격불이(感激不已)하는 동시(同時)에 과연(果然) 이 교실(校室) 안에서 선천적(先天的) 본능(本能)을 개발(開發)하고 영적(靈的) 양식(糧食)을 충분(充分)히 함양(涵養)하야 써 중생(衆生)을 홍제(弘濟)하며 능(能)히 우주(宇宙)의 진화(進化)

를 조장촉진(助長促進)할 만한 최고인물(最古人物)이 비견접적적(比肩接蹟的)으로 속출(續出)하야 써 만일(萬一)의 보은사덕(報恩辭德)이 잇기를 간망(懇望)하야 자(玆)에 각(脚)히 졸사(拙辭)를 정(呈)하야 양씨(兩氏)의 대사업(大事業)을 영원(永遠)히 기념(紀念)코저 한다.

1926年 6月 28日

영생학교 교원 신원철(永生學校 敎員 申元澈)

동 교원 모태정(仝 敎員 牟泰貞)"

이 기록을 통해 영생학교의 건학 이념이 "선천적으로 부여받은 본능을 개발하여 이상적 희망과 행복을 증진함으로 중생을 구제하고 무한한 사랑의 능력을 함축한 지능을 계발하여 현실적 생활을 향상케 함"인 것과 교육 목적이 "선천적 본능을 개발하고 영적 양식을 충분히 함양하여 써 중생을 널리 구제하며 우주의 진화를 조장 촉진할 만한 최고 인물을 지속적으로 양성하는 것"임을 알 수 있다. 또한 10여 칸 단층 목조 기와집으로 지은 신축 교사 건축비는 종순일 목사가 강화와 인천, 서울 등지를 순회하며 모금한 2천 4백 원으로 충당하였고 공사는 1926년 4월 12일부터 6월 26일까지(이것이 음력이라면 양력으로 5월 23일부터 8월 4일까지) 75일간 '칠십 고령'의 윤인호 교감의 지휘하에 이루어졌음도 알 수 있다. 그리고 '민족적 사업을 위하야 공헌'이라거나 '민족적 정신의 발휘'라는 표현을 통해 영생학교 교사 신축이 '민족적 의지'의 결과물이라는 점을 강조하였다.

이로써 영생학교는 6년제 학교로 인가를 받은 데다 교사진용을 대폭 강화하고 새 교사까지 마련함으로 멸절의 위기를 완전히 극복하였다. 3·1운동 이후 총독부의 더욱 강화된 사립학교 규제와 통제정책, 그로 인해 대다수 사립학교가 문을 닫아야 했던 시대 상황에서도 진촌교회 교인들의 굴하지 않는 믿음과 교육열, 그 의지의 산물이었다.

대를 잇는 신앙세대

진촌교회 한옥 예배당에 이어 영생학교 새 교사 건축까지 마쳤을 때 종순일 목사의 나이는 52세였다. 아직도 일할 수 있는 나이였지만 그는 지쳐 있었다. 그가 부인과 함께 고향(홍의) 전도자의 길을 떠난 지 25년이 되었다. 강화 남쪽 길상 땅에서 시작하여 영흥과 영종, 덕적, 주문 등 교통이 불편한 섬으로만 돌면서 목회하였다. 목사안수를 받고 주문도에 들어와 목회한 지도 10년 되었다. 주문도에서도 진촌과 느리, 대빈창 등 세 곳 교회와 교인들을 관리하였고 볼음도와 아차도에도 매주 건너가 예배를 인도하였다. 그런 중에 웅장한 새 예배당을 건축하였고 바로 2천여 원을 모금해 영생학교 교사를 신축하였다. 종순일 목사의 주문도 목회 10년은 그의 목회에서 최전성기였고 진촌교회 역사에서도 최고 절정기였다.

그렇게 마음과 뜻과 힘을 다하여 쉴 새 없이 '땅끝' 전도와 목회에 헌신한 결과 종순일 목사의 건강이 크게 악화되었다. 영생학교 건축을 마무리 지은 후 탈진상태가 되었다. 이에 종순일 목사는 1926년 6월 23-28일 서울에서 개최된 미감리회 연회에 참석하여 사임 의사를 밝혔다. 종순일 목사의 수고와 사정을 잘 알고 있었던 인천지방 감리사는 웰치(H. Welch) 감독과 상의하여 종순일 목사를 아예 은퇴시키기보다 상황이

호전되기까지 구역 담임과 순회목회 책임을 벗겨주고 '본처목사'(本處牧師, local pastor)로 남도록 했다.

종순일 목사는 연회를 마치고 주문도에 돌아와 교회와 학교에 연회 결정 사항을 알렸다. 교인과 교사, 학생, 학부형들은 그와 연회의 결정을 충격과 아쉬움 속에 받아들였다. 결과적으로 그는 마지막으로 참석한 1926년 연회에서 건축 중인 영생학교를 위한 후원금 모금운동으로 주문도를 위한 마지막 봉사를 한 셈이 되었다. 그리고 1928년 6월 28일 영생학교 신축교사 낙성을 기해 영생학교에서 현판으로 새긴 〈영세기념사〉는 건축기금 모금을 위해 헌신 봉사한 종순일 목사의 수고를 기리는 감사패이자 은퇴 공로패가 되었다. 이후 종순일 목사는 목회에 복귀하지 못했다. 그는 1926년 여름 주문도를 떠나 인천에 정착해 살다가 한국전쟁 발발 직전 별세하였다.

1926년 연회에서 종순일 목사 후임으로 주문구역 제7대 담임자로 파송을 받은 김성대(金成大, 1895-1932년) 목사는 종순일보다 나이가 스무 살이나 어린 삼십 대 초반 목회자였다. 강화 출신으로 어려서 한학을 공부한 김성대 목사는 개종과 함께 근대교육을 받고 감리교 계통의 강경 만동여학교 교사로 봉직하였다. 1923년 목회에 대한 소명감을 느끼고 서울 감리교 협성신학교(현 감리교신학대학교)에 입학, 신학 수업을 받으면서 전도사로 인천 화도교회에서 목회를 시작하였다. 그는 1924년 영흥교회로 옮겨 2년간 목회하다가 1926년 6월 연회에서 목사안수를 받은 후 주문구역에 파송되었다. 김성대 목사는 그동안 진촌교회가 속한 인천지방에서 목회해왔기 때문에 주문구역 교회가 낯설지 않았다. 그도 전임 목회자들처럼 교회에 부임하자마자 사경회부터 개최하였다.

김성대 목사가 주문구역으로 옮긴 후 첫 번째 맞이한 인천지방회가 1927년 6월 1일부터 인천 내리교회에서 개최되었다. 지방회 마지막 날인 6월 3일 종순일 목사와 권신일 목사의 '성역 25주년 기념식'이 거행되었다. 같은 홍의교회 출신으로 교동구역을 담임하면서 주문교회 초대 담임자로도 활약했던 권신일 목사는 이미 1920년 연회에서 은퇴한 상태였다. 기념식은 인천 내리교회 담임 신홍식 목사의 사회로 김찬흥 감리사의 기도에 이어 교동읍교회 박성대 전도사가 권신일 목사의 약력, 김성대 목사가 종순일 목사의 약력을 소개하는 것으로 진행되었다. 이동응 목사의 축도 후 기념품 증정 시간에 진촌교회 교인들도 정성스럽게 준비한 기념품을 초대 담임자(권신일 목사)와 직전 담임자(종순일 목사)에게 전달했다.

종순일 목사 성역 25주년 기념식이 거행되었던 1927년 6월 인천지방회에서 주문구역의 박두병과 박순병, 박예병, 김치준 등은 계속 본처 전도사로 파송을 받았다. 이들은 김성대 목사의 지휘를 받아 진촌과 느리, 대빈창, 아차도 강단을 섬겼다. 그리고 같은 지방회에서 김택현과 윤성심이 권사 직첩을 받았다. 그런데 아쉽게도 김택현 권사는 지방회에서 권사 직첩을 받고 주문도로 돌아온 직후 66세를 일기로 별세하였다. 유족으로는 부인 손시금과 아들 김기찬과 며느리 이덕화, 그리고 손자 김규오와 김규문을 남겼다. 1928년 5월 인천 내리교회에서 개최된 인천지방회 첫날 김찬흥 감리사 사회로 김택현 권사 추도식이 거행되었다.

김택현과 함께 권사 직첩을 받은 윤성심(尹聖心)은 본처전도사 박두병의 부인이기도 했다. 평북 북진(운산)에서 윤기현(尹基鉉)과 임영신(林永信) 사이의 장녀로 출생한 윤성심은 1908년 어간 고향에서 부모와 함께 기독교(감리교) 세례를 받았다. 정확한 시기는 알 수 없지만 1910년대 후반 부모와 함께 주문도로 이주하여 첫 부인과 사별한(1918년) 박두병과 결혼한 후 전도부인으로 사역하였다. 윤성심은 진촌교회의 첫 여성 권사였다. 그때까지 남자만 권사 직첩을 받았다. 평신도로서 강단에서 설교할 수 있는 권한을 부여받은 권사 직책을 받음으로 윤성심은 남자들 앞에서도 설교할 수 있게 되었다.

박두병·윤성심 전도사 부부

윤성심 전도부인은 1927년 권사로 취임하면서 교회에 종을 헌납했다. 본래 진촌교회에는 1924년 새 예배당을 지을 때 윤기현이 기증했던 구리종이 있었다. 그런데 그 종이 파손되어 칠 수 없게 되자 윤성심이 50원 기금으로 작고한 아버지를 기념하는 새 종을 만들어 교회에 기증하였다. 이를 기념하여 김성내 목사가 지은 〈기념서〉(紀念書)가 현판으로 제작되어 지금도 한옥 예배당 안에 걸려 있다. 그 전문이다.

"총중일타(叢中一朶) 향화(香花)와 인간(人間) 일단우의(一團優意)를 집불애상(執不愛賞)이며 무비흠미(無比欽美)인바 고(故) 윤기현 씨(尹基鉉氏)가 즉시(卽是)로다. 씨(氏)는 원거(原居) 평북북진(平北北鎭) 독신자(篤信者)로 이

윤성심 전도부인의 교회 종 기증 〈기념서〉

주본도(移住本島)에 본예배당(本禮拜堂) 신축(新築)을 제(際)하야 종(鐘) 일개(一個)를 구연(購捐)하샤 적막고도(寂寞孤島)에 참배진퇴(參拜進退)를 사행정연(使行整然)이며 도내(島內)에 가앙연중(可仰然重)이라. 고(故)로 공막중언(功莫重焉)에 무불송덕(無不頌德)이러니 불행(不幸)히 동체파손(僮體破損)하야 불능발성(不能發聲)에 도중(島中)은 갱작(更昨) 적막강산(寂寞江山)이라. 만구동성(萬口同聲)으로 애석(哀惜)히 녁이든 중(中)에 씨(氏)의 영양(令孃)인 성심여사(聖心女史, 現 注文 傳道婦人)께셔 선친(先親)의 성의(誠意)를 존속(存續)키 위(爲)하야 시가(時價) 오십원(五十圓)의 종(鐘) 일개(一個)를 기증(寄贈)하얏슴으로 본도민(本島民)은 농암(濃暗)을 대각(大覺)하는 동시(同時)에 윤씨 부녀(尹氏父女)의 윤리상(倫理上) 가의(嘉義)와 공리상(公利上) 후덕(厚德)을 송예(頌譽)하면서 여(余)를 명(命)하야 성의(聖意)를 영위기념(永爲紀念)케 하라 하기에 자(玆)에 졸사조필(拙辭粗筆)로 근지(謹誌)하나이다.

1927 정묘년(丁卯年) 계추(桂秋)

미감리교회(美監理敎會) 주문구역(注文區域) 목사(牧師) 김성대(金成大)”

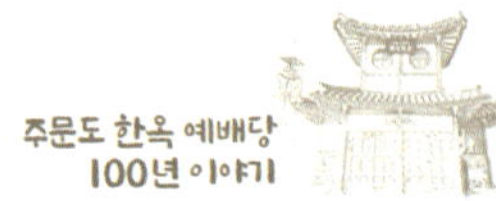

이를 쉽게 풀어 쓰면 다음과 같다.

"많은 풀 가운데 향기로운 꽃 한 송이와 많은 사람 가운데 뛰어난 뜻을 지닌 이는 칭찬을 아끼지 아니하고 그 아름다움을 비할 바 없나니 고 윤기현 씨가 곧 그로다. 씨는 본래 평북 북진에 거하던 독실한 신자로서 본도에 들어와 본 예배당을 신축할 때 종 하나를 구입해 바침으로 조용하고 외롭던 섬에 예배 시간을 정확히 알려주는 그 소리에 섬사람들이 우러러 칭찬하였더라. 윤기현 씨의 덕을 기리지 않은 이 없었더니 불행히 그 종이 파손되어 소리를 내지 못함으로 섬은 다시 적막강산이 되었더라. 모두 입을 열어 애석히게 여기더니 씨의 따님이신 성심 여사(현 주문구역 전도부인)께서 부친의 성의를 잇기 위해 시가 50원 되는 종 하나를 교회에 바침으로 본 도민은 짙은 어둠을 깨치는 동시에 윤씨 부녀의 아름다운 행위와 덕을 기리며 나에게 이를 영원히 기념하라 하기에 보잘것없는 글과 졸필로 삼가 적는 바이다."

교회에 종을 헌납했던 아버지의 거룩한 뜻을 계승한 딸의 믿음도 훌륭하였거니와 자신의 지휘를 받는 전도부인이자 소속교회 권사의 향기로운 믿음을 치사하는 현판을 만들어 예배당 안에 건 담임목사의 정성 또한 아름다웠다. 그렇게 윤성심 전도부인이 헌납한 종은 그 소리가 우렁차고 맑아 볼음도와 아차도는 물론 멀리 석모도까지 들렸다 한다. 진촌교회 교인뿐 아니라 주문도 도민들에게도 예배 시간을 알려주는 시계 역할을 했던 그 종은 아쉽게도 일제 말기 대동아전쟁 때 공출당해 없어졌다.

김성대 목사가 시무하던 시기 감리교회 청년학생 단체인 엡웟청년회와 엡웟소년회가 조직되어 문예와 사회 활동을 활발하게 전개하였다. 1927년 10월 22일 진촌교회 한옥 예배당에서 엡웟소년회 주최 제1회 소년·소녀 추계토론회가 열렸는데 그 장면을 〈조선일보〉(1927.10.27)가 자세히 소개하였다.

"강화 주문시내(注文市內) 진촌교회(鎭村敎會) 내에 있는 엡웟소년회에서는 주문(注文) 엡웟청년회의 후원을 얻어 지난 22일 하오 8시 반부터 진말 예배당 내에서 제1회 소년소녀 추계토론회를 개최하였다는데 원근을 불고(不顧)하고 정각 전부터 운집하는 남녀 청중은 무려 3백 명에 달하여 실로 입추의 여지가 없는 미증유의 성황으로 회장 김시린(金時麟) 군의 사회 하에 회가 열리어 예정된 순서대로 제1부로 천진난만한 어린 소년소녀들의 독창과 합창을 비롯하야 해회 고문 신영현(申永鉉) 씨의 '민족적 단결' 이란 의미의 간단한 취지 설명이 끝난 후 제2부 토론회에 들어가서 '눈이 귀하냐? 귀가 귀하냐?' 라는 문제로 '눈 편' 연사 박형원(朴衡遠) 조명륜(趙明倫) 정영봉(鄭永奉) 손두원(孫斗源), '귀 편' 연사 이덕신(李德信) 최장근(崔長根) 박용윤(朴容潤) 손두영(孫斗永) 제군(諸君)이 교대로 등단하야 각기 도도한 열변을 토한 후 엡웟청년회장 신하성(申霞聲) 씨의 엄정한 심판으로 '눈 편' 에서 승리를 정하고 진촌교회 목사 김성대(金成大) 씨의 훈시가 있은 후 이영례(李永禮) 양의 독창과 특별출연인 박훈원(朴勳遠) 씨의 청아한 '빠이올린' 연주가 있었다."

해방 후 교회마다 학생회가 주최했던 '문학의 밤'과 같은 행사를 진촌교회는 이미 1920년대에 실시하였음을 알 수 있다. 이날 출연한 청년회원이나 학생회원들은 모두 진촌교회 주일학교와 영생학교 졸업생이거나 재학생이었다. 이들 청년 학생은 교회 안에서뿐만 아니라 교회 밖에서도 지역주민들을 대상으로 금주금연, 아편근절운동을 전개했다.

진촌교회 엡웟소년회 토론회가 열린 한 달 후, 영생학교 교사와 학생, 진촌교회 교인들은 영생학교 박용세 교장의 별세로 큰 슬픔에 잠겼다. 그 소식을 서울에서 발행되던 초교파 교회신문 〈기독신보〉(1927.11.22)가 자세히 알렸다.

> "강화군 사립 영생학교장 박용세 씨는 20년 동안 본교의 교장으로 재직하야 만흔 공헌이 잇던바 불행히 46세를 일기로 하고 지난 10일 다시 도라오지 못할 길을 떠낫음으로 학교 직원과 학생들은 애도하기를 마지아니한다더라."

박용세 묘소

영생학교가 강화읍의 합일학교, 교동의 부흥여학교와 함께 '강화의 3대 사립명문'으로 일제의 탄압에 맞서 민족주의 신앙교육을 지속할 수 있었던 것은 박용세 교장의 지도력이 있었기에 가능했다. 강화 지역 사회도 그 점을 인정하여 1932년 편찬된 『속수증보 강도지』의 '근대 인물 편' 항목에서 박용세의 행적을 다음과 같이 기록하였다.

"박용세 군은 외딴섬에서 태어나 친구도, 교사도 없이 자랐지만 인품이 명민하고 꼼꼼하여 어떤 일을 당하여도 흐트러짐이 없었으며 성품은 배우기를 좋아하여 어려서부터 경서(經書)와 사기(史記)를 읽었다. 섬사람들이 대개 거칠고 우매하며 생활이 궁핍하였지만 그가 20년 애쓴 결과 교육이 인생의 근본 의무인 것을 깨달은 노인과 어른들이 그 자제를 다투어 입학시킴으로 글 읽는 소리가 섬 전체에 퍼져나갔다. 이 모든 것이 영생학교가 지혜로운 촛불이 되어 어리석은 섬사람들의 정신을 깨우침이니 군이 홀로 외롭게 기도하며 애쓴 결과인 것은 가히 알만하도다."

박용세의 묘는 그가 구입해서 진촌교회 목회자 사택부지로 기증한 진말 언덕 위쪽, 봉구산 자락 선산 묘역에 조성되었다. 부인 김해라 사이에 아들 봉원(鳳遠)과 조원(照遠), 제원(濟遠), 형원(衡遠), 정원(晶遠), 딸 휘원(徽遠)을 두었는데 맏아들 봉원은 그보다 먼저(1923년) 죽어 선산에 묻혔고 둘째 조원은 영생학교를 졸업하고 서울에 유학하여 배재고등보통학교와 연희전문학교를 졸업한 후 평남 대동군 영국인 금광회사에서 근무하였다. 셋째 제원도 영생학교를 졸업한 후 아버지와 할아버지 대를 이어 고향 진촌교회를 섬겼다.

헤스 부인의 선박 선교

김성대 목사는 진촌교회 담임으로 부임하자마자 1년 만에 교회의 기둥과도 같았던 김택현 권사와 박용세 교장의 장례식을 집전해야 했다. 그런 중에도 전도부인 윤성심과 본처전도사 박두병, 박순병, 박예병, 김치준 등의 도움을 받으며 주문구역 목회를 감당하였다. 그러나 김성대 목사는 주문도 목회는 2년으로 끝났다. 그는 1928년 6월 연회에서 충남 대전교회 담임으로 파송을 받아 떠났다. 이후 김성대 목사는 대전에서 2년간 목회하다가 충북 충주읍교회로 옮겨 목회하던 중 1932년 별세하였다.

1928년 연회에서 김성대 목사 후임으로 이동응(李東應) 목사가 제8대 주문구역 담임자로 파송을 받았다. 이동응 목사는 1920년 석모도 삼산교회에서 전도사로 목회를 시작하여 영종교회와 시도교회를 담임하였으며 1923년 연회에서 목사안수를 받았다. 1925년 서울 감리교 협성신학교를 졸업한 후 1927년부터 강화남구역을 담임하다가 1928년 연회에서 주문구역으로 파송을 받아 그해 10월 주문도에 도착하였다. 그도 전임자들처럼 주문구역 사경회를 개최, 인도하는 것으로 주문도 목회를 시작하였다.

이동응 목사가 주문도에 부임했을 때 나이는 47세였다. 그의 부임 후 주문구역 교회들은 큰 변동 없이 착실하게 성장했다. 교회부속 영생학교도 박용세 교장 순직 후 큰 어려움 없이 착실하게 발전하고 있었다.

박용세 별세 후 영생학교 교장은 진촌교회 김성대 목사가 잠시 맡아 보다가 1928년부터 학교 서무 일을 보던 김치준이 교장직을 맡았다. 다음은 1929년 1월 27일 진촌교회 예배당에서 거행된 영생학교 창립 23주년 기념식에 대한 〈기독신보〉(1929.2.6)의 보도다.

> "강화군 영생학교는 지금으로부터 23년 전 미감리회의 보조를 받아 떼밍 박사와 박순병 씨 알선으로 창립되여 이래 여러 가지 난관을 돌파하고 금일에 이르기까지 많은 영재를 배양하야 교운(校運)은 날로 융성하여 가는 중 1월 27일에 창립 제23주년 기념식을 진촌예배당에서 거행할 새 신영대 씨 사회하에 이동웅 목사의 기도와 박순병 씨의 창립사와 김치준 씨의 기념사와 이찬성 씨의 연혁담과 모태정 씨의 학사보고가 있은 후 박두병 씨의 기도로 폐회하였다더라."

이 글을 통해 신영대와 이찬성이 영생학교 교사로 부임하여 모태정과 함께 시무하였음을 알 수 있다. 이후 영생학교는 7년 더 운영되었다.

그러나 이동웅 목사의 주문구역 목회도 2년으로 끝났다. 이동웅 목사는 1930년 9월 연회에서 황해도 백천구역으로 파송 받았고 그 후임으로 권성집(權成集, 1888-1966년) 목사가 제9대 주문구역 담임으로 파송을 받았다. 권성집 목사는 주문교회 초대 담임 권신일 목사의 조카이기도 했다. 그의 부친 권청일(權淸一)은 강화읍교회 권사, 어머니 김유의(金有義)는 강화읍교회 전도부인으로 사역하고 있었다. 특히 어머니는 1919년 강화읍 독립만세운동 때 독립선언서를 시내에 살포하고 만세 시위에 참가한 일로 1년 옥고를 치른 바 있었다. 이런 가정 배경에서 자랐기에 권

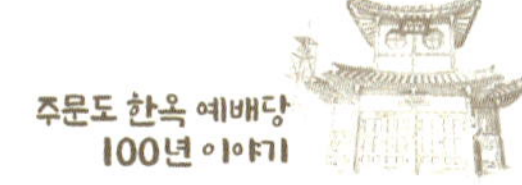

성집 목사는 민족의식이 강했고 과묵하면서도 선이 굵은 목회를 했다. 그는 1915년 서울 감리교 협성신학교를 졸업한 후 해주 구세병원 전도사로 목회를 시작하였다. 1919년 교동교회에 부임해 1년간 목회했고 강화읍교회로 옮겨 1921년 목사안수를 받은 후 1922년 부평교회, 1927년 영종교회와 신도교회를 담임하다가 1930년 주문구역으로 파송되었다.

권성집 목사는 이런 다양한 목회 경력에다 종교교육에 관심이 깊어 중앙의 교회 지도자 및 기독교 교육 전문가들과 폭넓게 교류하였다. 그런 배경에서 권성집 목사는 1930년 10월 주문구역 담임으로 부임한 후 첫 행사인 사경회를 자신이 인도하지 않고 종교 교육 전문가 변성옥(邊成玉) 목사를 초빙하여 강습회를 겸한 부흥회를 개최하였다. 변성옥 목사는 미국 시카고의 게렛신학교에서 기독교 교육을 전공한 후 1926년 귀국, 협성신학교에서 강의하면서 미감리회 종교교육협의회 순행총무로 사역하고 있었다. 미국 유학을 다녀온 변성옥 목사의 강연은 진촌교회 주일학교는 물론 영생학교 교사와 학생들에게도 자극과 도전이 되었다.

권성집 목사는 이어 1931년 11월에도 석모도에서 삼산구역과 주문구역 연합으로 종교교육강습회를 개최하고 김기현(金基鉉) 목사와 함께 강사로 참여하였다. 이러한 권성집 목사의 '교육 목회'에 대한 관심과 지원 덕분에 진촌교회 주일학교뿐 아니라 엡웟청년회와 엡웟소년회도 활발하게 움직였다. 1931년 인천지방 교육협의회(회장 정우)가 조직될 때 주문구역 대표로 김치준과 문현일이 참석하였고 문현일은 인천지방 협의회 주문지역 간사로 임명되었다.

그 사이 오랫동안 인천지방 감리사로 사역해온 김찬홍 목사가 1929년 연회에서 공주지방 감리사로 자리를 옮기면서 후임으로 인천 내리교회 담임자 홍순탁 목사가 감리사로 임명되었다. 감리사를 도와 인천지방 순회선교를 담당했던 선교사 진용에도 변화가 있었다. 우선 서울 배재고등보통학교 교장으로 사역하며 인천지방 순회선교사를 겸했던 아펜젤러는 1928년부터 학교 사역에 전념하면서 인천지방 순회선교를 중단했고 그 대신 데밍과 버딕(G.M. Burdick, 변조진) 선교사가 내려와 순회하였다. 이처럼 남성 선교사들은 자주 바뀐 반면에 여선교사로는 헤스가 10년 넘게 인천지방 순회선교를 담당했다.

헤스는 독신 선교사로 늘 한복을 입고 강화, 영종, 영흥, 덕적, 대부 등 서해안 섬들을 꾸준히 방문하였다. 헤스 선교사는 교통이 불편한 도서지역을 효과적으로 순회하기 위해 1917년부터 개인적으로 '메신저호'(Messenger)로 명명한 동력선(動力船, motor boat)을 운용하였다. 아직은 노를 젓거나 돛을 이용한 풍력선이 대부분이었던 인천과 강화 앞바다에 "통! 통! 통!" 소리를 내면서 빠른 속도로 바다 위를 날아다니는(?) 동력선을 섬 어부나 주민들은 놀란 눈으로 지켜보았다. 더욱이 그 배를 여자가 운전한다는 사실에 더욱 놀랐다. 헤스의 배가 도착하는 날이면 교인뿐 아니라 전 주민이 나루터에 몰려나와 구경하였다. 헤스의 '메신저호'는 인천, 강화 사람들에게 멋진 구경거리였다.

헤스는 그렇게 3년 동안 메신저호를 운용한 결과 혼자 운전하는 25피트(7.6미터)짜리 작은 동력선으로는 장거리, 특히 풍랑이 심한 날씨엔 운행하기 어렵다는 점을 깨닫고 "보다 더 크고 안전한 배를 허락해 달라"고 기도했다. 1920년 성탄절에 기도 응답이 왔다. 미국 신시내티지방 여신도들이 그 소식을 듣고 선교헌금을 보내온 것이다. 헤스는 그 기금으로 1921년 봄 메신저호보다 세 배나 큰 동력선을 건조하고 후원금을

보내준 지방여선교회 이름을 따 '신시내티호'(Cincinnati)로 명명하였다. 신시내티호를 마련함으로 헤스의 도서지역 순회선교가 훨씬 안전하고 편해졌다. 헤스는 안전한 운행을 위해 한국인 선장도 고용하였다.

헤스는 종종 구역회를 인도하는 감리사나 동료 선교사와 함께 신시내티호로 섬을 방문했다. 그런 식으로 헤스는 1925년 9월 한 주일 동안 강화도와 주문도를 비롯한 부근 섬들을 돌았다. 의료 선교사(간호사)로 갓 내한한 코스트럽(B.A.C. Kostrup)이 동행했다. 그때 쓴 헤스의 항해일지가 선교사 잡지 〈The Korea Mission Field〉(1925.12)에 실렸다. 그에 따르면 9월 21일 인천을 출발한 신시내티호는 그날 저녁 강화도 갑곶에 도착하였고 이튿날 주문도로 가려 했으나 풍랑이 심해 석모도로 방향을 돌려 그곳에서 하루 지낸 뒤 9월 23일 주문도로 향했다. 신시내티호는 볼음도에 먼저 들렀다. 헤스의 기록이다.

> "9월 23일 아침 일찍 하늘을 보니 아직 폭풍우 구름이 끼어 있지만 선장 이씨가 날씨가 좋을 것이라 했고 또 바람도 세지 않아 우리는 물때에 맞춰 오전 중 주문도에 도착하기 위해 서둘렀다. 날씨가 너무 좋아 우리는 볼음도를 먼저 들리기로 했다. 그곳은 해안이 험해 풍랑이 일면 접근하기 어려운 곳이었다. 그곳 수면 아래 뾰족한 바위들이 널려 있어 물이 빠질 때 수로를 따라가려면 아주 조심해야만 한다. 우리는 그곳에 안전하게 도착해서 마을 가운데 있는 교회로 곧장 갔다. 그런데 그곳 교회 지도자들은 계삭회에 참석하기 위해 주문도로 가고 없었다."

현재 강화도 선수항에서 출발하는 정기 여객선이 주문도로 가는

항로를 따라 신시내티호도 볼음도와 아차도를 먼저 들렀다. 그런데 아차도에서 헤스는 약간의 실망을 느꼈다. 아편 문제 때문이었다.

> "그곳[볼음도]에서 간단히 예배를 드린 후 되돌아 나와 마침 파도가 잔잔해 아차도로 가서 거기 잠시 머물렀다. 아차도는 참으로 아름다운 곳이다. 그러나 내 마음은 무거웠다. 이 자그만 예배당을 가득 메워야 할 사람들이 아편의 해독에 사로잡혀 있기 때문이었다. 아편은 아름답지만 그 속에 독을 품고 있는 양귀비 같아 이곳 섬사람들의 삶을 갉아먹고 있다. 창문 너머로 예배당 안을 들여다보고 있는 어린아이들만이 희망이다. 아차도교회 지도자는 18세밖에 되지 않았다. 하지만 그리스도에 사로잡혀 어디선가 도움이 오기만 기다리며 교회를 지키고 있다."

아차도를 떠난 신시내티호는 곧바로 주문도에 도착했다. 헤스 일행은 주문도에서 전혀 다른 경험을 하였다.

> "좁은 해협을 지나 우리는 주문도로 가서 전에 신시내티호가 풍랑을 피했던 곳, 두 번이나 바위에 부딪혀 배가 부서졌던 곳에 내렸다. 나는 지난 몇 년 동안의 경험으로 이번에는 안전하게 상륙해서 편안한 밤을 보낼 수 있을 것으로 확신했다. 마을은 해안에서 가까운 곳에 있었다. 종일 거친 풍랑 중에 배를 탔기 때문에 산을 넘어가는 길이 멀지 않게 느껴졌다. 이 마을 29호 가구 중에 28호가 교인이다. 이곳 교인들에게 계삭회가 큰 행사였기에 그들은 돼지 한 마리를 잡아 손님을 극

진하게 대접했다. 다행히도 그들은 대부분 우리를 기억하고 있었다. 그들은 조금 있다가 밖으로 나가 우리를 위해 참으로 맛있는 갈비구이를 만들어 왔다.”

헤스는 주문도 중에도 교회가 있는 진말(진촌)의 전체 29가구 중에 한 집만 빼놓고 모두 교회에 출석하고 있다는 사실에 감동했다. 주문도 교인들은 헤스 선교사 일행을 위해 돼지 한 마리를 잡았다. 외지 손님을 위한 최상의 접대였다. 헤스와 코스트럽 선교사는 교인들이 정성스럽게 준비한 ‘돼지갈비’ 요리를 먹은 후 그곳에 새로 지은 한옥 예배당에서 수요일 저녁예배에 참석했다. 예배 후 먼저 와 있던 김찬홍 감리사가 주재하는 주문구역 계삭회에도 참석하였다. 헤스 일행은 주문도 교인 집에서 1박 한 후 9월 24일 아침 주문도를 떠났다.

“아침 일찍 우리는 섬 주변을 한 바퀴 돌았다. 장봉도로 가기엔 풍랑이 심해 잠잠해질 때까지 진말에서 5리 떨어진 곳에 잠시 정박하기로 했다. 진말에 새로 지은 예배당은 참으로 아름답다(lovely). 이 교회는 우리 지방 안에서 가장 열성적으로 십일조를 하는 교회 중 하나다. 배를 타기 위해 돌아오는데 강한 바람이 불어왔다. 교회 형제들은 이런 날씨에 배를 띄운다는 것에 강한 의구심을 내비쳤지만 우리는 날씨 예언자(선장)의 말을 믿고 출항했다.”

헤스가 참석했던 주문구역 계삭회에서 아차도교회의 ‘아편 문제’가 거론되었던 것 같다. 이는 이듬해(1926년) 5월 인천에서 개최된 인천지방회에서 김찬홍 감리사가 "특별한 일은 주문구역 내 아차도교회는 수년 내에 신자들의 신앙이 타락되는 동시에 육신생활까지 불설(不屑) 모양이었더니 지금은 다시 소생이 되어서 영육이 일신하였으며 앞으로 발전의 희망이 많다"고 보고한 것에서 확인할 수 있다. 그는 다시 한 달 후 서울에서 개최된 미감리회 연회에서 "작년 주문구역이 생명을 연장받았다. 거의 10년 동안 아편이 유행해서 과연 교회가 문을 계속 열 수 있을까 걱정했다. 그런데 작년에 부인 신도들과 청년 교인들이 열심히 기도해서 교회에 참된 부흥이 일어났고 그 결과 믿지 않는 사람들까지도 큰 영향을 받았다"고 보고하였다.

이런 김찬홍 감리사의 보고를 미루어 볼 때 9월 23일 진촌교회에서 개최된 주문구역 계삭회에서 교회 지도자들은 아차도의 마편문제를 심도 있게 논의한 후 그 해결을 위해 전 교인이 기도할 것과 주문도의 청년 학생 교인들이 그곳에 건너가 주민들을 대상으로 아편 근절운동을 전개할 것을 결의했던 것으로 보인다. 그 결과 아차도교회에 부흥운동이 일어나고 교인들은 물론 지역주민들도 아편을 끊게 되었던 것이다. 주문도에서 그러했던 것처럼 아차도에서도 교회가 위기의 지역사회를 구해냈다. 지방회와 연회에서 이러한 감리사의 보고를 들었던 헤스 선교사의 감동이 컸을 것이다.

그렇게 헤스 선교사의 발이 되어 오지 섬들까지 다니며 선교할 수 있도록 도와준 신시내티호가 파손되었다. 1927년 5월 김찬홍 감리사와 함께 계삭회를 인도하기 위해 강화도에 들렀다가 돌 많은 해안가에 정박시켜 두었던 배가 연평도에서 불어온 태풍으로 파선되고 만 것이다. 수리가 불가능한 상태로 깨진 배를 보고 실망한 헤스에게 감리사는 "헤

헤스 부인의 복음선 '제니B호'

시 부인, 너무 걱정 마세요. 하나님께서 더 좋은 것으로 마련해 주실 겁니다"라고 하였다. 헤스는 그저 위로하는 말로 들었다. 그런데 이듬해, 1928년 5월 인천 내리교회에서 개최된 지방회에서 감리사가 신시내티호 파손 사실을 보고하자 전도부인을 중심으로 지방 교회 여신도들이 새 배 마련을 위한 성미헌금을 실시하기로 결의했다. 그리고 그 해 성탄절에 인천지방 교인들이 별도로 260원을 모아 전달했다. 이에 감동받은 헤스가 그 사실을 미국 친구들에게 알렸더니 미국에서도 모금운동을 벌여 뉴욕에 있는 친구가 최신형 엔진을 사서 보내주었다. 그리하여 헤스는 1929년 봄 신시내티호보다 더 크고 안전한 기선을 마련하고 '제니B호'(Jennie B.)로 명명했다.

이에 김찬흥 감리사는 1929년 6월 미감리회 연회에서 "수년 동안 헤시 부인이 경영하던 순행선이 완성되어 새 기선으로 헤시와 두 달 동안 50여 처 교회를 순행하였다"는 사실과 함께 "주문구역 교인이 32명 증가하였다"고 보고하였다. 그 시기 대부분 지방 교회가 정체 내지 침체 상태를 보이고 있었음에도 주문구역 교세는 꾸준히 증가하고 있었다. 주문도 교회의 꾸준한 성장은 1926년 은퇴한 종순일 목사의 뒤를 이어 비록 짧은 임기였지만 주문구역을 담임했던 김성대 목사와 이동응 목사, 권세창 목사의 헌신적인 목회, 그리고 이들을 도와 예배를 인도하고 교인들을 지도했던 본처전도사와 전도부인의 수고가 있었기에 가능했다.

다음은 〈인천지방회록〉에 나타난 1920년대 후반 주문구역 목회자와 권사 명단이다.

연 도	구역담임	전도부인	본처전도사					권 사
			진촌	느리	대빈창	아차	볼음	
1925	종순일	윤성심	박두병 박예병 박용세	김치준	박순병	이천국		박병섭(느리)
1926	종순일	윤성심	박두병 김치준	박예병	박순병	이천국		김택현(진촌) 박병섭(느리)
1927	김성대	윤성심	박두병 박순병 김치준	박예병				김택현(진촌) 박병섭(느리) 조성범(느리)
1928	김성대	윤성심	박두병 박순병 박예병	김치준				김선희(느리) 조성범(느리)
1929	이동응	윤성심	박두병 김치준	박예병	박순병			김선희(느리) 박병섭(느리) 조성범(대빈창)
1930	이동응	윤성심	박두병 박순병 김치준		박예병			조성범(느리) 김선희(느리)

여전히 진촌교회 교인인 박두병과 박순병, 박예병, 김치준 등이 지교회인 느리교회와 대빈창교회 예배를 인도하였다. 박용세도 건강이 악화되기 전까지 진촌교회 전도사로 사역하였다. 아차교회는 1926년 이후 주재 목회자가 없었고 볼음교회도 마찬가지 상황이었다. 이 두 곳 교회는 목사가 정기적으로 방문해서 예배를 인도하였다. 윤성심 전도부인도 두 섬을 정기적으로 방문하여 여신도 모임을 지도하였다. 이런 평신도 목회자들의 수고와 헌신으로 진촌교회는 꾸준히 성장할 수 있었다.

한편 총독부는 1920년대 들어서 종교 통제정책의 일환으로 전국 모든 교회에 목회자와 교회 임원 명단과 교회 재정 상황을 적은 〈포교계〉(布敎屆)를 제출하도록 했다. 이에 따라 진촌교회가 총독부에 제출한 1927년도 〈포교계〉 내용이다.

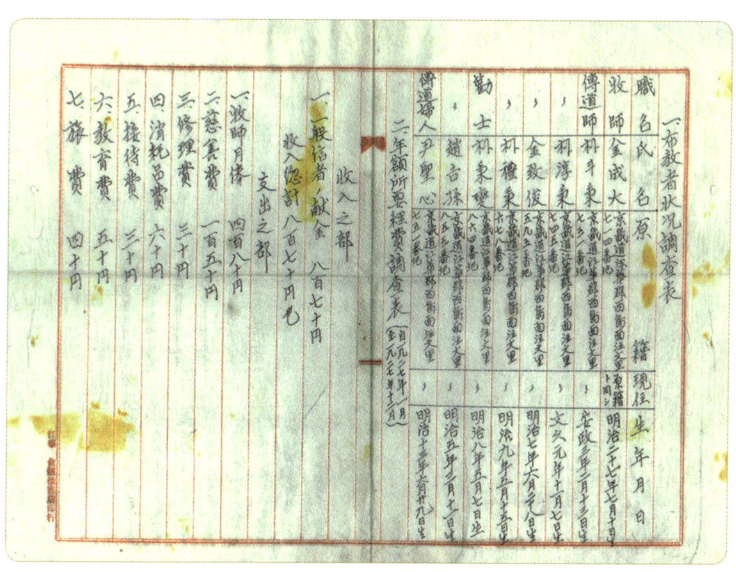

一、布教者狀況調査表

職名	氏名	原籍	現住	生年月日
牧師	金成大	京畿道江華郡西島面注文里七一四番地	原籍ト同シ	明治二十七年七月十日生
傳道師	朴斗秉	京畿道江華郡西島面注文里七三一番地	〃	安政三年二月十三日生
〃	朴淳秉	京畿道江華郡西島面注文里七四五番地	〃	文久元年十一月七日生
〃	金致俊	京畿道江華郡西島面注文里五九五番地	〃	明治七年六月二八日生
〃	朴禮秉	京畿道江華郡西島面注文里六七八番地	〃	明治九年五月十五日生
勸士	朴秉燮	京畿道江華郡西島面注文里八六四番地	〃	明治八年五月七日生
〃	趙吉孫	京畿道江華郡西島面注文里八五五番地	〃	明治五年三月十一日生
傳道婦人	尹聖心	京畿道江華郡西島面注文里七五一番地	〃	明治十三年六月廿九日生

二、年額所要經費調査表（自一九二七年一月 至一九二七年十二月）

收入之部

一、一般信者ノ獻金 八百七十円

收入總計 八百七十円也

支出之部

一、牧師月俸 四百八十円

二、慈善費 一百五十円

三、修理費 三十円

四、消耗品費 六十円

五、接待費 三十円

六、教育費 五十円

七、旅費 四十円

총독부에 제출한 진촌교회 포교계(1927년)

• 포교자(布教者) 상황 조사표

직명(職名)	씨명(氏名)	원적(原籍)	현주(現住)	생년월일
목사	김성대(金成大)	강화군 서도면 주문리 714	원적과 동일	1894.7.10
전도사	박두병(朴斗秉)	강화군 서도면 주문리 751	〃	1856.2.13
	박순병(朴淳秉)	강화군 서도문 주문리 745	〃	1861.11.7
	김치준(金致俊)	감화군 서도면 주문리 595	〃	1874.6.28
	박예병(朴禮秉)	강화군 서도면 주문리 678	〃	1876.5.15
권사	박병섭(朴秉燮)	강화군 서도문 주문리 864	〃	1875.5.7
	조길손(趙吉孫)	강화군 서도면 주문리 855	〃	1872.3.11
전도부인	윤성심(尹聖心)	강화군 서도면 주문리 751	〃	1880.6.29

• 연액소요(年額所要) 경비조사표(1927년 1월부터 1927년 12월까지)

수입지부(收入之部)	1) 일반신자 헌금	870원(円)
	수입 총계	870원
지출지부(支出之部)	1) 목사월봉(牧師月俸)	480원
	2) 자선비(慈善費)	150원
	3) 수리비(修理費)	30원
	4) 소모품비(消耗品費)	60원
	5) 접대비(接待費)	30원
	6) 교육비(教育費)	50원
	7) 여비(旅費)	40원

김성대 목사와 윤성심 전도부인 외에 '포교자'로 신고한 본처전도사 박두병과 박순병, 김치준, 박예병이 진촌교회의 핵심지도자였고 권사로 신고한 박병섭과 조길손은 느리교회와 대빈창교회를 대표하는 지

도자였다. 다음은 1920년대 〈인천지방회록〉에 실린 주문구역 교세 통계다.

구 분			1925	1926	1927	1928	1929	1930
교역자		목사	1	1	1	1	1	1
		본처전도사	6	6	4	4	4	4
		전도부인	1	1	1	1	1	1
		권사	5	4	4	3	2	2
교회(예배당) 수			5	5	5	5	5	5
경상비 총액(원)			1,427	740	817	860	559	867
교인		입교인	194	217	166	162	217	250
		학습인	150	177	132	132	81	86
		세례아동	111	106	116	123	130	111
		원입인	123	124	110	111	132	123
		총계	578	622	524	528	560	570
주일학교		학교		4	4	4	3	2
		교사		11	15	16	10	
		학생		260	190	200	163	150
매일학교	남학교	교사		3	3	3	5	3
		학생		75	80	90	125	80
	여학교	교사		1	1	1		1
		학생		38	40	45		40
엡웟청년회		지회				2		1
		회원				35		20
사경회	남자	회수						4
		회원						55
	여자	회수						4
		회원						70

1925년 통계를 기준으로 주문구역 교인 총계(578명)는 인천지방에 속한 전체 13개 구역(인천·주문·강화읍·강화남·강화서·교동·부천·부평·삼산·덕적·신도·화도·영흥) 가운데 5위에 해당하였다. 그러나 경상비 총액 1,427원은 전체 13개 구역 중에서 2위였다. 그런데 1위였던 인천구역(3,036원)엔 '교회 빚 200원'이 있었던 반면에 주문구역은 "빚이 없음"으로 나왔다. 그만큼 주문구역 교회의 자립 능력이 뛰어났음을 보여준다. 그리고 1925년 1천 4백 원이 넘었던 경상비가 1926년 이후 7-8백 원 대로 떨어진 것은 1924년에 새 예배당을 건축하면서 헌금한 것이 포함되었기 때문으로 보인다. 1929년 매일학교(영생학교) 통계에서 남학교만 2개에 교원 5명, 학생 125명으로 나온 것은 여학교와 합한 숫자로 보인다.

인천지방은 1929년부터 교동과 삼산, 부평과 부천, 신도와 영종, 화도와 덕적, 영흥과 대부를 묶어 10개 구역으로 조정했다. 이는 당시 한국교회 교세가 전반적으로 침체 내지 축소되고 있었음을 보여준 것이기도 하다. 그런 중에도 주문구역은 교회 수나 목회자, 교인 및 재정 통계가 크게 줄지 않고 꾸준한 교세를 유지했다. 1929년 통계를 기준으로 보면 전체 10개 구역 중에서 주문구역 교인 통계는 4위, 교회 재정은 3위를 기록하였다. 주문구역의 '금년 세례자' 47명은 전체 구역 중 1위였다. 그래서 김찬홍 감리사는 1929년 연회에서 "주문구역 교인이 32명 증가하였다"고 보고할 수 있었다.

이처럼 일제의 식민 통치가 시작된 1910-1920년대, 일제의 가중된 탄압과 통제로 인해 한국 사회와 기독교계가 전반적으로 침체와 정체 상태에 빠져들고 있던 상황에서도 주문도 진촌교회는 꾸준히 부흥하고 성장하는 믿음의 저력을 보여주었다. 진촌교회 교인들은 7천여 원을 들여 웅장한 한옥 예배당을 건축하였고 2천여 원을 모금해 영생학교 신축교사도 지었다. 〈동아일보〉 기사대로 진촌교회 교인들은 "교회와 학교를 자기 전 생명, 전 재산으로 여기며" 그 유지와 발전을 위해 생명과 물질을 아낌없이 희사하였다. 그리하여 교회는 꾸준히 부흥되었고 영생학교는 멸절의 위기에서 살아남을 수 있었다. 그것은 하나님께서 애굽의 학정으로부터 이스라엘 백성을 해방시키기 위해 불러낸 모세에게 보여주셨던 "꺼지지 않는 불꽃"(출 3:2), 박해와 시련 속에 오히려 더욱 타오르는 진촌교회 교인들의 믿음과 헌신이 있어 가능했다.

3. 광야시대

불 기둥과 구름 기둥으로(1930-1950년)

"그들이 숙곳을 떠나서 광야 끝 에담에 장막을 치니 여호와께서 그들 앞에서 가시며 낮에는 구름 기둥으로 그들의 길을 인도하시고 밤에는 불 기둥을 그들에게 비추사 낮이나 밤이나 진행하게 하시니 낮에는 구름 기둥, 밤에는 불 기둥이 백성 앞에서 떠나지 아니하니라(출 13:20-22)"

모세를 통해 이스라엘 백성을 애굽에서 구해내신 하나님은 그들을 곧바로 조상들에게 약속했던 가나안 땅, '젖과 꿀이 흐르는' 땅으로 인도하지 않으셨다. 대신 동남방으로 방향을 잡아 수르 광야와 신 광야, 르비딤 광야, 시내 광야… 광야 길로만 다니게 하셨다. 왜 그랬을까? 애굽에서 4백 년 넘게 살면서 노예체질로 변한데다 우상숭배 문화에 익숙해 있던 그들에게 '약속의 땅'을 맡길 수 없었다. 그래서 광야에서 40년 동안 만나만 먹고 불 기둥과 구름 기둥으로 인도하시는 하나님의 보호와 능력을 체험하면서 '하나님의 백성'으로 거듭나기까지 훈련을 계속하셨다. 자격을 갖추기까지 연단은 불가피한 과정이었다.

주문도 진촌교회의 역사도 시련과 위기의 연속이었다. 한국교회는 1910년대 일제강점기가 시작되면서 총독부의 무단통치로 인하여, 1920년대엔 기독교 사립학교에 대한 탄압정책 때문에, 그리고 1930-1940년대 일제 말기에는 신사참배를 비롯한 일제의 황민화정책으로 교회는 신앙 훼절과 성전 훼손이라는 굴욕적인 현실을 경험하였다. 해방 후에는 곧바로 터진 6·25전쟁으로 동족상잔의 비극과 '인공치하'의 교회 탄압을 경험하였다. 이런 위기 상황에서 진촌교회는 구름 기둥과 불 기둥과도 같았던 '불굴의 여성 지도자'들이 있어 멸절과 폐쇄의 위기에서도 신앙과 성전을 지켜낼 수 있었다.

일제 말기 교회 부흥

1930년 10월 권성집 목사가 서울에서 변성옥 목사를 초청해 주문도에서 처음으로 종교교육강습회를 개최하였던 그 시기, 한국 감리교회는 대단히 중요한 역사적 전환점을 맞았다. 같은 감리교 신앙과 전통을 갖고 있음에도 지금까지 30년 넘게 남북으로 나뉘어 선교해왔던 미(북)감리회와 남감리회가 3년 동안의 준비 작업을 거쳐 1930년 12월 3일 남북 감리회 통합을 결의하고 '기독교조선감리회' 총회를 조직하였다. 통합된 한국 감리교회는 남감리회 양주삼 목사를 초대 총리사(감독)로 선출하였고 모든 교회 의회 조직을 목회자와 평신도 동수로 구성하였으며 여성에게도 목사안수를 허용하는 장정(교회법)을 채택했다. 이런 남북감리교 통합과 평신도 지도력 고취, 여성 안수제는 미국 교회보다 먼저 택한 진취적인 결정이었다.

남북 감리회 통합과 단일 총회 조직으로 그동안 남북으로 나뉘어 모였던 연회와 지방회, 구역회 조직도 단일 조직으로 통합되었다. 기독교조선감리회는 총회를 조직하면서 연회를 중부와 동부, 서부, 만주 등 네 곳으로 나누어 조직했다. 강화와 인천은 중부연회에 속하게 되었다. 연회 명칭은 '미감리회연회'에서 '중부연회'로 바뀌었지만 지방회 명칭은 미감리회 시절의 '인천지방회'를 그대로 사용했다. 10개였던 구역을 9개로 하나 줄였는데 단독 구역이었던 주문구역에 교동이 포함되면서 '주문교동구역'으로 명칭을 바꾸었고 강화서구역과 삼산구역을 묶어 '강화서삼산구역'이 되었다. 이로써 주문구역 담임으로 파송된 권성집 목사는 기존의 주문구역 5개 교회 외에 교동구역 3개 교회까지 관할하였다.

다음은 1931년 6월 서울 정동제일교회에서 개최된 제1회 중부연회 때 확정된 인천지방 주문교동구역 소속 교회 명단이다.

교회명	주 소	예배당
아차도교회(阿此島教會)	강화군 서도면 아차도 44	조선초가(朝鮮草家)
진촌교회(鎭村教會)	강화군 서도면 주문도 596	조선와가(朝鮮瓦家)
느리교회(訥里教會)	강화군 서도면 주문도 862	조선와가(朝鮮瓦家)
대변창기도처(待邊倉祈禱處)	강화군 서도면 주문도 1209	조선초가(朝鮮草家)
볼음기도처(乶音祈禱處)	강화군 서도면 볼음도 478	조선초가(朝鮮草家)
인사리교회(仁士里教會)	강화군 교동면 인사리	조선초가(朝鮮草家)
난정리교회(蘭井里教會)	강화군 교동면 난정리 20	조선초가(朝鮮草家)
상룡리교회(上龍里教會)	강화군 교동면 상룡리 218	조선초가(朝鮮草家)

주문교회가 처음 설립될 때 교동구역에 속하여 교동에서 전도사가 와서 교인들을 지도했는데 20년 만에 상황이 바뀌어 주문도 진촌교회 목사가 교동으로 가서 교회를 관리하는 형태가 되었다. 예배당도 교동구역 3개 교회는 모두 초가집이었는데 주문구역은 진촌교회와 느리교회가 기와집 예배당에서 예배를 드리고 있었다. 다만 주문구역의 대변창과 볼음은 여전히 기도처 형태로 유지되고 있었다. 위 자료에서 진촌교회 주소로 나온 주문도리 569번지는 한옥 예배당(주문도리 714번지) 바로 아래 있던 목회자 사택(부지는 김치준 소유) 주소로 여겨진다.

1933년 인천지방을 11개 구역으로 확대하면서 삼산과 주문을 각기 독립 구역으로 분립시켰다. 그 결과 주문구역은 다시 예전처럼 주문도와 볼음도, 아차도 교회들로 구성되었다. 그리고 1934년 10월 기독교조선감리회 제2회 총회 양주삼 총리사가 연임되었고 연회 및 지방회

경계도 재조정하였다. 그에 따라 중부연회 인천지방도 1935년에 구역을 개편하면서 주문구역과 삼산구역을 묶어 '주문삼산구역'이라 하였다. 주문구역과 합구역이었던 교동은 강화서구역에 편입되었다. 다음은 1935년 개편된 주문삼산구역의 교회들이다.

교회명	주 소	예배당
진촌교회(鎭村敎會)	강화군 서도면 주문도 596	조선와가(朝鮮瓦家)
느리교회(訥里敎會)	강화군 서도면 주문도 862	조선와가(朝鮮瓦家)
대변창기도처(待邊倉祈禱處)	강화군 서도면 주문도 1209	조선초가(朝鮮草家)
아차도교회(阿此島敎會)	강화군 서도면 아차도 44	조선초가(朝鮮草家)
망월도기도처(望月島祈禱處)	강화군 서도면 볼음도 478	조선초가(朝鮮草家)
석모리교회(仁士里敎會)	강화군 삼산면 석모리 175	조선초가(朝鮮草家)
정포리교회(蘭井里敎會)	강화군 삼산면 석모리 1086	조선초가(朝鮮草家)
송가리교회(上龍里敎會)	강화군 삼산면 상리 682	조선초가(朝鮮草家)
매음리교회(煤音利敎會)	강화군 삼산면 매음리 375	조선초가(朝鮮草家)

주문구역이 5개 교회와 삼산구역의 4개 교회 가운데 기와집 예배당은 여전히 진촌교회와 느리교회 두 곳뿐이었다. 주문삼산구역에서 진촌교회가 단연 '으뜸교회' 역할을 하였음은 물론이다. 그 결과 진촌교회 담임자가 볼음도와 아차도는 물론 석모도까지 가서 교회와 교인들을 지도하였다. 매음리교회 창설자이자 전도사였던 윤정일이 1902년 여름 주문도에 와서 전도한 결과 김근영이 개종하고 진촌교회(주문교회)가 설립되었던 점을 감안할 때 진촌교회는 30년 만에 '모교회'를 돕는 입장이 되었다. 진촌교회로서는 '복음의 빚'을 갚는 기회였다. 그러나 주문과 삼산 '합구역'은 1년 만에 해체되어 1937년부터 삼산은 교동과 합하

여 '교동삼산구역'이 되었고 주문구역은 진촌교회와 느리교회, 아차교회 등 3개 교회로 단독 구역을 형성했다. 대빈창과 볼음도 교회는 여전히 기도처 형태를 유지하였다. 이때부터 진촌교회 소속 명칭은 '기독교조선감리회 중부연회 인천지방 주문구역 진촌교회'로 확정되었다.

1930년대 인천지방 감리사 진용에도 변화가 있었다. 통합 이전부터 인천지방 감리사로 수고했던 홍순탁 목사는 1931년 홍천지방 감리사로 전임되었고 후임으로 내리교회 이익모 목사가 감리사가 되어 1년간 시무했다. 그 후 1934년 임진국 목사, 1937년 김현호 목사, 1938년 박기천 목사에 이어 1939년부터 해방될 때까지 김응태 목사가 감리사로 시무하였다. 1930년대 인천지방회는 주로 인천 내리교회와 창영교회에서 개최되었다.

통합 당시 주문구역 담임이었던 권성집 목사는 1930년 10월 부임하자마자 잇따라 종교교육 강습회와 부흥회를 개최하는 등 교육 목회에 강한 의욕을 보였으나 건강이 악화되어 의도대로 목회할 수 없었다. 게다가 잇단 어업 불황으로 교인들의 경제 상황도 어려웠다. 이에 홍순탁 감리사는 1931년 3월 연회에서 "주문구역은 작년 이래 어업부진으로 물적 타격으로 인하여 곤란케 되므로 자급을 반감하다시피 하겠다 하며 담임자 권성집 목사는 그간 신병으로 인하여 매우 고생하였으니 유감이오며 다시 진홍케 되기를 기도하오며"라고 보고하였다. 결국 권성집 목사는 부임 3년 만인 1932년 3월 연회에서 영흥대부구역으로 파송을 받아 떠났다.

권성집 목사 후임으로 최병록(崔炳祿, 1891-?) 전도사가 제10대 담임으로 부임해 왔다. 경기도 부천 출생인 최병록 전도사는 정규 신학교 수업을 받지 않았기에 '서리전도사' 신분으로 주문도에서 목회를 시작했다.

그러나 그도 2년간 시무하다가 1934년 3월 연회에서 부평부천구역으로 파송 받았다(실제로는 부평구역에 부임하지 못했다). 최병록 전도사 후임으로 1934년 연회에서 김홍제(金弘濟) 목사가 주문구역에 파송되었다. 1889년 경기도 여주 출생인 김홍제 목사는 서울 상동교회부속 공옥학교를 거쳐 1917년 협성신학교를 졸업한 후 충남 청양교회 전도사로 목회를 시작하여 1925년 목사안수를 받았으며 경기도 광주와 안산을 거쳐 1931년부터 인천지방 신도화도구역, 1933년 부평부천구역에서 목회하였다. 그러나 김홍제 목사도 '가정 사정'으로 주문도에 부임하지 못했다(이후 김홍제 목사는 서부연회 소속으로 평남 순천에서 목회하다가 1939년 별세하였다).

이처럼 권성집 목사가 떠난 후 주문구역 교회와 교인들은 '서리전도사'의 지도를 받다가 '정회원 목사' 김홍제 목사 파송 소식에 희망을 걸었지만 그 역시 부임하지 못하고 교회는 오히려 1년 동안 '목회자 부재' 상황을 맞았다. 그 기간 임진국 감리사가 와서 주문구역 계삭회 및 당회를 주재하였다. 그 무렵 교동구역도 담임 목회자가 없어 본처전도사들이 예배를 인도하고 있었다. 이에 임진국 감리사는 주문과 교동구역 담임자를 물색하다가 강화도 온수리 출신인 김봉진(金鳳振, 1886-1970년) 전도사를 발탁하여 그해 3월 연회에서 제11대 주문구역 담임으로 파송을 받도록 했다. 이에 내해 임진국 감리사는 1935년 3월 연회에서 "주문구역은 김홍제 목사가 파송을 받았으나 가정 사정으로 인하야 가지 못하게 됨으로 김봉진 전도사를 파송하야 주문, 교동을 담임케 한 바 자미를 보는 중이다"라고 보고하였다.

이후 1937년 교동구역에 새 목회자(조용구 전도사)가 파송되기까지 김봉진 전도사는 주문도와 교동도, 두 섬을 오가며 목회하였다. 김봉진 전도사의 부임으로 주문구역 교회는 목회자의 잦은 교체, 혹은 부재로 인한 불안 상황을 벗어났다. 김봉진 전도사는 정규 신학교 수업을 받지 않아 '서리전도사'로 목회를 시작하였고 1941년 연회에서 '본처목사'로 안수받기까지 6년간 주문도에서 목회하였다. 김봉진 전도사와 함께 그의 부인 방명희(方明姬)도 인천지방회에서 전도부인으로 파송을 받았다. 김봉진 전도사와 방명희 전도부인의 장기(?) '부부 공동목회(co-ministry)'로 주문구역은 안정을 회복하고 꾸준한 교세를 유지할 수 있었다. 그리고 1930년대 잦은 목회자 변동에도 주문구역 교회가 흔들리지 않고 안정을 유지할 수 있었던 것은 목사가 빈 교회 강단을 지키며 예배를 인도하고 교인들을 지도했던 평신도 목회자, 곧 본처전도사와 전도부인의 수고와 헌신이 있었기에 가능했다.

다음은 〈인천지방회록〉에 나타난 1930년대 주문구역 목회자 명단이다.

연도	구역 담임	전도 부인	본처전도사				
			진촌	느리	대빈창	아차	볼음
1931	권성집	윤성심	박두병 박순병 김치준	박예병			
1932	권성집	윤성심	박순병 박예병 김치준				
1933	최병록	민다비다	박순병 김치준		박예병		
1934	최병록	민다비다	박순병 윤성심 김치준		박예병		
1935	김봉진	방명희	박순병 윤성심 김영춘	박예병		김치준	
1936	김봉진	방명희	박순병 김영춘	박예병		김치준	
1937	김봉진	방명희	박순병 김영춘	박예병		김치준	
1938	김봉진	방명희	박순병 김치준 김영춘		박예병		
1939	김봉진	방명희	김치준	박예병			
1940	김봉진	방명희	박예병				

1920년대 본처전도사와 비교할 때 우선 눈에 띄는 것은 오랫동안 진촌교회 본처전도사로 사역했던 박두병과 박순병 형제의 이름이 사라진 것이다. 두 명 모두 별세하였기 때문이었다. 1931년 9월 22일(양력 11월 1일) 향년 75세로 별세한 박두병 전도사 묘소는 송골의 부친 박승형 묘소 아래 조성되었다. 1932년 2월 29일 인천지방회 때 이익모 감리사 사회로 박두병 전도사 추도식이 거행되었는데 권성집 목사가 약력을 소개했다. 박두병 전도사가 별세하면서 그동안 주문구역 전도부인으로 사역하던 부인 윤성심도 전도부인 직을 사임했다. 3년 후 남편이 맡았던 진촌교회 본처전도사로 복귀했다가 1935년 강화읍교회 전도부인으로 부임하면서 주문도를 떠났다. 윤성심 전도부인이 사임한 후 1933년 교동구역에서 사역하던 민다비다가 주문구역으로 옮겨 2년간 사역하였고 1935년부터 방명희 전도부인이 계승했다.

1938년 7월 22일(양력 8월 17일)에는 박순병 전도사가 향년 77세로 별세하였다. 그의 묘소는 양부(박승태)의 선형이 있는 봉구산 자락, 11년 전

박순병 묘소

에 먼저 죽은 아들(박용세)의 무덤 위쪽에 조성되었다. 1939년 1월 9일 인천 창영교회에서 개최된 인천지방회에서 박순병 전도사 추도식이 박기천 감리사의 사회로 권성집 목사의 기도, 김봉진 전도사의 약력소개 순으로 진행되었다. 이로써 일제강점기 주문교회를 전국적으로 유명하게 만든 '주문도 빛 탕감잔치'의 주인공이자 진촌교회 새 예배당 건축과 영생학교 재단설립 및 교사 신축에 큰 힘이 되었던 박두병, 박순병 형제가 모두 세상을 떠났다. 이들보다 앞서 김근영과 김택현, 박승형, 박용세 등 주문교회와 영생학교 설립 주역들이 별세하였으니 교회 지도력은 자연스럽게 1세대에서 2세대로 넘어갔다.

1935년부터 본처전도사 명단에 이름이 나오는 김영춘(金永春)이 2세대 지도자였다. 그는 본래 1927-1930년 강화서구역 전도부인으로 활동하다가 1930년 영생학교 교사 모태정과 결혼하면서 주문도 교인이 되었다. 결혼 후 모형균과 모형기 형제를 낳아 기른 후 1935년부터 진촌교회 본처전도사로 사역을 재개하여 1940년 가족이 주문도를 떠나기까지 부인 전도와 여선교회, 속회 사역을 지도하였다. 여기에 1세대 교인 김치준과 박예병은 여전히 본처전도사로 진촌교회와 느리교회, 대빈창교회, 아차교회 강단을 지켰다. 그 결과 주문구역의 5개 교회(기도처 포함)는 1930년대에도 꾸준한 교세를 유지할 수 있었다.

다음은 1930년대 〈인천지방회록〉에 수록된 1930년대 주문구역 교세 통계다.

구 분	1931	1932	1933	1934	1935	1936	1937	1938	1939	1940
교회(예배당) 수	8	5	5	5	5	5	5	5	5	

구 분		1931	1932	1933	1934	1935	1936	1937	1938	1939	1940
경상비 총액(원)		943	955	950	999	847	763	1166	1166	878	
교인	입교인	294	300	167	167	142	184	134	129	167	101
	학습인	90	138	27	22	26	25	26	26	26	35
	세례아동	196	162	119	124	119	164	116	135	135	135
	원입인	363	274	259	259	259	345	274	273	310	322
	총계	949	775	575	582	551	738	556	563	598	594
주일학교	학교	8	4	2	3	2	2	2	2	2	2
	교사	10	12	4	11	12	15	7	8	1	2
	학생	199	175	107	180	114	182	90	140	50	35
보통학교 남자	교사	3	3	3	3	3	3				
	학생	73	73	82	82	82	180				
보통학교 여자	교사	2	3	1	1						
	학생	85	85	33	35						
엡웟청년회	지회	2	2	1	1	2	6	6			
	회원	35	45	10	10	25	35	35			
여선교회	지회	2	5	2	3	2	4	4	3	3	
	회원	59	67	20	40	20	16	16	32	50	

1931년은 교동구역, 1936년은 삼산구역과 합한 통계이고 나머지는 주문구역만의 통계다. 1930년대 들어 보통학교와 주일학교, 엡웟청년회, 여선교회 통계는 줄어든 반면 교인 총수는 1920년대와 같은 5백 명 선을 꾸준히 유지하고 있었다. 일제의 종교탄압이 거세지는 1930년대 후반으로 갈수록 오히려 소폭이지만 교세가 증가하였다. 이는 1930년대 초반 잦은 목회자 교체로 불안했던 상황이 1935년 김봉진 전도사 부임을 계기로 안정을 회복하고 부인(방명희 전도부인)과 함께 열정적으로 목회에 임한 결과로 볼 수 있다.

이런 사실은 지방회나 연회에서 제출한 감리사 보고에서 확인된다. 예를 들면, 1933년 3월 인천지방회에서 이익모 감리사는 "주문구역 대변창교회와 삼산구역 송가교회는 저간 폐쇄 중에 있었으나 다시 부흥 형편에 있사오며"라고 보고했고 1936년 1월 인천지방회에서 '교회신령상 형편조사위원' 권성집 목사는 "주문구역은 점점 진흥의 상태에 있다"고 보고했다. 그리고 1939년 5월 서울에서 개최된 연회에서 박기천 감리사는 "주문구역은 김봉진 전도사의 충실한 사역으로 재미있게 진보 중이외다"라고 보고하였고 1941년 1월 인천지방회에서 '교회신령상 형편조사위원' 강문호 목사도 "주문구역은 신령상으로 부흥되었고 재정도 증가되었다"라고 보고하였다. 이처럼 주문구역 부흥을 이끌어낸 김봉진 전도사는 1941년 3월 중부연회에서 목사안수를 받고 수원지방 사강교회로 파송을 받아 떠났다.

일제 말기 교회 지도력 변화

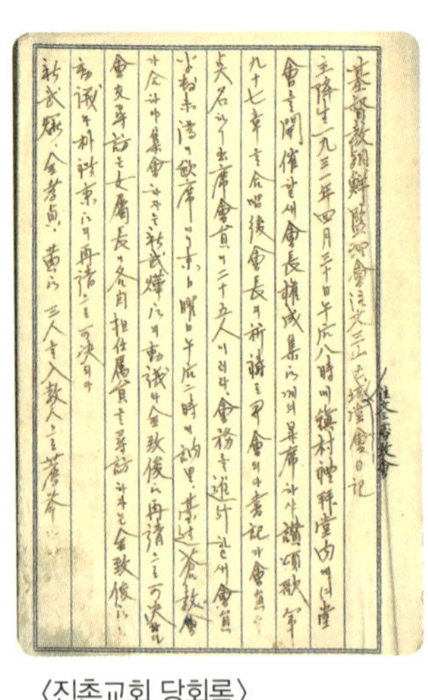

〈진촌교회 당회록〉

진촌교회를 중심으로 주문구역 교회들은 매년 네 차례 모이는 계삭회와 한 차례 모이는 당회(堂會)를 통해 '유기적 관계'를 돈독히 할 수 있었다. 현재 서도중앙교회가 보관 중인 〈주문구역 진촌교회 당회일기〉(注文區域鎭村教會堂會日記)를 통해 1930-1940년대 주문구역 교회의 임원 명단과 변동 상황, 교회의 주요 안건 등을 알 수 있다. 남북감리교 통합으로 조직된 주문구역 진촌교회의 제1회 당회는 1931년 4월 30일(목) 저녁 진촌교회 예배당에서 개최되었다. 이에 대한 기록이다.

> "주후강생 1931년 4월 30일 오후 8시에 진촌예배당 내에서 당회를 개최할 새 회장 권성집 씨께서 승석하사 찬송가 제97장을 합창 후 회장의 기도로 개회하다. 서기가 회원을 점명하니 출석회원이 25인이러라. 회무를 진행할 새 회원 소수미만(少數未滿)이 결석이니 내(來) 일요일 오후 2시에 느리, 대변창 교회가 합하여 집회하자는 추무엽(秋武燁) 씨의 동의와 김치순 씨 재청으로 가결하다. 회우(會友) 심방은 여속장이 각자 담임 속원(屬員)을 심방하자는 김치준 씨의 동의와 박예병 씨의 재청으로 가결되다. 추무엽 김효정(金孝貞) 황씨(黃氏) 3인을 입교인(入敎人)으로 천거하다.
>
> 1931년 4월 30일
>
> 회장 권성집·서기 모태정"

세 명이 모자라 '재적의 과반수 이상 참석'이란 규정에 어긋나므로 "느리와 대빈창 교인들이 참석하는 주일예배 후에 다시 모이자"는 의견에 따라 당회는 연기되었다. 교회법을 엄격하게 지키려는 교인들의 준법정신이 돋보이는 대목이다. 그렇게 해서 5월 3일 주일 오전예배 후 당회가 재소집 되었다. 다음은 그 기록이다.

> "1931년 5월 3일 오전 12시에 진촌예배당 내에서 당회를 개최할 새 회장

권성집 씨께서 승석하사 찬송가 87장을 합창 후 박순병 씨 기도로 개회되다. 서기가 회원을 점명하니 출석회원이 28인 이러라. 회무를 진행할 새 좌기(左記) 사항을 원만히 가결하고 동(同) 2시에 회장의 축도로 폐회하다.

기(記)

신임권사: 김선희(金善熙) 조길손 윤성심 오자혜 박홍춘 모태정 박용진(朴容辰) 박병섭

속장: 박성덕(朴聖德) 김몽혜 김시윤(金時潤) 오자혜 김원보(金元甫) 김신애(金新愛) 추무엽 인락도(印樂道) 안필례(安必禮) 고을선(高乙善) 박원삼(朴元三) 윤대흥(尹大興) 최용구(崔容九) 조인애(趙仁愛) 박용구(朴容九) 이찬성(李燦成) 박동원(朴東遠) 윤마리아(尹瑪利亞)

유사(有司): 한유정(韓有貞) 박순병 박원삼 박예병 김치준 윤인호 윤성심 박홍춘 고을선 김신애

탁사(托司): 윤인호 김치준 박원삼 박홍춘 박동원 한유정

주일학교장: 김치준 / 여선교회장: 윤성심

전도위원: 빅순병 김치준 박예병

교육위원: 모태정 추무엽 김순애 윤성심 윤대홍

사회사업위원: 김치준 윤인호 박순병

종교서적위원: 박예병 모태정 박원삼

농촌사업위원: 윤인호 박예병 조길손

자치위원: 박순병 김치준 박예병 윤성심 박홍춘

총리사비(總理司費): 26원 50전(진촌교회 16원 느리교회 6원 55전 아차교회 4원)

이상(以上)

1931년 5월 3일

회장 권성집·서기 모태정"

당회의 고유 기능인 교회 임원, 즉 권사와 속장, 유사(재정 담당), 탁사(관리 담당), 주일학교 교장, 여선교회 회장을 매년 심사해서 신임, 혹은 재선으로 선출한 것 외에 감리교 본부(총리원)에서 각 교회에 지시한 사항에 따라 전도위원과 교육위원, 사회사업위원, 종교서적위원, 농촌사업위원, 자치위원을 선정하였다. 그리고 총리원에 보내는 부담금 26원 50전을 각 교회별로 분담하였는데 진촌교회가 16원(60%)을 담당했다. 이런 당회 결정 사항은 1년에 1회 감리사가 와서 주재하는 구역회에 보고되어 승인받았다. 교회 예산 편성은 구역회 소관이었고 당회는 임원 개선이 주 업무였다. 당회는 1년에 1회 개최가 원칙이지만 불가피한 임원 변동이 있거나 논의가 필요한 긴급 사안이 있을 때는 당회장인 구역 담임자가 소집할 수 있었다.

다음은 1930년대 〈진촌교회 당회록〉을 중심으로 정리한 주문구역 임원 명단이다.

연도	당회장	서 기	권 사	속 장	유 사	탁 사	주일 학교장	여선교회장
1931	권성집	모태정	김선희 조길손 윤성심 오자혜 박홍춘 모태정 박용진 박병섭	박성덕 김몽혜 김시윤 오자혜 김원보 김신애 추무엽 인락도 안필례 고을선 박원삼 윤대홍 최용구 조인애 박용구 이찬성 박동원 윤마리아	한유정 박순병 박원삼 박예병 김치준 윤인호 윤성심 박홍춘 고을선 김신애	윤인호 김치준 박원삼 박홍춘 박동원 한유정	김치준	윤성심

연도	당회장	서 기	권 사	속 장	유 사	탁 사	주일 학교장	여선교회장
1932	권성집	모태정	김선희 조길손 윤성심 오자혜 박홍춘 모태정 추무엽 박원삼	오자혜 김시윤 김몽혜 인락도 엄인덕 윤신례 윤성심 조인애 모태정 추무엽 전인성 윤대홍 김창만 박원삼 박홍춘 김신애 안필례 고을선	박순병 김치준 박예병 김몽혜 윤성심 박원삼 박홍춘 김신애 고을선	김치준 모태정 박원삼 박홍춘 한유정 박동원	박원삼	오자혜
1933	최병록	윤대홍	김선희 조길손 윤성심 오자혜 모태정 박홍춘 추무엽 박원삼 장선출 고홍동	오자혜 김몽혜 엄인덕 김시윤 인락도 장선출 오인구 최성례 고을선 안필례 윤마리아 김도희	박순병 박예병 김태복 최성례	오자혜 박순병 김태복 최성례	추무엽	오자혜 오인구 김양단
1934	임진국	박용완	김선희 조성범 박홍춘 추무엽 박원삼 오자혜 장선출 모태정 박병섭	김몽혜 박세라 최성례 김시윤 오인구 고을선 안필례 김경애 김태복 엄인덕 인락도 배명순 박인희 오자혜 박제원 김도희 박안라 박의분 이보희 함순구 김산길 도광현 이수산나	박홍춘 박원삼 박순병 윤인호 김치준 오자혜 윤성심 전경일 박예병 박용완 장선출 김경도 정영봉 도광현	김태복 최성례 윤인호 박예병 한유정 장선출 김경도 도광현	박홍춘 추무엽 장선출	오인구 오자혜

연도	당회장	서기	권사	속장	유사	탁사	주일 학교장	여선교회장
1935	김봉진	박용완	오자혜 모태정 김몽혜 김택영	김시윤 김몽혜 엄인덕 인락도 전경일 박제원 박인희 배명순	윤인호 박순병 오자혜 윤성심	윤인호 박예병	윤성심	오자혜
1936	김봉진	전경일	오자혜 김몽혜 모태정 김시윤	엄인덕 인락도 전경일 박제원 박인희 조인애	윤인호 박순병 오자혜	윤인호 박예병	방명희	오자혜
1937	김봉진	손두영	오자혜 김몽혜 김시윤 모대정 전경일 윤인호	인락도 엄인덕 박제원 박인희 이근철 손두영 전영애	윤인호 박순병 오자혜	윤인호 박예병	김영춘	오자혜
1938	김봉진	박제원	오자혜 김몽혜 모태정 김시윤 전경일 윤인호	엄인덕 인락도 박인희 조인애 손두영 이근철 전영애 박제원	윤인호 박순병 오자혜	윤인호 박예병 오자혜	김영춘	오자혜
1939	김봉진	이근철	윤인호 오자혜 김몽혜 김시윤 모태정 전경일	인락도 박인희 조인애 이근철 전영애	윤인호 박제원 오자혜 박예병	윤인호 박예병 오자혜	방명희	오자혜
1940	김봉진	전경일	윤인호 오자혜 김몽혜 김시윤 전경일	인락도 박인희 조인애 이근철 전영애 박제원 김마리아 최채옥 윤세홍	윤인호 윤세홍 박제원 오자혜 박예병	윤인호 윤세홍 박예병 오자혜	전경일	오자혜

이 명단을 통해 진촌교회 지도력에 세대교체가 이루어지고 있음을 알 수 있다. 즉 1920년대 김근영과 김택현, 박용세, 1930년대 박두병과 박순병 등 1세 초대교인들이 별세함으로 빈자리를 2세 신앙인들이 채우기 시작했다. 박순병의 손자이자 박용세의 아들인 박제원이 속장으로 활동한 것이나 모명식의 아들 모태정이 영생학교 교감 및 당회 서기와 권사로 사역한 것, 진촌교회 탁사와 영생학교 교감을 지낸 윤인호의 손자 윤대홍과 윤세홍이 속장 및 탁사로 대를 이은 것, 전범선의 아들 전경일이 속장 및 당회 서기로 사역한 것이 그러하다. 그리고 원로가 된 부모세대와 그 자녀 세대가 함께 임원으로 활동하고 있음도 확인할 수 있는데 박예병 전도사의 아들 박용구와 박용완이 속장 및 당회 서기로 활약한 것이 대표적이다.

그리고 1930년대 들어 눈에 띄는 것은 여신도들의 활약이 두드러졌다는 점이다. 우선 윤기현의 딸이자 박두병의 아내였던 윤성심이 1920년대부터 전도부인 및 권사로 활약하기 시작했고 그 뒤를 이어 박경호의 부인 오자혜가 권사 및 속장, 유사, 탁사로 사역하면서 여선교회 회장까지 맡아 교회 여신도들을 지휘했다. 그리고 오자혜 권사의 손녀 박인희는 헤스 부인

박경호, 오자혜 권사와 손녀 박인희

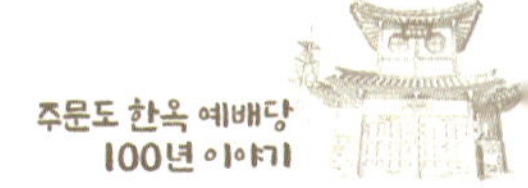

의 추천으로 인천 영화여학교에서 공부하고 고향에 돌아와 이흥룡과 결혼한 후 속장이 되어 할머니와 함께 사역하였다. 손정진의 부인 김몽혜도 권사 및 속장으로 활약하였는데 그의 딸 손효순 역시 헤스 부인의 추천으로 인천 영화학교를 거쳐 서울 배화여자고등보통학교와 이화여자전문학교까지 나왔다. 초대 교인 윤상준과 김세라의 며느리이자 윤병규의 부인이 된 김시윤(金時潤)도 권사 및 속장으로 사역했고 이창남의 부인 인락도, 박예병 전도사의 부인 전영애, 김산길의 부인 조인애, 추무엽 권사의 부인 김순애, 이창옥의 부인 김마리아, 송상규의 부인 엄인덕 등도 권사 및 속장으로 시무했다.

이들 진촌교회의 여성 지도자들은 복음이 심에 들어오기 전까지는 유교의 가부장적 문화와 분위기에서 침묵하며 움츠리고 살아야만 했다. 그런 여성들이 교회에 나오면서 복음 속에 담긴 자유와 해방의 능력을 경험하고 그것을 실천하기 시작했다. 그리하여 그동안 벙어리로 살았던 여성들이 자기 의견을 '말하기' 시작했고 아직 그런 경험을 하지 못한 주변 불신자 여성들을 가르치고 전도하였다. 반세기 전까지만 해도 외부와 단절되었던 섬에서는 상상할 수 없었던 '여성계 혁명'이었다. 그렇게 형성된 교회여성들의 지도력은 일제 말기 교회가 멸절의 위기에 처했을 때 신앙과 성전을 지키는 투쟁 과정에서 유감없이 발휘되었다.

위 명단에는 느리교회와 대빈창교회 임원들도 포함되었다. 즉 대빈창교회 임원으로 주일학교 교장을 지낸 장선출 권사와 속장 윤마리아와 김도희, 여선교회 회장 김양단 등이 수고하였고 느리교회에서는 예배당 기지를 제공했던 조길손을 비롯하여 김선희, 박홍춘 박병섭, 박세라 등이 권사로, 김태복과 박용윤 김경애, 안필녀, 오인구, 고을선, 최성례

등이 속장으로, 박원삼과 정영봉, 김마리아가 탁사로 수고하였다. 느리교회 유사와 탁사, 주일학교 교장을 겸했던 박홍춘 권사는 매년 주문구역 주일학교 교장 대표로 인천지방회에 참석하였다. 박홍춘 권사는 일제강점기에 느리교회를 이끌었던 대표 지도자였다.

이렇게 형성된 주문구역 교회 임원들의 지도력은 교회 안에서만 아니라 교회 밖, 지역사회에서도 그대로 통했다. 김치준이 그 대표적인 예다. 김치준은 1904년 주문도 국사당 훼파사건이 터졌을 때 이를 슬기롭게 해결한 마을 동수 김창룡의 아들로서 집안 식구들의 개종에 결정적인 역할을 하였다. 그는 본처전도사로 진촌교회와 느리교회, 대빈창교회, 아차교회 강단을 지켰으며 영생학교 서무를 맡아 학교 운영의 실질적 책임을 감당하다가 박용세 별세 후 교장직까지 수행했다. 또한 한옥예배당과 목사 사택 부지를 제공했던 그는 매년 구역 대표로 인천지방회에 참석했을 뿐 아니라 1931년에는 인천지방 평신도 대표로 서울에서 열린 연회에도 참석했다.

이런 김치준의 지도력은 1931년 11월 서도면장으로 취임하면서 다시 한번 크게 빛났다. 이에 대한 중앙 일간지 〈매일신문〉(1931.11.20)의 보도다.

"강화군 서도면은 그간 면장 인선중(人選中)에 있던바 금번 주문도 김치준(金致俊) 씨가 유력설이 있었든바 금(今) 16일부로 임명되었으며 씨는 동(同) 도내(島內)에 최고 인격자로 당지(當地) 영생학교의 설립자 겸 현 교장으로 지방에 대한 공헌이 많은 이라 한다."

3·1운동 이후 서도면장은 1919-1927년 김규천(金圭天), 1928-1930년 조동헌(趙東憲), 1930-1931년 고재룡(高在龍) 등이 역임했다. 8년 근무한 김규천을 제외하고 나머지 면장은 1, 2년 만에 교체되었다. 그만큼 면장의 권위와 지도력이 불안했다. 그런 상황에서 김치준이 주민들로부터 "도내의 최고 인격자"란 칭송과 지지를 받으며 서도면장에 부임했다. 새 면장 김치준에 거는 주민들의 기대는 6개월 만에 현실화되었다. 1932년 5월 5일 자〈동아일보〉보도다.

"강화군 서도면 주문리 김치준 씨라 하면 누구나 그를 숨은 자선가로 알만한 분이다. 이제로부터 4년 전 그곳 영생학교 교장에 취임하야 꾸준한 육영사업에 힘써 오든 중 작년 중에는 다시 그곳 면장이 사임함에 군 당국에서는 면장 후보자 알선을 시작하자 그곳 면민(面民) 일동은 해씨(該氏)를 민선(民選)으로 면장에 취임하야 달라는 권고에 못 이기어 기여히 취임한 후 면 행정에 있어서도 면민의 칭송이 자자하든 바 금번 호세(戶稅) 납기(納期)를 당하야 빈한한 면민 150호의 호세 30원 90전을 대납(代納)하였다 한다."

서도면장 김치준

당시 주문도와 볼음도, 아차도, 말도에 거주하는 서도면민은 총 527호, 2천7백여 명에 달했다.

527호 중 150호라면 28%, 서너 집 중 한 집꼴이다. 세금을 내지 못하면 집과 토지를 빼앗기고 섬을 떠날 수밖에 없는 가난한 주민들을 대신해 사비로 세금을 내준 것이 서도면장으로서 김치준이 수행한 첫 번째 업무였다. 16년 전 주문도에서 교인들 간에 이루어진 '빚 탕감 잔치'가 서도면 전체, 불신자 가정에까지 확장되어 재현된 것이다. 김치준 면장에 대한 주민들의 칭송은 더욱 높아졌다.

김치준 면장이 취한 다음 조치는 아차도에 있던 면사무소를 주문도로 옮긴 것이다. 1911년 처음 서도면이 개설될 때 강화군은 아차도에 면사무소를 설치했다. 주문도나 볼음도보다 크기도 작았고 주민도 적었던 아차도에 면사무소를 둔 것은 단지 지리적으로 중앙에 있다는 이유였다. 그러나 20년 세월이 흐르면서 주문도가 괄목할 만한 성장을 이루었다. 주민도 늘어났을 뿐 아니라 경제 능력도 급증했다. 그런 주문도의 발전과 성장 배경에는 5백 명 이상이 등록한 진촌교회와 서도면 유일의 보통학교인 영생학교가 있었다. 김치준은 면장이 된 후 정치행정과 경제, 종교와 교육, 문화의 중심지가 된 주문도로 면사무소를 옮기는 일을 추진하였다. 그 결과 1936년 서도면 면사무소가 주문도로 옮겨졌다.

강화군은 면사무소를 주문도로 옮기면서 진촌이 아니라 느리에 설치했다. 이는 볼음도나 아차도 주민들의 접근이 용이하다는 점 외에 일본 행정당국 입장에서 '골수 기독교인 마을'로 소문난 진촌보다는 주민 수가 적은 느리에 면사무소를 설치하는 것이 통치에 유리하다고 판단했을 수도 있다. 면 소재지가 됨에 따라 조그만 어촌 나루였던 느리에 새 선착장이 조성되었고 그에 따라 주문도 주민들의 출입 통로가 웅구지에서 느리로 옮겨졌다. 느리엔 면사무소와 함께 경찰 주재소(파출소)도 설

치되었고 총독부에서 추진하던 '1면1사(一面一社)운동', 즉 전국 "면 단위마다 신사(神社) 하나"씩 세운다는 원칙에 따라 파출소 뒤편 언덕에 자그마한 신사도 건립되었다. 그때부터 면사무소와 파출소 직원들은 주기적으로 신사에 올라가 참배했다.

면사무소를 주문도로 옮긴 김치준 면장의 다음번 과제는 자신이 설립자 겸 교장으로 봉직하고 있던 영생학교를 공립 보통학교로 전환시키는 일이었다. 영생학교는 1930년대 들어 더욱 강력해진 총독부의 사립학교 규제 정책으로 멸절의 위기를 맞고 있었다. 일본은 1931년 만보산사건을 계기로 만주를 침공, 중국을 점령하기 위한 전쟁을 시작하면서 한반도를 병참기지로 삼았다. 그리고 '후방 안전'을 빌미로 황민화(皇民化) 정책, 즉 한민족을 일본 천황의 신민(臣民)으로 개조하려는 정책을 펼쳤다. 그 대표적인 조치가 모든 공사립 학교의 교사와 학생들로 하여금 일본의 국조신(國祖神)을 섬기는 신사에 참배하고 매일 일장기에 경례한 후 천황이 사는 동쪽을 향해 절하는 황거요배(皇居遙拜)를 실시하는 것이었다. 이런 정책이나 지시를 거부하는 학교는 폐교를 면치 못했다. 1935년 무렵부터 총독부는 지역 경찰을 동원해 선교사들이 경영하는 전국 기독교계 사립학교에도 이런 강압적 지시를 내렸다.

그런 상황에서 외딴섬 주문도에서 1백여 명 남녀학생들이 공부하는 작은 학교가 살아남을 가능성은 거의 없었다. 더욱이 영생학교는 1926년 새 교사를 지으며 모금운동을 할 때 〈시대일보〉 〈동아일보〉 같은 중앙 일간지가 "이동휘의 보창학교 후신"이란 점을 누누이 강조했던 터라 부담을 느낀 총독부 당국으로서는 '폐교 대상'으로 여기고 있었을지도 모른다. 김치준 면장도 그런 분위기를 느꼈을 것이다. 영생학교 설립자 겸 교장이기도 했던 그의 결정이 중요했다. 신사참배를 비롯한 총독부의 지시사항을 모두 수용하고 학교를 계속 유지할 것인가? 아니면 신사참배를 거부하고 폐교의 길을 갈 것인가? 양자택일의 기로에서 김치준 교장이 선택한 것은 폐교가 아니라 존속이었다. 그렇다고 교회부속학교로서 교인 자녀들에게 '우상숭배'에 해당하는 신사참배를 강요할 수는 없었다. 그래서 선택한 것이 '영생학교'란 간판을 내리되 영생학교 학생들이 계속 공부할 수 있도록 공립학교를 유치하는 방법이었다.

1920년대 총독부의 강력한 교육정책에 따라 전국 면 단위로 공립보통학교가 설립되었음에도 서도면에는 공립학교가 없었다. 이는 볼음도나 아차도 등 다른 섬은 학교를 설립할 만한 여건이 되지 못했고 주문도에는 강력한 영생학교가 있어 공립학교가 들어올 여지가 없었다. 그런 주문도에서 공립학교를 받아들이겠다고 할 때 교육 당국으로서 거부할 이유가 없었다. 더욱이 교사와 학생, 부지와 건물도 있어 간판만 고쳐 달면 되었다. 학교부지는 이미 대한제국 시기 학교 설립인가를 받을 때부터 정부(진영 터)의 소유였다. 그렇게 해서 1936년 4월 봄 학기부터 사립 영생학교 간판이 내려지고 '서도보통학교'(西島普通學校)가 시작되었다.

간판이 바뀌었고 학생들은 변함없었지만 교장과 교사는 바뀌었다. 그동안 영생학교 설립자 겸 교장으로 봉직했던 김치준과 진촌교회 교인들이었던 교사들이 퇴진하고 대신 일본인 교장 고노(河野岸雄)가 부임했다. 고노 교장이 3년간 근무하고 떠난 후 츠네미(常深武夫) 교장이 와서 역시 3년간 근무했고 그 후엔 박명석, 구직서 등 한국인 교장이 해방 때까지 근무했다. 공립학교로 변신한 후에는 교장과 교사 모두 '황민화 정책'에 적극 순응하여 군복 차림으로 학생들을 가르쳤다. 학교 분위기가

서도공립보통학교 1회 졸업생(1938년 3월)

한순간에 바뀌었다. 학생들은 교사들의 인도로 매일 일장기 배례와 황국신민서사 낭송, 궁성요배를 실시했고 교장 인솔하에 주기적으로 느리로 가서 신사참배를 하였다. 교장직을 내놓은 김치준 면장은 일제의 군국주의 통치가 한층 강화된 1940년 면장직까지 내려놓고 이후 해방되기까지 '야인'(野人)으로 지내면서 신앙생활에만 몰두하였다.

이처럼 영생학교 간판을 내리고 공립학교를 유치한 김치준 면장의 결정에 주민 대부분은 "어쩔 수 없는 조치였다"며 받아들였다. 자녀교육이 중단되지 않은 것만도 다행이었다. 영생학교가 30년 동안 지켜온 '민족주의 종교교육' 전통이 무너진 점은 아쉽지만 그렇다고 그 전통이 완전 소멸된 것은 아니었다. 공립학교에서 불가능한 학생들의 성경교육과 종교 활동을 진촌교회 주일학교에서 수행했기 때문이다. 보통학교

일제 말기 서도공립보통학교 교사와 학생

학생들은 학교에서 일본말로 수업하면서 "천황에게 충성하라"는 식민지 교육을 받았지만 가정에나 교회에서는 한글밖에 모르는 부모를 통해 한민족의 전통과 역사를 배웠고 집안에 숨겨둔 태극기도 보았다. 그리고 교회 주일학교에서 성경을 배우고 예배를 드리며 "어느 것이 참이고, 어느 것이 거짓인지" 분별하는 법을 배웠다.

경제 불황 중에 '땅 부자' 교회

일제 말기 보편적으로 한국교회는 정치와 경제, 두 가지 측면에서 위기를 겪었다. 정치적으로는 일제 말기 총독부가 강력하게 추진한 황민화 정책과 종교통제 정책 때문에 당하는 시련이었다. 총독부는 기독교계 사립학교에 강요했던 신사참배와 국기배례, 궁성요배, 황국신민서사 낭송 등을 1937년부터 교회에까지 확대, 요구하기 시작했다. 이를 거부한 목회자들은 투옥과 추방을 피할 수 없었고 교회가 존속하기 위해서는 교회 안에서 이런 비신앙적(非信仰的) '천황 숭배 의식'을 거행할 수밖에 없었다. 경제적으로는 중국과 동남아시아, 태평양 연안까지 확대된 전쟁을 수행하기 위한 인력과 물자 수탈이 가중되는 중에 경제 불황이 겹치고 거기에 교인까지 감소하여 유지가 어려운 교회들이 속속 문을 닫고 있었다. 모두가 일본의 강압적인 군국주의 통치 때문에 빚어진 위기와 시련이었다. 이런 '전시 상황'에서 도시보다 지방과 시골에 있는 교회들이 받는 타격이 더 심했다.

진촌교회를 비롯한 주문구역 교회들도 예외는 아니었다. 주문구역 교회의 위기는 경제적인 측면에서 먼저 왔다. 대부분 농업이나 어업에 종사하는 교인들이라 기근이나 어업 불황이 겹치면 피할 수 없는 세금은 커녕 생활비도 벌지 못하는 경우가 많았다. 김치준 전도사가 면장이 된 후 첫 번째 조치로 서도면 일대 150여 극빈자 가구의 호세(戶稅)를 대납해 준 것도 그런 배경에서 나온 것이었다. 소수 '여유 있는' 교인들의 헌금으로는 교회 유지가 어려운 형편이었다. 목회자의 생활비를 대지 못해 문을 닫는 교회들이 늘어난 상황에서 진촌교회의 자립과 유지를 위한 헌금과 토지 헌납이 이루어졌다. 먼저 선교사로부터 도움이 왔다.

다음은 1934년 감리교회 기관지 〈감리회보〉(1934.5.10)에 실린 "인천지방 주문진구역 희소식"이란 제목의 기사다.

> "경영에 파멸을 면치 못하고 있는 이때 선교사 노보을(魯普乙) 박사께서는 본 구역 교역자의 장래를 위하야 현금 150원을 기부하였으므로 본 구역에서는 연곡평야(連谷平野) 일우(一隅)에 5백여 평 되는 토지를 사두어 교인에게 경작시켜서 그 소득을 교역자에게 바친다는 바 신자는 물론이오 일반 불신자까지 감사히 여긴다."

주문구역에 150원을 기부한 '노보을'은 당시 최고참 선교사였던 노블(W.A. Noble) 박사였다. 그는 1892년 부인과 함께 내한해서 서울과 평양, 수원 등지에서 40년 넘게 사역했으며1934년 3월 연회에서 기존의 서울지방과 수원지방, 이천지방 외에 인천지방까지 포함, 4개 지방 '순회목사'로 파송을 받았다. 당시 그의 나이 68세로 정년은 남았으나 장기 사역으로 건강이 여의찮아 은퇴를 앞당겨 그해(1934년) 12월 귀국하였다. 따라서 주문구역에 기부한 150원은 그의 은퇴 기념 선물이 되었다. 진촌교회는 노블 기부금으로 '연곡평야'(주문리 280번지, 앞장술 해변 농지)의 논 5백여 평을 구입하여 교인에게 경작을 맡기고 거기서 나는 소득으로 교역자 생활비를 충당하였다(이 논은 1989년 12월 서도중앙교회 구역회 결의로 건축부채를 청산하기 위해 매각하였다).

선교사의 자선 기부는 토착교인에게 이어졌고 1937년 4월 진촌교회 김봉진 전도사의 기고로 〈감리회보〉(1937.4.16)에 다음과 같은 기사가 실렸다.

> "강화군 삼산면 석모리 이눌언(李訥言) 씨는 교회를 위하여 특별한 성의를 표히였다. 그는 원래 본군 주문도 진촌에 살았었는데 교회 속장으로 충성을 다하여 일을 하더니 지난 3월 15일경에 자기 소유 논 한 섬 네 말 지기를 본 구역 진촌교회에 바치고 매년 추수 전부의 10분지 1은 본교(本教)에 10분지 9는 그의 자손 대대의 생활비로 하여달라 하였으므로 일반교우는 감사 칭송한다더라."

진촌교회에 땅을 기증한 교인은 진촌교회 출신으로 석모도로 시집가서 석모리교회 속장 및 여선교회 회장으로 사역하고 있던 이눌언(혹은 이눌루)이었다. 그가 교회에 바친 땅은 매년 10여 석씩 도조를 받던 논이었다. 진촌교회는 이눌언 속장이 기부한 토지를 교회 재단에 편입시킨 후 매년 수익의 십일조를 교회에 들이고 나머지는 이눌언 속장의 후손들에게 나눠주었다. 이 소식은 김봉진 전도사를 통해 지방회는 물론 연회에도 알려졌다. 기독교조선감리회 총리원은 1937-1938년 전국 교회가 소유한 부동산을 조사, 취합하여 '기독교조선감리회 유지재단'을 설립하면서 "교회 사업에 협력하기 위하여 토지를 기증한 신자들에게 총리원에서 적당히 포상하자"고 결의하였다. 그에 따라 총리원에서는 1938년 11월 전국 141명을 선정, 표창하였는데 거기 이눌언 속장도 포함되었다.

이 외에 진촌교회는 전에 김치준과 이창남, 박용세 등이 기부한 토지가 있어 그곳에 예배당과 목회자 사택을 지은 바 있었다. 여기에 노블 선교사와 이눌언 속장이 기부한 땅까지 포함되어 진촌교회는 부동산을 많이 보유한 교회로 알려졌다. 다음은 1938년 작성된 〈기독교조선감리회 유지재단 재산목록〉에 실린 주문구역 소유부동산 현황이다.

<table>
<tr><th>교회</th><th>주 소</th><th>지목</th><th>지적</th><th>평가(원)</th><th>용도</th><th>등기</th><th>구조</th><th>건평</th><th>평가(원)</th></tr>
<tr><td rowspan="5">진촌교회</td><td>서도면 주문리 717</td><td>社寺地</td><td>145</td><td>30</td><td rowspan="2">예배당
예배당</td><td>金治俊</td><td rowspan="2">木造瓦葺</td><td rowspan="2">32</td><td rowspan="2">5,000</td></tr>
<tr><td>서도면 주문리 718</td><td>垈</td><td>102</td><td>15</td><td>李昌南</td></tr>
<tr><td>서도면 주문리 280</td><td>沓</td><td>933</td><td>234</td><td>교회유지</td><td>財團法人</td><td></td><td></td><td></td></tr>
<tr><td>서도면 주문도 42</td><td>林野</td><td>3,060</td><td>50</td><td>교회유지</td><td>朴容世</td><td></td><td></td><td></td></tr>
<tr><td>서도면 주문도 73</td><td>林野</td><td>5,100</td><td>100</td><td>교회유지</td><td>朴容世</td><td></td><td></td><td></td></tr>
<tr><td>느리교회</td><td>서도면 주문도 864</td><td>垈</td><td></td><td>30</td><td>예배당</td><td>安貞烈</td><td>木造瓦葺</td><td>8</td><td>300</td></tr>
<tr><td>대변창기도처</td><td>서도면 주문도 1209</td><td>垈</td><td></td><td>5</td><td>기도처</td><td>趙吉孫</td><td>木造草葺</td><td>4</td><td>50</td></tr>
<tr><td>아차도교회</td><td>서도면 아차도 44</td><td>社寺地</td><td>47</td><td>25</td><td>예배당</td><td>財團法人</td><td>木造草葺</td><td>12</td><td>300</td></tr>
<tr><td>볼음기도처</td><td>서도면 볼음도 358</td><td>垈</td><td></td><td>5</td><td>기도처</td><td>個人名義</td><td>木造草葺</td><td>5</td><td>40</td></tr>
</table>

김치준과 이창남이 기부한 주문리 717, 718번지 소재 247평 부지에

는 한옥 예배당이 건축되었고 '교회 유지' 용도로 법인에 등록된 주문리 280번지 소재 933평은 노블 선교사와 이눌언 속장이 기부한 논을 합친 것으로 보인다. 그리고 박용세가 영생학교 기본금으로 기부했던 주문도 42번지 3,060평, 주문리 73번지 5,100평 임야는 1936년 서도공립학교가 설립되면서 용도를 '교회유지'로 바꾸어 유지재단에 편입했던 것으로 보인다. 여기에 1916년 박용세와 박예병, 박용태 명의로 구입해서 목회자 사택을 지었던 주문리 721번지 50여 평 부지는 포함되지 않았다. 그럼에도 1938년 진촌교회 소유로 유지재단에 등기된 토지는 대지와 논·임야를 합하여 총 9,340평, 당시 시가로 429원이었다. 거기에 32평짜리 한옥 기와집 예배당 평가액 5천 원을 합하면 진촌교회는 5천 5백여 원 가치의 부동산을 보유한 셈이다. 당시 강화지방에 이만한 부동산을 보유한 교회는 없었다.

진촌교회는 이 같은 선교사와 교인들의 헌금과 토지 헌납으로 경제적 위기는 극복할 수 있었다. 그러나 일제 말기 황민화 정책과 군국주의 통치로 인한 정치적 위기는 감당할 수 없을 정도로 컸다. 그 위기는 1938년 10월 기독교조선감리회 제3차 총회에서 제2대 감독으로 선출된 김종우 감독이 취임 1년 만인 1939년 9월 별세하고 총리원 이사회에서 그 후임으로 정춘수 목사를 제3대 감독으로 선출하면서 본격적으로 시작되었다. 정춘수 감독은 1919년 3·1운동 때 민족 대표 33인 중 1인으로 참여했던 민족주의자였으나 1938년 흥업구락부사건으로 경찰에 체포되었다가 '전향서'를 쓰고 나온 후부터 노골적으로 '친일 노선'을 걷기 시작했다. 정춘수 감독은 감독이 되자마자 한국 감리교회와 일본 감리교회의 통합운동을 추진하였고 총독부의 황민화정책에 적극 순응하여 전국 교회에 신사참배와 궁성요배, 일장기 게양, 황군(皇軍) 위문행사 참여 등을 지시하였다. 또한 1940년 총독부가 반포한 '국민정신총동원령'에 따라 '국민정신총동원 조선감리회연맹'을 조직하고 전국 교회마다 '애국반'을 조직, 전쟁 승리를 위한 각종 후원활동을 지시했다. 또한 '혁신'이란 명분으로 미국교회의 직제와 명칭을 따랐던 교회의 전통과 문화와 단절하고 일본교회의 그것으로 바꾸려 하였다. 그 결과 1941년 3월 기존의 기독교조선감리회 연회와 총회를 해산하고 '기독교조선감리교단'을 조직, 직제와 명칭을 일본식으로 바꾸었다. 이를 '혁신교단'이라 불렀다. 그때부터 총회는 교단, 연회는 교구, 구역회는 역원회, 감독은 통리, 감리사는 교구장, 목사는 교사, 권사는 권도사, 주일학교는 일요학교, 여선교회는 부인회로 명칭이 바뀌었다.

정춘수 감독이 이끄는 혁신교단은 1943년 10월 '일본기독교조선감리교단'으로 명칭을 바꾸었다가 1945년 7월 장로교와 구세군·성공회 등 다른 교파교회들과 통합하여 '일본기독교조선교단'을 조직함으로 감리교회의 전통과 역사는 완전 소멸되었다. 목회자와 평신도 지도자들의 일본식 성명 강요와 교회종 헌납운동이 시작되었으며 전쟁 막바지에는 전국 43개 교회를 폐지하고 그 부동산을 매각하여 비행기 국방헌금을 내기까지 하였다. 살아남은 예배당 안에는 일장기와 황국신민서사 현판, 그리고 일본 국조신을 섬기는 작은 사당인 가미다나(神棚)까지 설치되었다. 이런 혁신교단의 지시와 요구를 거부하는 목회자들은 제명 혹은 휴직 처분을 당하고 교회 밖으로 추방되었다. 교단 본부 상황이 이러하였으니 지방의 작은 교회들이 당한 고난과 시련이 얼마나 컸을지는 쉽게 짐작할 수 있다.

이런 상황에서 그동안 한국교회의 울타리와 방패막이 되어 주었던 선교사들도 선교지 한국을 떠났다. 주문구역에 자립 기금을 보내주었던 노블 선교사는 1937년 12월 한국선교 45년을 마감하고 은퇴, 귀국하였다. 인천지방 순회선교사로 25년간 사역했던 헤스 선교사도 1939년 1월 인천 창영교회에서 개최된 인천지방회 중에 거행된 '헤스 선교사 25주년 기념식'에 참석한 후 미국으로 돌아갔다. 헤스 목사는 주문도를 비롯한 서해안 도서지방의 전도부인과 여신도와 여학생들에게 '어머니' 같은 존재였다. 그는 독자적으로 마련한 복음 전도선(傳道船)으로 섬들을 왕래하며 복음을 전하고 여성 신도들을 가르쳤으며 낙도의 여학생들을 발굴하여 인천과 서울로 유학을 보내 여성 지도자로 육성하였다. 진촌교회의 박인희와 유영랑, 손효순, 이진주 등이 그렇게 헤스 목사에게 발탁되어 인천과 서울에서 공부한 후 교회여성 지도자로 활약하였다. 그의 사랑과 가르침을 받았던 전도부인과 여신도들은 은퇴 귀국하는 헤스 목사를 '떠나보내는 친정어머니'처럼 모두 아쉬워하였다.

헤스 목사가 떠난 후 인천지방에 후임 여선교사가 보충되지 않았다. 1938년 노블 선교사 후임으로 10년 차 선교사 젠센(A.K. Jensen, 전선)이 인천지방 순회목사로 부임해 왔으나 총독부의 추방 압력을 견디지 못하고 1940년 11월 미국 정부에서 보내온 수송선을 타고 한국을 떠났다. 그때 한국에서 사역하던 대부분 선교사 가족들이 귀국했다. 선교부 재산관리를 위해 남아있던 소수 선교사도 1941년 12월 일본군의 진주만 침공으로 미·일 전쟁이 터지자 '적국민'(敵國民) 신분으로 전락되어 1942년 봄에 모두 추방되었다. 이로써 한국교회는 선교사의 보호나 외부 도움도 받을 수 없는 고립무원 상태에서 일제의 잔혹한 교회 말살 정책과 탄압으로 멸절의 위기를 맞이하였다.

멸절의 위기, 예배당을 지킨 사람들

일제 말기 정치적, 종교적 위기 상황에 진촌교회도 영향을 받지 않을 수 없었다. 그래도 김봉진 전도사가 시무했던 1940년까지는 큰 변화나 충격을 받지 않고 지낼 수 있었다. 다음은 김봉진 전도사가 마지막으로 주재했던 1940년 10월 16일 진촌교회 당회 일지다.

> "본 교회 담임 전도사 김봉진 씨 사회하에 당회를 개회할 새 서기가 회원 점명 후 좌기(左記) 사항을 토의 결정하다.
>
> 1. 전도사 선임: 전도사 선임은 재임을 결의. 김봉진 씨 동의(同議) 박예병 씨의 재청(再請) 회원 결의로 결정되다.
> 2. 권사 선임: 권사 선임도 종전(從前) 직임자(職任者)로 재임 결정함.
> 3. 속장 선임: 속장 선임도 종전과 여좌(如左)히 재임 결정함. 김봉진 씨의 초천(初薦)과 방명희 씨의 재청으로 윤세홍이 신임되다.
> 4. 탁사 선정: 박예병 오자혜 윤인호 씨 3인 중 윤인호 씨 별세하시와 후계인 윤세홍이 신임(新任)되다.
> 5. 유사: 박예병 오자혜 박제원. 신임자(新任者) 윤세홍
> 6. 주일학교장: 전경일로 재임됨
> 7. 선교회장: 오자혜로 재임됨
> 8. 전도위원장: 박예병(재임)
> 9. 종교위원장: 박예병(재임)

10. 종교서적위원장: 박제원(재임)

11. 자치위원장: 윤세홍(윤인호 씨의 후계인)

12. 음악위원장: 방명희(재임)

13. 입교인 명부정리: 남 21인, 여 34인, 계 55인

신임 재임직 씨명

전도사: 김봉진 방명희 박예병(3인)

권사: 오자혜 김몽혜 김시윤 전경일(4인)

속장: 인락도 박인희 조인애 전영애 김마리아 최채옥 박제원 이근철 신임 윤세홍(9인)

토의사항 별무(別無)한으로 출석자를 점고(點考)하니 김봉진 방명희 박예병 김몽혜 전영애 윤세홍 전경일 박인희 최채옥 인락도 10인이러라. 우기(右記) 제건(諸件)을 결의 후 회장 폐회를 선언하니 찬송가 94장과 주기도문으로 폐회하니 오후 9시 30분 이러라.

회장 김촌봉진(金村鳳振)·서기 전촌경일(田村敬日)"

담임 김봉진 전도사가 '가네무라'(金村)로, 당회서기 전경일이 '다무라'(田村)로 일본식 이름으로 바꾼 것 외에는 별다른 사항은 없다. 임원 선정 및 개선이라는 당회 고유 업무에 충실한 교인들의 모습을 볼 수 있다. 다만 본처전도사로 사역했던 김치준 면장의 이름이 임원 명단에서 빠진 것과 별세한 윤인호의 아들 윤세홍과 박용세의 아들 박제원, 그리고 오자혜 권사의 손녀 박인희가 대를 이어 교회 임원으로 활동한 것이 눈에 띈다. 1세대 창립 교인의 별세와 은퇴에 따라 2세대로 세대교체가 이루어지고 있었다.

그러나 김봉진 전도사가 주문교회를 떠나면서 교회 상황은 달라지기 시작했다. 김봉진 전도사는 1941년 3월 서울에서 개최된 기독교조선감리회 마지막 연회에서 목사안수를 받고 수원지방 사강교회로 파송을 받아 떠났다. 마지막 연회를 주재한 정춘수 감독은 연회 기간 중 특별총회를 소집하고 기존 총회와 연회를 해산한 후 '혁신교단'으로 불리는 기독교조선교단을 창설했다. 그리고 기존 인천지방회와 수원지방회을 합하여 경기남교구(京畿南敎區)를 조직한 후 인천 창영교회 담임자 김응태 목사를 초대 교구장으로 임명하였고 주문구역엔 김봉진 전도사 후임으로 유봉진(劉鳳振) 전도사를 파송했다.

제12대 담임자로 파송 받아 온 유봉진 전도사는 진촌교회와 오랜 인연이 있었다. 그는 주문도 진영 병사로 근무하던 중 진촌교회 창설과정을 목격하였고 영생학교란 교명을 지어주었다. 또한 1919년 3·1운동 때 결사대원 모집을 위해 주문도를 방문, 진촌교회 예배당에서 애국 연설을 한 후 영생학교 교사 최공섭을 데리고 나가 강화읍 독립만세운동을 주도하였다. 1년 6개월 옥고를 치르고 나온 후 길상면 온수리에 거주하면서 평신도 지도자로 매년 봄 개최되는 '마리산부흥회'를 인도하였다.

이런 경력의 유봉진 전도사가 담임자로 부임해 왔을 때 주문구역 교인들은 기대와 환영을 표하였다. 그러나 유봉진 전도사는 20년 전 모습은 아니었다. 환갑이 가까운 56세 나이의 '노쇠한 늦깎이 전도사'였다. 다음은 유봉진 전도사가 1941년 10월 22일 수요일 저녁예배 후 소집한 진촌교회 당회 일기다.

"소화(昭和) 16년 10월 22일 하오 8시에 주문 진촌교회 당회를 방본봉진

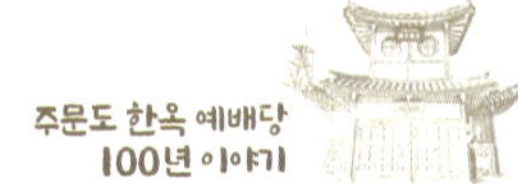

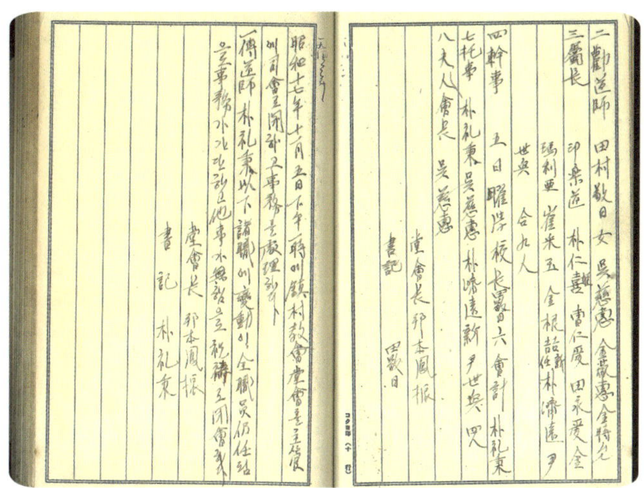

진촌교회 당회록(1942년)

(邦本鳳振) 사회로 개(開)하고 기도와 성경 에베소서 4장 15-17절을 낭독하고 기도한 후 사무를 정리하다.

1. 전도사: 박예병
2. 권도사: 전촌경일(田村敬日) 여(女) 오자혜 김몽혜 김시윤(金時允)
3. 속장: 인락도 박인희 조인애 전영애 김마리아 최채옥 김근철 신임 박제원 윤세홍 합 9인
4. 간사:
5. 일요학교장: 전경일
6. 회계: 박예병
7. 탁사: 박예병 오자혜 박제원 신(新) 윤세홍 4인
8. 부인회장: 오자혜

당회장 방본봉진(邦本鳳振)·서기 전경일(田敬日)"

유봉진 전도사 역시 '구니모토'(邦本)로 개명한 상태였다. 진촌교회 교인들은 그로부터 더 이상 '민족주의 애국설교'를 들을 수 없었다. 여전히 한복 두루마기를 입고 다녔지만 3·1운동 당시 '결사대장'의 모습은 아니었다. 그렇게 주문구역 담임자로 부임한 유봉진 전도사는 진촌교회와 느리교회, 아차도교회를 순방하며 예배를 인도하였다. 기도처로 유지되어 오던 대빈창교회와 볼음교회는 이미 폐쇄된 형편이었다. 다음은 1942년 11월 20일 저녁 김응태 교구장 주재로 느리교회에서 개최된 주문구역 역원회(役員會, 구역회) 일기다.

"소화(昭和) 17년 11월 20일 하오 8시에 경남교구(京南教區) 내 주문구역 역원회(役員會)를 눌리교회(訥里教會)에서 교구장(教區長) 김원응태(金原應泰) 씨 사회하에 국가의식(國家儀式)을 거행한 후 교구장의 기도와 찬송 157장을 합창하고 성경 디모데전서 4장 6-말(末)까지 낭독하시고 간단히 설교하신 후 연(連)하야 사무를 처리할 새 주관자 방본봉진(邦本鳳振)의 보고와 권도사(勸道師) 조길손 박홍춘 씨의 보고가 유(有)한 후 타(他) 권도사 박병섭 속장 김경애 박세라 고을선 김덕신 씨는 합보고(合報告)로 하고 여권도사(女勸道師) 김몽혜 속장 조인애 씨 구두로 보고하야 수리하고 연회 대의원 선거는 제원(諸員)이 전부 잉임(仍任)되었음으로 각 씨명(各氏名)을 기(記)하니 신도(信徒) 대의원 박택원삼(朴澤元三) 권도사 대의원 박예병 씨가 되고 타사항(他事項)이 무(無)함으로 회장의 축도로 폐회하다.

회장 김원응태(金原應泰)·서기 방본봉진(邦本鳳振)"

일본식 이름 '가네하라'(金原)로 개명한 김응태 교구장의 인도하에 일장기 배례와 일본 국가(기미가요) 제창, 황국신민서사 낭송 등 '국가 의식'을 거행하는 것으로 역원회(구역회)를 시작하였다. 구역회는 교회 임원들의 보고를 받고 1943년에 열릴 교구 연회에 참석할 대의원을 선정하는 것으로 끝났다. 주문구역 구역회임에도 산 너머 느리교회에서 밤중에 개최되었기 때문인지 진촌교회에서는 박예병 권사와 김몽혜 권사, 조인애 속장 등 세 명만 참석했다. 느리교회 임원 중심으로 10여 명이 참석했던 구역회 분위기가 어떠했을지는 쉽게 짐작할 수 있다.

그런 가운데 1943년 진촌교회 운명에 치명적인 상처를 입힌 사건이 터졌다. 유봉진 전도사가 아차교회 과부 어신도 집에 몇 차례 심방을 갔다가 그 부인과 불륜 관계를 맺은 것이다. 그리고 그 교인이 임신한 사실이 알려지면서 유봉진 전도사는 교인뿐 아니라 지역사회로부터 거센 비난을 받았다. 더 이상 교회 강단에 설 수 없게 된 유봉진 전도사는 결국 목회를 중단하고 주문도를 떠났다. 이 사건으로 주문도 지역사회에서 교회의 권위가 크게 추락하였다. 교회에 대한 불신자들의 비난이 고조되면서 교회 출석을 포기하는 신자들도 늘어났다. 이 사건은 진촌교회 역사상 가장 부끄럽고 충격적인 사건이었다. 이에 대하여 「진촌교회 연혁」은 "담임자(擔任者) 배신행위(背信行爲)로 외부적(外部的) 박해(迫害)가 침입(侵入)하여 교회에 큰 암(癌)이 되었다"고 기록하였다.

김응태 교구장은 유봉진 전도사의 급작스러운 퇴진으로 담임자가 비게 된 주문구역에 석모도 삼산구역 담임자 유학문(劉學文) 전도사를 파송해 두 구역을 함께 관리하도록 했다. 이에 따라 제13대 주문구역 담임자가 된 유학문 전도사는 1944년 봄부터 삼산구역을 돌아보는 중 틈을 내서 진촌교회와 느리교회, 아차교회, 그리고 신도들이 다시 모이기 시작한 볼음교회를 순방하였다. 그러나 유봉전 전도사 불륜사건으로 여론이 크게 악화된 주문도나 아차도 목회가 쉽지 않았다. 결국 유학문 전도사는 1945년 4월 자신이 관리하던 삼산교회 출신 유대단(柳大檀) 전도사를 주문도에 보내 주문구역 교회를 돌아보도록 했다. 진촌교회 제14대 담임자로 부임한 유대단 전도사는 일제강점기 매음리교회 본처전도사로 사역했던 유명현 권사의 조카로서 서울 감리교 협성신학교를 나왔으나 목회하지 않고 있던 중 위기에 빠진 주문구역 소식을 듣고 '서리전도사'로 목회를 시작하였다. 그러나 전쟁 막바지에 이르러 더욱 삼엄해진 경찰의 간섭과 통제로 교인 심방도 제대로 할 수 없었다.

그 무렵 일장기와 가마다나가 설치된 진촌교회 한옥 예배당은 예배 대신 보통학교 학생이나 주민들의 국가의식 거행장소로 사용되곤 하였다. 전쟁 막바지 패전 위기에 몰린 일본은 수단과 방법을 가리지 않고 수탈과 탄압을 가했다. 교회는 아무런 저항도 하지 못했다. 느리주재소에서 파견된 순사가 목회자나 교인들의 행동거지를 면밀히 관찰하고 있어 자유로운 예배조차 드릴 수 없었다. 보통학교의 일본인 교장도 신도들을 감시했다. 교인들은 교회에서 예배조차 마음대로 드릴 수 없는 상황이 되었다.

결국 예배당에서 쫓겨난 교인들은 가정예배 형태로 신앙을 지켰다. 그때 상황에 대하여 「진촌교회 연혁」은 "왜정권(倭政權) 최후발악(最後發惡)으로 교회(敎會)를 폐문(閉門)하여 신도가정(信徒家庭)에서 집회(集會)를 가졌다"고 기록하였다. 가정예배로는 신앙 유지에 한계가 있었다. 그래서 오자혜와 김몽혜, 김시윤, 황오목 등 여자 권사들은 위험을 무릅쓰

느리 뒤편 언덕에 있던 일본신사 터

고 새벽기도회와 산골짜기 비밀집회를 갖기 시작했다. 장소는 박용세가 기증했던 새멀 뒤편 산속이었다. 당시 주일학교 학생으로 할머니와 어머니를 따라 산골짜기 집회에 참석(구경?)했던 최영자 권사와 윤정애 권사, 박상임 권사의 증언이다.

"그때 예배당 안에서 기미가요를 부르고, 예배도 제대로 드릴 수 없었지요. 그런데도 오자혜 권사님과 웅와네 할머니(김몽혜 권사), 학구네 할머니(김시윤 권사), 승림네 할머니(황오목), 이 네 분은 남자분들이 교회를 다 멀리하고 떠날 때에도 교회를 지키기 위해 열심을 다했습니다. 이 분들은 평소에도 교회에서 살다시피 하셨어요. 이 할머니들이 똘똘 뭉쳐서 매일 새벽에 예배당에 나와 기도하시던 모습이 선합니다. 이

분들이 주동해서 새멀 산골짜기에서 몰래 예배를 드리기도 했습니다. 일편단심 주님만을 섬기기 위해서 자신들의 삶을 주님 앞에 헌신하신 '4인방' 할머니들의 권위는 대단했습니다. 우리 어린아이들은 그분들을 교회 대표로 여겼습니다."

여신도들의 가족이나 마을 주민들은 이런 비밀집회 사실을 알면서도 그것을 주재소에 신고하거나 밀고하지 않았다. 비록 비밀집회에 참여할 만한 용기는 없었지만, 여신도들의 신앙투쟁을 지지하고 보호하려는 의지만큼은 분명하였다. 그렇게 오자혜와 김몽혜, 김시윤, 황오목 권사 등이 주도한 여신도들의 예배수호 투쟁이 있었기에 진촌교회는 일제 말기 멸절의 위기에서 신앙의 맥이 끊어지지 않고 8·15해방을 맞아 다시 살아날 수 있었다.

8·15 해방과 교회 복구

우리 민족에게 8·15해방은 말 그대로 "도둑 같이 임하였다"(마 24:43). 그래서 해방되었다는 소식을 듣고서도 "꿈꾸는 것 같았다"(시 126:1). 주문도 사람들은 느리의 면사무소와 파출소, 진촌의 서도보통학교 마당에 걸려 있던 일장기가 내려지고 주재소 소장과 보통학교 교사 요시하라 등 주문도에서 주인 행세를 했던 일본인들이 서둘러 섬을 떠나는 것을 보고 세상이 바뀌었음을 알았다. 주문도 교인과 주민들은 그동안 집안에 몰래 숨겨왔던 태극기를 꺼내 들고 진말 보통학교 교정에 모여 목청껏 "대한독립만세"를 부른 후 소를 잡아 동네잔치를 벌이는 것으

로 8·15해방을 축하하였다. 일제 말기 면장을 지냈던 김치준을 비롯한 지역사회 지도자들은 자체 위원회를 조직해서 일본인들이 떠난 후 주문도와 서도면 행정과 치안을 담당했다. 중앙 정부에서 임명한 해방 후 첫 면장은 박용세 교장의 둘째 아들 박제원(朴濟遠)으로 그는 1946년 3월부터 1년 6개월 동안 서도면 치안과 행정 복구를 위해 노력하였다. 뒤를 이어 김치준 전도사도 1949년 8월부터 해방 후 제3대 면장이 되어 지역사회를 위해 봉사하였다.

8·15해방을 누구보다 기뻐한 이는 교인들이었다. 그동안 예배당을 빼앗기고 숨죽여 기도하며 '새날'을 기다려왔던 유대단 전도사와 '4인방' 할머니 권사들은 "해방되었다"는 소식을 듣자마자 예배당으로 달려가 닫혔던 문을 열고 그 안에 걸려 있던 일장기와 황국신민서사 현판, 가미다나 등 '가증스러운 물건들'(계 17:4)을 떼어냈다. 그리고 대청소를 한 후 몰려온 교인들과 함께 눈물과 감격의 감사예배를 드렸다. 일제 말기 박해시대에 교회를 멀리하고 신앙을 포기했던 사람들도 교회로 다시 나와 회개의 눈물을 흘렸다. 그렇게 신앙이 회복되고 교회는 부활하였다.

그러나 해방의 감격도 잠시, 민족 분단의 비극이 한반도에 덮쳤다. 한민족은 일제의 36년 식민 통치를 받으며 그렇게도 독립과 해방을 원했지만, 그때 시기를 예상하지 못해 정작 해방 후 '통일된 나라건설'에 대한 방향과 방안을 준비하지 못했다. 그 결과 새로 세워질 정부의 통치 이념과 조직을 두고 민족 내부에 갈등과 분쟁이 야기되었다. 거기에 제2차 세계대전이 끝난 후 세계 지배 세력 재편 과정에서 러시아(소련)와 중국을 중심으로 한 공산주의(사회주의) 진영과 미국과 영국을 중심으로 한 자

본주의(민주주의) 진영 사이의 대결구도가 형성되면서 한반도가 그 세력 충돌의 현장이 되었다. 그것이 해방 3년 만에 닥친 남북분단 비극의 원인이었다. 그 비극은 2년 후 6·25 전쟁이란 민족상잔의 참상으로 연결되었다.

이런 민족 갈등과 분단 상황에서 교회도 자유롭지 못했다. 해방 직후 한국교회는 일제 말기 교회 지도부가 보여준 '친일 행적'에 대한 역사적 청산 문제를 둘러싸고 이견을 노출하며 갈등을 빚었다. 일제의 황민화 정책에 적극 순응, 협조하였던 교회 지도자들은 해방 직전 총독부 지시로 초교파 단일 '일본기독교조선교단'을 조직하였다. 이 조직에 참여했던 지도부 인사들은 해방 후 명칭에서 '일본' 자만 뺀 '기독교조선교단'이란 간판을 내걸고 그 조직을 유지하려 하였다. 그러나 대다수 목회자와 평신도들은 '교단 환원'을 주장하고 나갔다. 교파교회로 환원한 후에도 교회 내부에서 일제 말기 역사 청산문제를 두고 갈등을 빚었다. 신앙인으로서 진솔한 회개와 반성, 사랑의 용서와 화해가 부재한 상황에서 교회 분열은 피할 수 없었다.

감리교회도 복흥파(復興派)와 재건파(再建派)로 나뉘었다. 일제 말기 '친일' 혁신교단 조직에 참여했던 이들은 주로 복흥파, 혁신교단 지도부에 의해 제명 혹은 휴직 처분을 받고 교회 밖으로 추방되었던 이들은 재건파를 택했다. 재건파가 먼저 1946년 4월 서울 감리교신학교에서 중부와 동부, 연합연회를 개최하고 중부연회장 이규갑 목사, 동부연회장 변홍규 목사를 선출하였다. 그러자 복흥파에서도 1946년 6월 서울 중앙교회에서 연합연회를 개최하고 중부연회장 강태희 목사, 동부연회장 신공숙 목사를 선출하였다. 복흥파는 더 나아가 9월 중앙교회에서 특별총

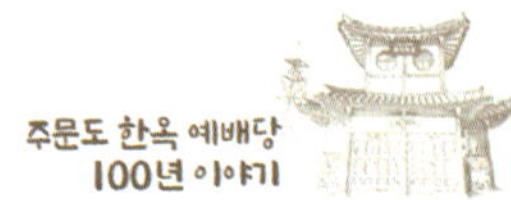

회를 개최하고 강태희 목사를 감독으로 선출하였다. 그러자 재건파에서도 1948년 1월 서울 동대문교회에서 특별총회를 개최하고 장석영 목사를 감독으로 선출했다. 이로써 한국 감리교회는 각기 다른 연회와 총회를 조직하고 완전 결별의 길을 택하였다.

다행히 감리교회의 분열은 3년 만에 봉합되었다. 교단 분열을 안타까워한 평신도 지도자들과 해방 후 선교지로 돌아온 선교사들의 중재로 1949년 4월 서울 정동제일교회에서 통합 연회 및 총회를 열고 서울 아현교회를 담임하고 있던 김유순 목사를 감독으로 선출하였다. 김유순 감독은 1915년 2월 최병헌 목사와 함께 주문도에 와서 부흥회를 인도한 적이 있었다. 김유순 감독이 시무했던 아현교회엔 강화읍교회를 담임했던 조상문 목사가 부임했다. 조상문 목사 후임으로 강화읍교회엔 백학신 목사가 부임했다. 김유순 감독과 조상문 목사, 백학신 목사는 1년 후 터진 6·25 전쟁 때 모두 납북·순교의 길을 갔다.

이처럼 한국 감리교회가 분열과 통합을 경험한 격동기에 진촌교회와 주문구역 상황은 어떠했는가? 8·15해방을 맞을 당시 주문구역 담임자는 유대단 전도사였다. '협동회원' 신분이었던 유대단 전도사는 재건파나 복흥파가 소집한 연회나 총회에 회원으로 참석할 수 없었다. 그리고 그는 중앙정치에 관심도 없었다. 결국 인천지방 감리사나 강화의 큰 교회 목회자들의 선택에 따라 진촌교회도 어디 속하느냐 결정할 수밖에 없었다. 해방 전부터 인천지방 감리사와 경기남교구장을 역임했던 김응태 목사나 해방 직후 강화읍교회를 담임했던 조상문 목사, 삼산교회 담임 유학문 전도사는 모두 복흥파에 속했다. 인천이나 강화 목회자들도 대다수 복흥파에 속했다. 1948년 4월 서울 정동제일교회에서 개최된 복홍파 중부연회는 인천지방에 속했던 강화지역 교회들을 따로 묶어 강화지방회를 조직하고 조상문 목사를 초대 감리사로 선임하였다. 진촌교회와 주문구역 교회들은 자연스럽게 복홍파에 속하게 되었다.

해방 후 진촌교회의 첫 번째 당회는 1946년 1월 25일 금요일 오후 1시에 개최되었다. 다음은 그 기록이다.

> "본 교회 담임 목사[전도사] 유대단(柳大檀) 씨 사회하에 당회를 개최할 새 서기가 회원 점명 후 좌기(左記)사항을 결정하다.
>
> 1. 전도사 선임: 박예병(1인)
>
>   권사 선임: 오자혜 김몽혜 김시윤(金時潤) 전경일(재임자) 4인
>
> 2. 속장 선임: 전영애 인락도 조인애(재임) 황오목 남궁정찬 김영례 고씨(신임) 최채옥 박인희 박정원(신임) 윤내홍(신임). 재임 5인 신임 6인 계 11인

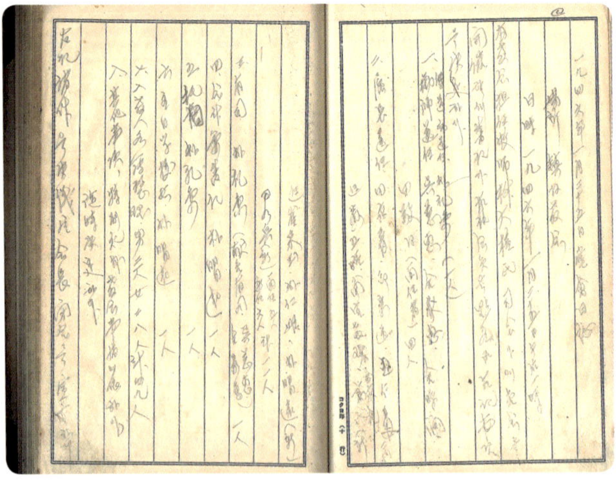

해방후 첫 당회 일기(1946년 1월)

3. 유사: 박예병 1인 (헌금유사 오자혜 김태복)

4. 회계 겸 서기: 박정원 1인

5. 탁사: 박예병

6. 주일학교장: 박정원

7. 입교인 명부정리: 남 21인, 여 28인, 계 49인

8. 기타사항: 특별 예배자 사정에 의하야 임시결정하다.

우기(右記) 제건(諸件)을 결의 후 회장 폐회를 선언하고 찬송가 2장으로 폐회하다.

회장 유대단·서기 전경일”

교회의 직제 및 임원 명칭이 1943년 '혁신교단' 조직 이전으로 복귀했음을 알 수 있다. 본처전도사 박예병과 당회 서기 전경일, 권사 오자혜와 김몽혜, 김시윤, 속장 전영애와 인락도, 조인애, 황오목, 최채옥, 박인희는 여전히 교회 중직으로 복귀하였고 새로 남궁정찬과 김영례, 박정원, 윤내홍 등이 속장으로 임명되었다. 작고한 박용세의 막내아들 박정원(朴晶遠)이 속장 및 주일학교 교장을 맡았다.

유대단 전도사의 주문구역 목회는 1년으로 끝났다. 1946년 6월 개최된 복홍파 중부연회에서 주문구역 담임으로 박영구(朴永九) 전도사를 파송했다. 박영구 전도사도 전임 유대단 전도사와 같은 삼산구역 석모교회 출신으로 둘은 이종사촌 간이었다. 그도 감리교 협성신학교를 졸업한 후 목회하지 않다가 유대단 전도사 추천으로 주문구역 담임자로 파송된 것으로 보인다. 그러나 그는 개인 사정으로 주문도에 부임하지 못했다. 이에 1947년 4월 복홍파 중부연회는 신원희(申元熙) 전도사를 주문

구역에 파송하였다. 다음은 제15대 주문구역 담임자로 파송된 신원희 전도사가 진촌교회에 부임한 지 두 달 만인 1947년 6월 9일에 열린 당회 기록이다.

> "본 교회 담임자 신원희(申元熙) 씨 사회하에 당회를 개최할 새 찬송가 202장, 기도 담임자. 기도 필후(畢後) 당회서기 1인을 김[치준] 전도사님의 추천에 만장 거수 일치되어 전경일이 피명(被命)되어 회원을 점명 필후 좌기(左記)사항을 결정하다.
>
> 1. 전도사 선임: 박예병 김치준 전경일(3인)
> 2. 권사 선임: 오자혜 김몽혜 김시윤(3인)
> 3. 속장: 전영애 인락도 조인애 황오목 남궁정찬 김영례 박인희 박정원 윤내홍 박윤원 정진식 유영랑(13인)
> 4. 유사: 박예병(헌금유사 오자혜 김몽혜) 계 3인
> 5. 탁사: 박예병(1인)
> 6. 주일학교장: 전경일(1인)
> 7. 회계 겸 서기: 박정원(1인)
> 8. 입교인 명부정리
> 9. 기타사항: 특별 기도예배자 사정에 의하야 임시결정함
>
> 우기(右記) 제건(諸件) 사항을 토의결정 후 회장 폐회를 선언하니 찬송가 제2장으로 폐회되니 오후 10시 30분 이러라.
>
> 회장 신원희·서기 전경일"

눈에 띄는 것은 김치준 전도사의 복귀다. 그는 1940년 서도면 면장

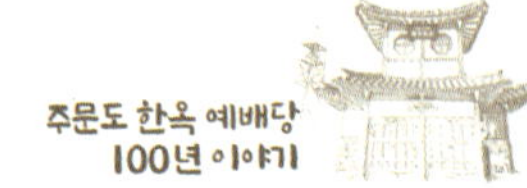

직을 사임한 후 교회나 사회에서 어떤 직책도 맡지 않고 '은거'(隱居) 상태로 지내다가 해방 후 혼란기에 서도면장을 두 번째로 역임했으며 6년 만에 본처전도사 직책을 다시 맡아 교회 강단에 섰다. 그는 박예병 전도사, 오자혜 권사, 김몽혜 권사 등과 함께 '1세대' 창립 교인의 마지막 어른이었다. 여기에 '2세대' 신자로 박윤원과 정진식, 그리고 유진옥과 임인애 부부의 딸이자 오응실의 부인인 유영랑(兪永郞)이 속장으로 사역을 시작하였다. 유영랑은 박인희 속장의 인천 영화여학교 8년 선배였다. 이같이 노련한 1세대 교회 지도자와 패기 넘치는 2세대 신앙인들의 협력과 지원이 갓 목회를 시작한 신원희 전도사에게 큰 힘이 되었다.

1947년 12월 15일 느리교회에서 해방 후 첫 번째 주문구역회가 개최되었다. 그해 봄 연회에서 강화지방 초대 감리사로 선임된 조상문 목사가 와서 구역회를 주재하였다. 그 기록이다.

> " 기독교조선감리회 주문구역회를 1947년 12월 15일 오후 1시에 느리교회에서 개최할 새 감리사 조상문 씨 승석하사 7장 찬송을 합창한 후 신원희 씨가 기도하시고 성경 빌닙보 1장 19절서 26절까지 낭독하시고 강해하신 후 서기 1인을 택하니 만장일치로 윤세홍 피선되여 회원을 점명한 후 우기(右記) 사항을 토의하다.
>
> 1. 담임자 보고: 신원희
>
> 2. 전도사 보고: 박예병
>
> 3. 권사 보고: 박홍춘 박원삼 박병섭 박세라 오자혜
>
> 4. 속장 보고: 황오목 유영랑 고을선
>
> 5. 지방회 대표 시일 장소

1) 시일: 1948년 4월 14일 하오 2시부터 16일

2) 장소: 강화 양도구역 홍천예배당

3) 지방회 대표

권사 대표: 박홍춘 속장 대표: 황오목

유사 대표: 박원삼 탁사 대표: 윤세홍

주일학교 대표: 전경일 여선교회 대표: 유영랑

차기 구역회 장소: 진촌예배당

6. 입교인 명부정리

7. 기타 사무처리

1) 본부 부담금 500원

2) 지방회 부담금 1,040원

3) 유사 보고

진촌(鎭村) 수입 100,350원 지출 5,080원 잔금 8,370원

느리(訥里) 잔(殘) 1,180원

4) 진촌 느리 부담금 자급비율(自給比率) 6대 4

5) 작년 1월부터 교역자 자급(自給)으로 매월 2천 원씩 백미(白米) 4두(斗)씩

사무 필후(畢後) 찬송가 2장으로 합창하고 감리사님 축도로 폐회하니 오후 4시 반경이라.

회장 조상문·서기 윤세홍"

구역회 참석자 중에 박홍춘과 박원삼, 박병섭, 박세라, 고을선 등은 느리교회 교인들이고 진촌교회에서는 박예병과 전경일, 오자혜, 황오목,

윤세홍, 유영랑 등이 참석했다. 진촌교회와 느리교회는 일제 말기 멸절의 위기에서 살아남은 주문구역의 두 기둥교회였다. 아차교회는 1943년 목회자 불륜사건 이후 큰 타격을 받고 기력을 회복하지 못하고 있었다. 볼음교회도 마찬가지였다. 그런 중에도 진촌교회와 느리교회는 담임 교역자의 생활비와 식량을 부담하는 '자립교회'로서 감리교 본부(총리원)와 지방회 부담금도 너끈히 감당하였다. 두 교회는 6 대 4 비율로 부담금과 목회자 생활비를 분담하였다.

1947년 12월 구역회를 주재한 조상문 감리사는 해방 후 주문도를 방문한 첫 번째 목사였다. 이에 진촌교회는 그동안 밀렸던 학습과 세례, 입교식을 거행했다. 즉 진촌교회에서 드린 주일 오전예배 때 해방 전 유아세례를 받았던 박용조의 아들 박진원, 박용세의 아들 박정원, 박용구 아들 박윤원, 윤병규와 김시윤(金時潤) 권사의 아들 윤내홍, 윤병문과 김시윤(金時允) 속장의 딸 윤경뷰, 손정환의 손자 손석원, 김창만의 아들 김시우 등의 입교식을 거행했다. 그리고 초대교인 강엘리사벳의 외손자 정진식과 하금례 부부, 윤병문과 김시윤의 아들 윤장홍, 윤영홍의 부인 김경애, 이찬성과 최양분의 딸 이현순, 최명근의 아들 최영남과 전명임 부부가 학습을 받았으며 유영랑 권사의 딸 오배영과 박인희 권사의 딸 이옥주가 유아세례를 받았다. 진촌교회는 김봉진 목사가 1941년 떠난 후 6년 동안 중단되었던 성례식을 거행함으로 예배와 성례를 '온전히' 회복한 교회로 세워졌다.

신원희 전도사는 주문도에서 2년 목회를 마치고 1948년 봄 서울로 임지를 옮겼다. 그리고 1년 간 주문구역에 담임자 파송이 이루어지지 못했다. 다만 당회와 구역회는 계속 조상문 감리사가 와서 주재하였다. 그래서 주문구역 교회의 예배는 본처전도사들이 인도했다. 1948년 교회법을 개정하면서 본처전도사는 '장로'로 명칭이 바뀌었다. 해방 전부터 본처전도사로 사역했던 김치준, 박홍춘 장로가 진촌교회와 느리교회 예배를 인도하였다. 오랫동안 본처전도사로 사역했던 박예병 장로는 1948년 초에 별세했다.

1949년 4월, 나뉘었던 복홍파와 재건파가 합동을 결의하고 통합 연회를 개최하면서 주문구역 담임으로 윤반인(尹盤仁) 전도사를 파송하였다. 제16대 담임자가 된 윤반인 전도사는 함남 북청 출신으로 1949년 봄 성결교 계통의 서울신학교(현 서울신학대학교)를 졸업하고 감리교에서 목회를 시작하였는데 주문도가 첫 목회지였다. 그 역시 서리전도사였기 때문에 그 해 인천 감리사로 선임된 백학신 목사가 와서 진촌교회 당회와 주문구역회를 주재하였다. 다음은 1949년 11월 22일 주일 저녁예배 후 진촌교회에서 열린 구역회 일지다.

> "단기(檀紀) 4282년 11월 22일 오후 9시 반에 주문 진촌예배당에서 구역회를 개최할 새 회장 백학신 감리사님께서 회장이 되시고 서기는 정진식을 호선(呼選)하고 본회를 진행한 즉 참석원은 남반(男班) 16명 여반(女班) 13명 총 29명으로 우기(右記) 사항을 토의한 후 일동 주기도문으로 폐회하다.
>
> 1. 구역회 역원(役員) 명부 낭독
>
> 2. 역원 책임보고
>
> (가) 전도사 보고: 김치준
>
> (나) 권사 보고: 전경일

(다) 속장 보고: 유영랑

(라) 유사 보고: 김치준 전경일

(마) 탁사 보고: 윤세홍

(바) 주교장(主校長) 보고: 전경일

3. 지방회 참석 대표자를 선정(3월 5일 강화 온수리교회)

(가) 권사 대표: 느리교회 박홍춘

(나) 속장 대표: 진촌교회 윤세홍

(다) 유사 대표: 볼음교회 이동희

(라) 탁사 대표: 느리교회 박원삼

(마) 주교장 대표: 진촌교회 전경일

(바) 선교회 대표: 진촌교회 유영랑

4. 주문구역에 부담금을 발표(23,000원 강화대사경회)

5. 기타사항

6. 폐회

회장 백학신·서기 정진식"

주문구역회였음에도 진촌교회에서 밤중에 개최된 탓인지 느리교회나 볼음교회에서는 아무도 참석하지 못했다. 그러나 지방회 대표는 세 교회에 골고루 배분되었다. 그리고 1년 사이에 주문구역의 지방회 부담금이 1,040원에서 2,300원으로 배가 늘어났다. 그만큼 주문구역의 재정 능력이 뛰어났음을 보여준다. 구역회 이튿날 같은 장소에서 진촌교회 당회가 개최되었다.

"4282년 11월 23일 오전 10시 30분에 진촌 예배당 내에서 당회를 개최할 새 회장 백학신 감리사님께서 회장(會長)하사 찬송가 134장으로 합창 후 회장님의 기도로 개회하사 서기 정진식이 회원 점명하니 출석회원 남반(男班) 21명 여반(女班) 7명 총 28명임으로 좌기(左記) 사항을 토의 결정 후 일동 주기도문으로 폐회하다.

1. 당회 역원명부 낭독

2. 당회 역원 선임 결의

 1) 장로 선임: 김치준 전경일

 2) 권사

 3) 속장

  인락도 유영랑 전영애 박인희 김복순 전화선 이근철 박정원

 4) 유사

  유사부장: 김치준 / 서기: 전화선 / 회계: 이근철

  수전(收錢)유사: 유영랑 / 부원: 전경일

5. 탁사

 탁사부장: 오응실 / 서기: 정진식 / 회계: 윤세홍 / 부원: 손석원 최영남

6. 주교장(主校長): 전경일

회장 백학신·서기 정진식"

백학신 감리사도 당회 및 구역회를 주재하러 주문도에 왔다가 진촌교회 교인들에게 학습 및 세례를 베풀었다. 즉 11월 22일 주일에 당회 서기인 정진식과 최명근의 아들 최영남, 김치준의 재혼한 부인 김복순, 김치준의 손주며느리 김순주, 김치준의 손녀 김예실, 윤병문과 김시윤의

아들 윤근홍에게 세례 입교식을 거행했고 전유성과 김인애의 아들 전화선과 강엘리사벳의 딸 최은혜는 입교인, 조순권의 아들 조연창은 학습인으로 세웠다.

이처럼 백학신 감리사가 세례예식과 당회 및 구역회를 주재하고 돌아간 한 달 후, 1949년 12월에 강화남구역 문산교회의 박기천 목사와 온수리교회의 김영창 목사가 주문도에 와서 한 주일간 사경회를 인도하였다. 진촌교회로서는 1941년 유봉진 전도사가 부임 직후 사경회를 연 후 8년 동안 모이지 못했던 부흥사경회였다. 그런 만큼 교인들의 받은 은혜가 컸다.

윤반인 전도사는 주문도 부임 1년 만인 1950년 4월, 서울 정동제일교회에서 개최된 중부연회에서 경남 진주지방으로 파송 받아 떠났다. 그 후임으로 나정희(羅廷熙) 전도사가 제17대 담임으로 파송되었다. 나정희 전도사는 경기도 출신으로 1950년 서울신학교를 졸업하자마자 진촌교회에서 서리전도사로 목회를 시작하였다. 그러나 그는 주문도에 부임한 지 두 달 만에 6·25 전쟁이 터져 교인들과 함께 혹독한 시련과 역경을 겪어야 했다.

한국전쟁 발발과 미공군 병사 구출작전

주문도 사람들에게 6·25 전쟁은 멀리 육지에서 포성과 총성이 들리는 가운데 피난민을 가득 실은 목선들이 남쪽으로 내려가는 것을 보면서 시작되었다. 신학교를 갓 졸업하고 주문도에 부임한 지 두 달밖에 안 된 나정희 전도사는 교회와 교인, 지역사회에 대한 정보를 파악하기도 전에 전쟁부터 겪었다. 나정희 전도사(후에 목사)의 회고다.

"6월 25일은 주일이었다. 순회예배 차 이날은 볼음도교회에서 설교하는 날이었다. 예배 시간은 11시인데 8, 9시부터 일선지구 가까이에서 들려오는 포성이 심상치 않게 들려왔다. 이 소리는 38선을 넘어오는 공산군들의 탱크 소리와 기관총과 대포를 쏘며 넘어오는 소리로 볼음도에서는 너무 가까이 들려왔다. 예배를 마치고 들려오는 몇 대 안 되는 라디오 소리를 들은 이들이 말하기를 전쟁이 일어났다고 떠드는 것이었다. 나는 부랴부랴 주문도를 향하여 돌아왔다. 모두들 야단이다. 26일 오후 저녁부터 피난민들이 몰려오기 시작했다. 이때에 도서민들도 함께 소란해졌다."

전쟁 전에 3·8선 이남 지역이었던 옹진과 연백 주민들이 제일 먼저 전쟁을 겪었다. 공산군 점령하에 들어가자 그곳 주민들은 "사흘만 피했다 돌아오자"는 생각에서 간단히 짐을 꾸려 강화도 주변 섬으로 피해왔다. 주문도에도 그런 피난민들이 몰려왔다. 조용했던 섬이 피난민들로 북적였다. 주문도에서 전쟁 소식을 들은 전화선 권사(후에 장로)의 증언이다.

"1950년 6월 25일 치욕의 날인 6·25. 이날은 빙부님의 제1년 도도(悼禱, 추도)의 날이다. 이른 저녁을 먹고 나니 의외로 앞바다에는 돛단배들이 수없이 떼를 지어 남쪽으로 남쪽으로 내려간다. 나는 무슨 영문인지 알고 싶어 개펄로 뛰어나갔다. 소리쳐 물으니 배에서 대답하기를

'이 병신 같은 자식아, 아직도 그것도 모르냐' 하고 힐문만 한다. 자세히 알고 보니 북에서 괴뢰군들이 쳐들어온다는 것이다. 나는 즉시 집으로 돌아왔다. 그때부터 총소리가 서북동편에서 대지가 진동하게 들려온다. 연일연야 계속 귀가 솔토록 들려온다. 그 당시만 하드래도 라디오라곤 별로 가진 사람이 없을 때이다. 시국의 정세를 들으려 해도 들을 수가 없다. 풍문에는 아군 측이 자꾸만 남쪽으로 밀려 후퇴만을 계속한다는 소식이다. 우리 생각하기에는 인민군이 언제, 어떻게 들어와 우리를 죽일는지 예측하기가 어려운 공포감에 떨고 있다. 그리하여 아침 일찍 일어나면 곧장 들로 산으로 숨어다녔다가 저녁에만 들어오곤 했다."

계속 섬에 들어오는 피난민들을 통해 듣는 전황소식은 남쪽에 불리한 내용뿐이었다. 사실이 그러했다. 공산군은 남침 개시 3일 만에 서울을 점령하였고 한 달 만에 임시수도였던 대전까지 점령했으며 8월 중순 경상도 대구와 부선, 마산, 제주도를 제외한 한반도 전역을 장악했다. 김일성이 호언장담했던 '적화통일'은 곧 이루어질 것처럼 보였다. 전쟁 발발 직후 국제연합(UN) 안전보장이사회에서 북쪽의 남침을 규탄하며 한국을 지원하기로 결의하였지반 맥아디를 사령관으로 한 유엔군 조직과 참전은 7월 초순에야 이루어졌다.

이런 상황에서 주문도 주민들도 "피난 갈 것인가? 남아있을 것인가?" 선택해야만 했다. 북에서 피난 내려온 사람들을 통해 "공산주의자들은 대한민국 정부 기관에서 일하던 사람과 우익인사, 지주와 부자, 그리고 기독교인들을 반동분자로 몰아 처형한다"는 말을 들은 주민들은 더욱 불안했다. 전체 주민의 85% 정도가 교인이었던 주문도였기에 공산군이 들어오면 살아남을 사람이 없었다. 중앙으로부터 통신정보를 접할 수 있었던 면사무소나 경찰서(파출소), 초등학교에서 근무하던 공무원들은 전쟁 발발 직후 섬을 떠났다. 경제적으로 여유가 있었던 사람들도 대부분 떠났다. 결국 가난하고 노약한 사람들만 남았다. 여기서 나정희 전도사의 "남을 것인가? 떠날 것인가?" 고민이 컸다. 그의 회고다.

"6월 28일에 피난을 가기 위해 처가댁 장인어른이 목선을 보내왔다. 나도 피난을 가려고 세 가족이 피난 보따리를 걸머지고 나갈 때에 양심상 가난한 교인들은 피난도 못 가는데 하는 생각에 다시 집으로 돌아와 집사람과 다섯 살 된 딸 미숙과 함께 예배를 드리고 가족에게 물었다. 집사람도 순교를 각오한다고 했고 철없는 딸도 아버지 엄마가 죽으면 자기도 죽을 수 있다고 대답했다. 세 식구가 합의가 되어서 우리는 교회를 지키자는 편안한 마음을 가지게 되었다."

다행히 주문도에는 공산군이 늦게 들어왔다. 전쟁 발발 직후 공산군에 점령당한 강화도나 석모도엔 인민위원회나 내무서 등이 설치되어 일찍이 '인공치하'에 들어갔지만 주문도는 예외였다. 대전 이남지역 전투에 집중해야 했던 공산군 지휘부로서는 서해 변방의 주문도를 그다지 주목하지 않았을 것이다. 그렇다고 다른 지역처럼 전쟁 전부터 준동하던 지역(토착) 공산주의자들이 있어 전쟁 발발 즉시 자체적으로 인민위원회를 조직하고 치안과 행정을 장악하지도 않았다. 주문도는 지역주민의 85%가 기독교인이었기 때문에 해방 직후 혼란한 상황에서도 좌우익 갈등을 겪지 않았다. 전쟁이 터진 후에도 마찬가지였다. 그래서 전쟁 발발 후에 한 달 동안 주문도는 비교적 평온한 상태를 유지했다. 다만 몰려드는 피난민들로 북적였다.

그러던 중 7월 3일 주문도 살꾸지 앞바다 무인도인 수섬에서 심한 악취가 풍겨왔다. 인천이나 한강변에서 처형당한 우익 인사들의 시체가 그곳까지 떠 내려와 부패한 때문이었다. 이에 나정희 전도사는 교회 청년 몇 명을 데리고 가서 포승줄에 묶여 희생된 시신 13구를 산 밑에 묻어 주고 돌아왔다. 그리고 1주일이 지나 전쟁 후 주문도를 유명하게 만든 'B29 미공군 병사 구출사건' 이 터졌다. 나정희 전도사 증언이다.

> "7월 12일 11시경 하늘에서 비행기 소리가 들렸다. 공중에서 B29가 비행하고 있었다. 약 20분 정도 지나 B29가 다시 남쪽으로 행하여 날아가더니 비행기 후미에서 불이 품어져 나왔다. 아하! 웬일인가? 낙하산 하나가 내려왔다. 나는 김규성 군(소년회 회장)과 김영배 군과 같이 낙하산이 떨어진 곳으로 뛰어갔다. 낙하산에서 떨어진 이는 미군 장교인 것 같다. 나는 군인에게 'Welcome' 이라고 했다. 그 군인은 나에게 큰 은화 같은 것을 주는 것이었다. 나는 'No' 라고 하며 거부하며 받지 않았다. 미공군 장교가 나에게 무슨 말을 하는 지 들을 수 없어 김규성 군에게 영어를 할 줄 아는 박조원 씨를 데려오라고 시켰다."

박조원은 일제강점기 주문도 영생학교와 서울 배재중학교를 거쳐 연희전문학교를 졸업한 후 영국인 소유 금광회사에서 근무하다가 해방 후 건강 때문에 고향으로 돌아와 쉬고 있었다. 영어가 능통했던 그를 통해 일본 오키나와에서 발진했던 미공군 B29 폭격기가 한반도 상공에서 정찰비행을 하던 중 북한의 야크기 공격을 받아 피격된 사실을 알게 되었다. 피격된 비행기는 장봉도 앞바다에 추락하였고 추락 직전 낙하산으로 탈출한 병사들은 주문도와 볼음도, 서검도, 아차도, 석모도 주변에 떨어졌다.

주문도 살꾸지 해변가에서 구출된 병사는 즉각 박조원의 집으로 옮겨졌다. 얼마 후 수섬과 볼음도, 아차도 앞바다에 떨어졌던 병사 세 명도 어부들에게 구출되어 박조원의 집으로 옮겨졌다. 주문도 앞장술 해변에서도 부상당한 병사를 발견하고 데려왔다. 서검도 앞바다에 떨어졌던 병사 두 명도 구출되어 그날 밤 주문도에 합류했다. 그렇게 해서 모두 7명이 구출되었다. 나정희 전도사는 "주문도는 주민의 80-90%가 기독교인이니 안심하라"며 "강화 본도에는 공산군이 들어와 있어 안심할 수 없다"고 알려 주었다. 나정희 전도사와 전화선 권사, 박조원, 이홍석, 박형원, 정연식, 박영대, 유호춘 등 교회 지도자들은 긴급회의를 열고 "비행기 추락과 병사들의 낙하산 탈출을 석모도와 강화도에 있는 인민군들도 보았을 것이니 수색부대가 오기 전에 이들을 섬 밖으로 피신시키자"고 결정하였다.

그날 밤 주문도 교인과 주민들은 미군 병사의 식량으로 달걀과 쌀 한 가마를 모았고 이근홍 선장이 선원 전덕기, 전경순과 함께 자기 목선으로 병사들을 옮기기로 했다. 박조원은 통역 겸 인솔 대표가 되었다. 평소 박조원을 따랐던 교회청년 김태홍도 동행했다. 그렇게 해서 미군 병사 7명과 주문도 주민 5명이 7월 13일 새벽 4시경에 주문도를 떠나려 할 때 피난민 공성규(일명 공광익)가 "나도 태워 달라"고 애원하는 바람에 그도 동승시켰다. 13명을 태운 작은 목선은 그날 오후 덕적도에 도착하였다. 일행은 그곳 면 소유의 소형 발동기선에 옮겨 타고 인근 해상에서 작전 중이던 영국 해군함에 미군 병사들을 인계하였다. 이근홍 선장과 선원들은 주문도로 돌아오고 공성규는 육지로 갔으며 인솔책임자 박조원과 김태홍은 미군 병사들과 동행해서 일본 나가사키 사세보항 미군기지까지 다녀왔다.

1950년 7월 12일 장봉도 앞바다에 떨어진 B29는 유엔군이 한국에서 본격적인 작전을 시작하기 전 사전 정찰을 위해 출격했다가 피격을 당한 것으로 6·25전쟁 중 첫 번째로 피격된 미군 비행기였다. 그때 추락한 B29 승무원은 모두 13명이었는데 석모도에 떨어진 두 명은 인민군 포로가 되어 포로생활을 하던 중 죽었고 나머지 11명은 살아서 미국에 돌아갔다. 그 생존자 명단을 미국 재향군인회 홈페이지를 통해 확인할 수 있다. 지휘관인 라이드너(Paul R. Ridenour) 대위를 비롯하여 아포다카(Jose A. Apodaca), 바론(Anthony J. Barone), 브라우스(Donald N. Brous), 브라이언트(William L. Bryant), 케인(Richard B. Cain), 코들링(Horace G. Codling), 하드웨이(Everett G. Hardway), 리겟트(David L. Liggett), 러츠(Howard Lutz Jr.), 오웬스(Eugene E. Owens) 등 11명이었다. 그중 7명이 주문도에서 구출되었다.

그러나 이 사건으로 주문도 주민들에게 큰 시련이 닥쳤다. 섬 주민 전체가 나서 미군 병사들을 구출하고 이들을 영국 군함에 인계한 사실을 알고 강화 본도에 주둔하고 있던 인민위원회 지도부와 내무서원들이 주문도에 들어와 미군 병사 구출에 협력한 사람들을 색출하기 시작했다. 그들은 “미군 1명이 우리 1천 명을 죽일 수 있는데 그 사람을 7명이나 살려주었으니 너희는 우리 7천 명을 죽인 것과 같다”며 섬에 남아있던 주민 3백여 명을 구금하였다. 구출작전을 주도했던 박조원과 이근홍 선장을 비롯한 선원들은 아직 돌아오기 전이었다. 결국 주모자를 체포하지 못한 그들은 박조원의 동생 박형원을 비롯하여 미군 양식 조달에 협력했던 이홍석과 정연식, 유호춘 등 4명을 체포해서 강화도로 끌고 갔다. 이들은 다시 돌아오지 못했다. 체포하지 못한 박조원과 이근홍 가족, 그리고 파출소 지서주임으로 근무하다 전쟁 발발 직후 섬을 탈출한 조덕창의 가족을 '반동분자 가족' 이란 이유로 추방조치를 하였다. 주문도에서 쫓겨난 이들은 전쟁이 끝나기까지 인천과 주변 섬을 돌며 극빈 생활을 하였다.

전쟁이 끝난 후 생환된 미 공군 병사들에 의해 주문도 주민들의 '선행'(善行)이 세상에 알려졌다. 이에 미국 정부에서는 1962년 9월 구출작전의 주인공이었던 박조원에게 '자유훈장'을 수여하였고 1963년 9월에는 주한미국 대사 브라운과 대한민국 국방부 차관이 헬기로 주문도에 직접 와서 이홍석과 유호춘 등 피랍 행방불명된 8명의 유가족에게 공로

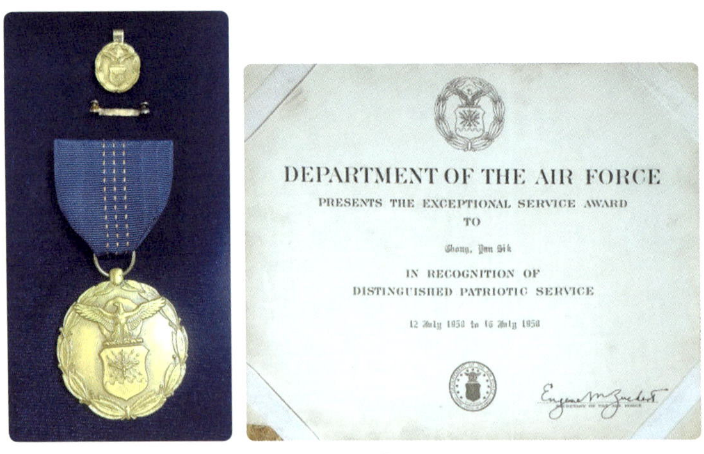
DEPARTMENT OF THE AIR FORCE
PRESENTS THE EXCEPTIONAL SERVICE AWARD
TO
Chong, Yon Sik
IN RECOGNITION OF
DISTINGUISHED PATRIOTIC SERVICE
12 July 1950 to 16 July 1950

미공군 사령관이 정연식 유가족에게 전달한 훈장과 포상증

미국 월튼에 있는 한국전쟁 참전용사 및 한국인 희생자 추모 명판

훈장과 감사장을 전달하였다. 전쟁 후 미국으로 이민 간 유호춘의 아들 유성단은 1993년 미국 정부로부터 포상금 10만 달러와 표창장을 받기도 했다. 병사들을 후송하는 배에 편승했던 피난민 공성규는 미군 병사에게 개인적으로 부탁해 받았던 '구출 사실 확인서'를 제시하며 자신이 구출작전 주역이었다고 주장했지만 경찰 조사로 허위로 판명된 해프닝도 있었다. 전쟁 초기 피격된 B29 승무원들을 구출한 일로 주문도는 '국제적'(?) 명성을 얻었다. 그러나 이 사건 직후 주문도에 남아있던 사람들은 혹독한 시련을 겪어야 했다. 한편 미국 플로리다주 월튼카운티에서는 한국전쟁에 참전한 미군 병사의 작전을 돕다가 희생된 한국인들을 위한

기념공원을 조성하고 거기에 납북희생된 이홍석과 유호춘, 정연식, 박형원 등의 이름을 새긴 석판을 부착했다.

전도사의 '문고리 심방'과 치안방위대의 주문도 수호

'B29 미군 병사 구출사건'이 있었던 직후 강화 본도의 인민위원회 및 내무서 관계자들이 주문도에 들이닥쳤다. 그들은 그동안 공백 상태에 있었던 서도면 행정과 치안을 장악하고 느리에 있던 면사무소에 인민위원회, 파출소에 내무서 분지소(分支所) 간판을 걸었다. 내무서는 강화 본도에서 파견된 사람이 관할했지만, 인민위원회는 현지 사람들로 조직했다. 그렇게 해서 김치준 장로(면장) 집에서 머슴 일을 하던 고(高)씨가 인민위원장에 추대되었고 아차도에서 양조장을 하던 김씨를 부위원장으로 앉혔다. 그리고 과거 면사무소에서 일하던 사람들을 인민위원회 서기 명분으로 징발하였다. 그렇게 해서 교인 중 일부가 어쩔 수 없이 '부역'(扶逆)을 하게 되었다. 이들은 겉으로 인민위원회에 협력하는 척하며 실제로는 교인과 주민들을 보호하려 애썼다(전쟁이 끝난 후 피난 갔던 경찰들이 돌아와 인공치하 '부역자'를 적발하여 척결하려 했을 때 교인과 주민들은 주민 편에 서서 인민위원회 일을 보았던 이들을 적극 보호하여 피해를 입지 않았다).

주문도에 들어온 인민위원회와 내무서가 제일 먼저 한 것은 'B29 미군 병사 구출작전'의 주모자와 협력자, 그리고 공산주의를 반대하는 우익 인사들을 찾아내 응징하는 것이었다. 이를 위해 제일 먼저 주민 전체를 소집하고 '성분조사'를 하였다. 전화선 권사의 증언이다.

“소위 내무서원들이 들어와 며칠 되지 않아서이다. 한 날은 부락 사람들의 소위 성분조사라고 하여 전부 불러다 내무서 마당에다 줄지어 세워놓고 한 사람씩 묻는다. 그 묻는 중요 골자는 기독교인이 진짜로 몇 명인가 알기 위한 조사이다. ‘종교는 무엇인가?’ ‘기독교’ 라고 대부분 사람들이 답변을 한다. 그 중 느리교회 중직(권사)에 있으면서 ‘나는 예수를 안 믿는다’ 라고 답변한다. 나는 그 당시 마음에 큰 충격을 받았다. 내가 보기에는 1년에 한 번 나올까 말까 한 사람, 또 아주 나오지 않는 사람들까지라도 ‘나는 기독교’ 라고 모두들 답변을 한다. 오히려 교회 중직이 ‘나는 안 믿는다’ 라고 하니. 공산당들이 예수 믿는 사람들은 다 원수 같이 생각하는 줄을 알면서도 이 주문 주민들이 그렇게 용감히 답변하였다는 사실은 우연한 일이 아니다. 그 심령 속에 이미 (예수님의) 종교적 의식이 도사리고 있다는 사실을 실증해 보여준 것이다.”

교회 임원직에 있었던 사람이 겁에 질려 신앙을 부인하고 오히려 가끔 교회에 나오던 사람, 아예 나오지도 않던 사람이 담대하게 기독교인이라고 고백하는 모습은 마지막 날 ‘알곡과 쭉정이’ 를 가르시고(마 3:12), ‘양과 염소’ 를 구분하시는(마 25:32) 주님의 심판 장면과도 같았다. 성분조사 결과 주민의 절대다수가 기독교인인 것을 확인한 내무서원들은 “여긴 작은 미국이구먼”이라 하였다. 그렇게 성분조사를 마친 후 우익인사로 분류된 남자 70여 명을 별도로 내무서와 인민위원회에 수감하였다.

그리고 주일날 예배 시간에 맞추어 인민재판을 위한 군중대회를 열었다. 그들은 제일 먼저 'B29 미군 병사 구출' 때 주도적인 역할을 했던 박조원과 이근홍 선장 및 선원들의 가족들을 섬 밖으로 추방하였고 미군 병사 식량을 수집하는데 앞장섰던 이홍석과 정연식, 박형원, 유호춘 등 4인 구장(區長)을 강화읍으로 압송했다. 이들은 강화읍 내무서에서 조사를 받은 후 "공산당에 협조하라"는 말을 듣고 일단 석방되어 주문도로 돌아왔다. 이들은 이후에도 몇 차례 강화읍 내무서 소환을 받았다. 그럼에도 이들은 도망치거나 피신하지 않았다. 이는 주문도에 남아있는 가족과 주민들에게 "도망치는 것을 도왔다"는 혐의를 씌워 탄압을 가할 것을 우려하였기 때문이었다. 그러나 결국 이들 4명은 유엔군의 인천상륙 직후 9월 20일 마지막으로 끌려 나간 후 다시 돌아오지 못했다.

한편 인민위원회 간부들은 주문도 느리 내무서에 수감되어 있던 70여 명 가운데 노인과 아이들은 석방하고 청년들만 남겨둔 채 "의용군으로 나가면 풀어주겠다"고 회유하였다. 끝까지 내무서에 남아있던 전화선과 윤내홍, 이태익, 박이준, 박정희, 김시우 등 6명은 "의용군으로 나가는 척하다가 도중에 탈출하자"고 뜻을 모았다. 탈출 후 섬으로 돌아올 때 필요한 '통행증'은 인민위원회 서기 일을 보던 권사에게 부탁해서 얻었다. 강화읍 내무서에서 보름간 조사를 받은 전화선은 다른 곳에서 온 16명과 함께 의용병에 입대하기 위해 김포로 가던 중 새벽어둠을 틈타 갑곶나루에서 탈출하는 데 성공했다. 그는 서도면 인민위원회가 발급한 '통행증'을 내보이며 감시망을 뚫고 주문도로 돌아왔다. 주변 사람들에겐 "신체검사에서 떨어졌다"고 둘러댔다. 그와 함께 끌려갔던 다른 5명도 도중에 탈출하여 전쟁 후 모두 돌아왔다.

그사이 주문도에 남아있던 나정희 전도사도 인민위원회 소환을 받

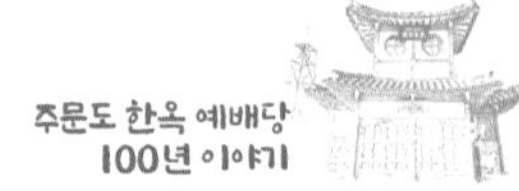

았다. 그의 증언이다.

“인민위원회 사무실로 아니 갈 수 없어 부득이 찾아가니 인민위원장(김치준 장로님댁 머슴)이 나를 보고 깜짝 놀라면서 ‘전도사님, 왜 오셨습니까?’ 하고 묻는 것이다. ‘인민위원회에서 불러서 왔습니다’ 라고 했더니 인민위원장은 사무실 안으로 들어가면서 ‘누가 교회 담임자를 불렀소’ 라고 말하니 부위원장(양조장 주인)이 ‘내가 오라고 했습니다’ 라고 대답하니 ‘왜 내 허락도 없이 그분을 불렀소. 그분은 예수를 위해서 온 사람이지 우리 일을 하기 위해서 온 사람이 아니라’ 며 화를 내고 나와서 내게 말하기를 ‘전도사님 어서 집으로 넘어가십시오. 내가 야단을 했습니다’ 하기에 나는 위원장께 ‘잘 부탁합니다. 나는 교회밖에 아는 것이 없습니다’ 하고 교회로 돌아왔다.”

이후 나정희 전도사는 인민위원장의 배려(?)로 큰 시련은 겪지 않았다. 그러나 외지에서 들어온 내무서원들은 나정희 전도사를 계속 감시하였다. 공개적인 예배와 목회 활동은 불가능했다. 나정희 전도사는 낮이면 바닷가에 나가 낚시꾼으로 위장했고 밤에는 웃말 김몽혜 권사네 지하 고구마저장소에서 지냈다. 그때 박정원 권사도 “함께 교회를 지키자”며 나정희 전도사와 고구마저장소에서 생활했다. 그러나 ‘B29 사건’ 에 연루되어 섬을 떠나있던 박조원과 박형원의 동생이었던 박정원 권사는 내무서원들의 체포 위협을 느끼고 피난을 가기로 했다. 박정원 권사를 느리선착장까지 배웅하고 돌아온 나정희 전도사도 불안하기는 마찬가지였다. 그의 증언이다.

"나는 하염없는 눈물과 쓸쓸함이 앞을 가려 박 권사가 무사히 돌아올지 염려하면서 나는 이 섬에 남아야 하는데 살지 죽을지 모른다는 생각이 교차하였다. 나는 그 섬에서 가장 높은 산으로 올라가 산꼭대기에서 두 손을 들고 거수권(擧手拳) 기도를 드렸다. '여호와여 당신은 온 세상과 인류를 지으셨사오며 전쟁도 주관하시는 여호와가 되시나이다. 피난 갈 사람은 다 가고 가난한 이들과 저만 남았습니다' 하면서 간절히 기도했다. 나는 기도를 마치고 내려와 피난을 가지 못한 가난한 집들을 들러 문밖에서 문고리를 붙들고 '여호와는 저들의 피난처가 되시고 산성과 방패가 되어 주소서' 라고 기도를 드렸다. 아무도 보는 이도 없고 맞이해 주는 이도 없었지만 쓸쓸히 혼자서 대문 밖에서 심방 아닌 심방을 하는 것은 일면 참으로 멋진 심방이었다고 느껴졌다."

나정희 전도사의 '문고리 심방' 은 전쟁이 끝나기까지 계속되었다. 기도하면서 자신감을 얻은 나정희 전도사는 "교인들에게 예배 시간이라도 알려야겠다"는 생각에서 예배 시간이 되면 몰래 교회로 가서 종을 쳤다. 그러면 교회 바로 밑에 있던 국민학교에서 사이렌이 울리면서 "회의를 하러 나오라"고 알렸다. 그렇게 교회 종과 학교 사이렌 사이의 '소리 전쟁' 이 한동안 계속되었다. 종을 쳐도 예배 시간에 맞추어 예배당에 오는 교인은 극소수였다. 느리에서 나온 내무서원들이 감시하였던 때문이다. 그렇다고 진촌교회 교인들의 예배가 중단된 것은 아니다. 종소리를 듣고 가정에서 기도하는 교인들도 있었지만, 산골짜기에 몰래 모여 예배드리는 교인들도 있었다. 박상임 권사(납북된 박형원의 딸)의 증언이다.

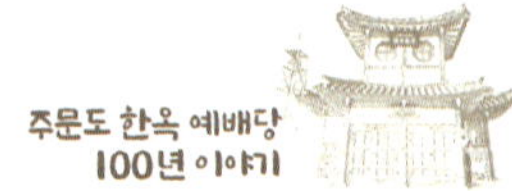

'인공치하'에 유영랑·박인희 권사 주도로 비밀집회가 열렸던 새멀 숲속

"저들이 주문도를 점령하였을 때 교회에서 예배를 드리지 못하게 하면 박인희·유영랑, 이 두 분이 주동이 되셔서 교인들을 새멀 끝 골짜기에 모이게 하고 예배를 몰래 드렸지요. 저들이 주문도에 있을 때에도 새벽이면 개별적으로 교회에 가서 몰래 기도했습니다. 교회 문이 닫히지 않았기에 교인들은 시간 나는 대로 교회에 가서 기도생활을 계속하였습니다. 나정희 목사님은 피난 나간 사람들의 집을 찾아다니며 그 집 문을 붙잡고 기도하셨고요."

내무서원들의 감시를 피해 몰래 예배를 드렸던 장소는 일제 말기 예배당 문이 닫혔을 때 오자혜·김몽혜·김시윤·인락도 등 '권사 4인방'의 주도로 예배를 드렸던 새멀 뒤편, 박용세 교장이 옛날 교회에 기부했던 산골짜기였다. 산골짜기 예배에는 예전처럼 여신도들이 주로 참석했다. 그렇게 어머니 세대가 지켰던 예배와 기도의 맥을 박인희 권사와 유영랑 권사 등 딸 세대가 잇고 있었다.

마침내 9월 15일 맥아더 사령관이 지휘하는 유엔군 상륙작전으로 인천이 해방되었다. 유엔군과 국군은 김포와 영등포를 거쳐 9월 28일 마침내 수도 서울을 탈환하였고 10월 초부터 본격적인 북진을 시작했다. 주문도 사람들은 인천 방면에서 들려오는 함포 소리를 들으면서 전세가 바뀌고 있음을 알았다. 느리에 있던 내무서와 인민위원회 간부들은 전황 파악과 상부지시를 받기 위해 9월 17일 주문도를 떠났다. 마침내 주문도가 해방되었다. 이에 9월 18일 주문도와 아차도 청년학생 70여 명이 서도국민학교에 모여 치안대를 조직했다. 서울에서 피난 온 김세영이 대장, 전화선이 부대장으로 선임되었다. 대원 중 21명이 자원해서 특공대를 조직했다. 특공대원들은 파출소 순경들이 탈출하기 전에 숨겨 놓았던 총과 탄환을 찾아내 무장을 하고 섬 방위에 나섰다.

그런 상황에서 9월 24일 새벽 2시경 강화 본도로 나갔던 내무서 분지소장과 인민위원장 등 간부 6명을 태운 작은 목선이 느리선착장에 도착했다. 해안가에서 보초를 서고 있던 특공대원 두 명과 내무서원들 사이에 총격전이 벌어졌다. 분지소 소장이 특공대원 박경희(느리교회 박홍춘 장로의 아들)가 쏜 총에 중상을 입고 항복하면서 전투는 끝났다. 특공대원들은 그들이 소지하고 온 다량의 총기와 탄약도 획득했다. 체포된 분

느리선착장에 세운 치안대 향토수호전적비

지소 소장의 소지품 속에는 나정희 전도사와 특공대장 이근철, 김치준 면장을 비롯한 '즉결처분' 대상자 명단이 들어있었다. 주문도에서 퇴각하기 전 우익인사들을 처분할 계획이었다. 치안대 간부들은 체포된 내무서와 인민위원회 간부들을 어떻게 처리할 것인가 의논한 끝에 "이념과 체제는 다르지만 같은 우리 배달민족, 우리 동포이니 아군 군대에 넘기자"고 결정했다. 이에 특공대원들은 그날로 포로들을 배에 태우고 영종도 부근까지 가서 아군 함선에 인계한 후 총과 탄약, 식량 등을 얻어 주문도로 돌아왔다.

이 총격 사건 후 주문도 주민들은 후퇴하기 위해 석모도에 집결해 있던 공산군들이 공격하지 않을까 우려하였지만 후퇴하는데 급급했던 탓인지 공산군의 공격은 없었다. 이후 치안대원들은 획득한 총기와 탄약으로 무장한 채 주문도는 물론 아차도와 볼음도, 석모도, 강화도까지 진출해서 활약하였다. 중공군의 인해전술로 전선이 남쪽으로 밀리면서 1951년 1월 서울을 다시 빼앗겼다. 그러나 평택까지 밀렸던 국군과 유엔군이 다시 반격을 시도하여 4월 서울을 탈환하였고 이후 휴전되기까지 38선을 중심으로 양측 간 소모적인 전투가 지속되었다. 이런 상황에서 군 당국의 1·4후퇴 지시에 따라 무장했던 주문도 방위대원들은 남쪽으로 철수하였다. 하지만 대신 국군 특수부대원들이 들어와 주둔함으로 공산군의 큰 위협은 없었다. 그리하여 주문도는 "1·4후퇴 명령 때부터 휴전 때까지 경기 중부지방 도서 중에 태극기를 내리지 않은 유일한 곳"이 되었다.

그러나 국군이 들어왔다고 해서 주문도에 평화가 온전히 회복된 것인 아니었다. 주민들은 또 다른 불안과 곤란을 겪었다. 당시 주문도에 주둔한 특수부대원들은 대부분 북한 출신으로 북한지역에 침투하여 특수작전을 벌이던 '거친' 병사들이었다. 이들로 인해 주민들이 입은 피해가 컸다. 당시 전쟁을 겪었던 동네 원로와 서도중앙교회 교인들의 증언이다.

> "주문도에 들어왔던 부대는 '8부대', '을지명부대', '네배로부대', '후라쉬부대'로 불렸던 특수부대였다. 이 부대가 가면 저 부대가 들어오고, 저 부대가 가면 또 다른 부대가 들어왔다. 제일 기억에 남는 부대는 8백 명으로 구성되었다 해서 8부대로 불렸던 특수부대였다. 8부대는 부식이네 뒷동산과 당골, 여기저기에 천막을 쳤으며 민가에 들어가 숙식하기도 했다. 군인들이 너무 많아 좁은 골목길은 다닐 수도 없었고 여학생이나 부인들은 군인들이 무서워 집 밖을 나오지 못했다. 여기에 아직 섬을 떠나지 않은 피난민들까지 겹쳐 주문도가 좁아터질 지경이었다. 먹을 것이 부족해 가을배추 같은 경우는 피난민이 뜯어가고, 군인도 뜯어가고, 속만 조금 남겨 놓고 다 뜯어가서 먹을 것조차 없어 눈물만 흘렸다."

전시 상황이라 정부나 군부대의 주민 보상은 상상치도 못했다. 군인들이 예배당을 침범하지 않은 것만으로도 다행이었다. 군인들이 주둔해 있는 동안에도 교인들은 시간에 맞춰 예배를 드렸고 새벽기도뿐 아니라 수시로 교회에 들러 기도함으로 '성전'을 수호했다. 진촌교회 교인들의 최대 관심은 경제나 정치 문제보다도 "어떻게 하면 성전과 신앙을 지킬 수 있을까?"였다. 교회를 생명처럼 여겼던 선조들의 신앙이 계속 이어지고 있었다.

그런 중에도 진촌교회는 1950년 12월 10일 나정희 전도사 주재로 당회를 개최하고 교적부를 정리하면서 『감리교 교리와 장정』 제68단에 규정된 '교인의 의무', 즉 교회 출석이나 헌금, 임원의 책임을 소홀히 한 교인 20여 명을 제명하였다. 이처럼 엄격하게 교회법을 적용하여 명목상 교인들을 치리하자 교회 분위기가 쇄신되며 신앙열심이 되살아났다. 이 부분에 대해 「진촌교회 연혁」은 "6·25사변 발생과 을지병단(乙支兵団)으로 인한 외부 박해가 극심한 중 성전을 보호하였다" "유격군 8부대 진주로 인하여 심고(心苦)가 극심한 중에도 교회를 수호하되 만전의 실(實)을 거(擧)하였다" "교회 확장을 위하여 교적부를 정리하여 무고히 불참자를 제명하기로 결의 실행하였다"고 기록하였다. 섬과 교회의 온전한 평화는 1953년 휴전협정이 체결되고 특수부대가 철수하면서 회복되었다.

4. 가나안 정착시대

젖과 꿀이 흐르는 땅에서(1951-현재)

"이스라엘아 듣고 삼가 그것을 행하라. 그리하면 네가 복을 받고 네 조상들의 하나님 여호와께서 네게 허락하심 같이 젖과 꿀이 흐르는 땅에서 네가 크게 번성하리라. 이스라엘아 들으라. 우리 하나님 여호와는 오직 유일한 여호와시니 너는 마음을 다하고 뜻을 다하고 힘을 다하여 네 하나님 여호와를 사랑하라(신 6:3-5)"

광야에서 만나와 메추라기를 먹으며 불 기둥과 구름으로 인도하시는 하나님의 보호와 능력을 경험한 이스라엘 백성은 마침내 40년 유랑시대를 마감하고 요단강 건너편, 약속의 땅, 젖과 꿀이 흐르는 땅에 이르렀다. 이스라엘 백성의 출애굽과 광야 연단시대를 이끌었던 지도자 모세는 그 땅에서 살아갈 후손들에게 "마음을 다하고 뜻을 다하고 힘을 다하여 네 하나님 여호와를 사랑하라" 부탁하였다. 신앙의 선조가 믿음의 후손에게 남긴 유언이자 축복이었다.

일제 말기 시련과 박해, 6·25전쟁 시기 고초와 역경 가운데서도 신앙과 교회를 지켜낸 서도중앙교회 교인들은 인민위원회에 이어 특수부대원까지 섬을 떠나자 허물어지고 훼손된 예배당을 수리하고 증축하는 것으로 '평화 회복의 시대'를 열었다. 1952년 11월 '주문도 선교 60주년' 기념행사를 거행함으로 교회가 회복되었음을 내외에 알렸고 양재원 목사의 25년 '치유 목회'를 통해 바른 신앙 열정을 회복한 교인들은 지금 본당으로 사용하는 교육관을 거뜬하게 지어냈다. 그리고 1993년 6월 '주문도 선교 100주년' 기념식을 통해 윤정일과 김근영으로 시작된 역대 자랑스러운 신앙 선조들의 믿음을 계승한 교회로 그 명예와 책임을 재확인하였다.

교회 회복과 주문 선교 60주년 기념

38선 부근지역에서 아직 전투가 진행되고 있던 전시 상황임에도 1951년 9월 25-28일 강화읍교회에서 제5회 강화지방회가 개최되었다. 백학신 감리사는 '인공치하'에 강화읍에 남아있다가 퇴각하는 공산군에게 피랍되어 행방불명되었다. 이에 지방회원들은 온수리교회를 담임하고 있던 김영창 목사를 감리사로 선출하고 회무를 진행했다. 이때 주문구역에서는 나정희 전도사를 비롯하여 김치준 장로와 권사 대표 박홍춘, 속장 대표 황오목, 유사 및 탁사 대표 전화선, 주일학교장 대표 임명희, 부녀회장 대표 황오목 등이 참석했다. 이 지방회에서 느리교회 박홍춘 권사가 신천장로가 되었고 '서리전도사'였던 나정희 전도사는 연회 '준회원' 허입을 추천받았으며 황오목 권사는 서울신학교 2학년으로 인준받았다.

1951년 지방회에 보고된 주문구역 통계를 살펴보면 교역자 2명(남자 1명, 여자 1명), 입교인 204명(남자 74명, 여자 130명), 학습인 74명(남자 31명, 여자 43명), 세례아동 13명(남자 10명, 여자 3명), 원입인 6명(남자 2명, 여자 4명), 총계 297명(남자 117명, 여자 180명)이었고 교회 임원은 장로 2명, 권사 9명, 속장 19명, 유사 2명, 탁사 2명, 주일학교장 3명, 부녀회장 1명 총 40명이었다. 주일학교는 4개 학교에 교사 17명, 학생 342명(유년부 249명, 소년부 42명, 장년부 30명)이었고 부녀회(여선교회)는 2개 지회, 회원 35명이었다. 이는 강화지방 내 17개 구역 가운데 강화읍과 온수, 내리, 선두에 이어 다섯 번째에 해당하였다. 1930년대에 비하면 교세가 반 정도로 줄어들었지만 일제 말기 탄압과 전쟁으로 인해 멸절의 위기를 겪었던 점을 감안

한다면 과히 실망스러운 수치가 아니었다.

1951년 11월 1-3일 피난지 부산에서 기독교대한감리회 특별총회와 합동연회가 개최되었다. 1949년 통합총회에서 감독으로 선출된 김유순 목사는 서울에 남아 총리원을 지키고 있다가 1950년 8월 피랍, 북으로 끌려간 상태였다. 이에 특별총회에서는 총리원 교육국 총무로 있던 유형기 목사를 후임 감독으로 선출하였다. 이어 열린 합동연회에서 준회원으로 허입된 나정희 전도사는 강화 내리교회로 파송을 받았다. 진촌교회 교인들은 신학교를 갓 졸업하고 서리전도사로 주문도에 부임한 지 두 달 만에 전쟁이 터져 토굴생활과 '문고리 심방'을 하면서 혹독한 '목회 견습'을 받고 떠나는 나정희 전도사를 고마운 마음으로 환송하였다.

나정희 전도사 후임으로 제18대 주문구역 담임자로 파송된 김노환(金潞桓) 전도사는 서울 출생으로 1947년 감리교신학교를 졸업한 후 1949년 연회에서 연백지방 서암교회 담임 전도사로 파송을 받았다. 하지만 그 역시 1년 만에 전쟁이 터져 월남해 있던 중 1951년 11월 연회에서 주문구역으로 파송을 받았다. 김노환 전도사가 주문도에 부임했을 때 아직도 특수부대원들이 마을을 장악하고 있었다. 그런 중에도 28세 나이에 패기가 넘쳤던 김노환 전도사가 부임한 후 교회는 활기를 띠었다. 김노환 전도사는 부임 후 첫 행사로 12월 '성탄절 촛불 헌신기도회'를 개최하였다. 전쟁 종식과 평화 회복을 기원하는 성탄절 특별기도회에는 교인뿐 아니라 주민들도 대거 참석하여 성황을 이루었다.

김노환 전도사는 1952년 3월 9일 진촌교회 당회를 소집해서 전쟁 중에 흐트러졌던 임원 조직을 정비하였다. 그때 당회 일기다.

“기도회 필후(畢後) 구두호선(口頭呼選)으로 정진식 서기를 선정한 후 회원 점명하고 좌기(左記) 사항을 결의하기로 되었음. 사정상 서기 정진식 사임하고 최영남 서기로 재선되었음.

1. 교회임원 개선

권사 선임: 무기명투표로 선거하기로 하고 투표위원 2인(전화선 황오목)을 선정함. 본교회 부인 노권사(老勸師) 김몽혜 김시윤 씨 2인을 명예권사로 추대하기를 김노환 씨 제의하여 만장일치로 가결을 득(得)하고 계속하여 본 교회 사정으로 권사 수를 제한하여 남자 3인 여자 1인을 선임하기를 제의하여 만장일치 가결. 투표방법에 있어서는 1표에 4명씩 기입하기로 하되 다점수(多占數)로부터 순차로 하기로 하고 부인 권사 1명에 한하여는 부인 점수 중에서만 다점수 1명으로 선정하기로 함. 남권사: 전화선 박정원 전경일, 부인권사: 유영랑

속장 선임: 종전 6속을 금번에는 사정상 1속 증가하여 7속으로 하고 속장 7인 선정하기로 하되 도속장(都屬長) 1인을 두어 계 8인으로 하기로 하고 도속장은 구두호선으로, 각 속장은 전형위원 5인을 구성하여 본 위원회에서 선정하기로 하여 만장일치 가결. 전형위원은 구두호선으로 전화선 박정원 전경일 황오목 박인희 이상 5인으로 선정. 도속장: 황오목, 속장: 박인순 전명희 김경애 윤경분 박인희 김복순 김인임

유사부: 유사부원은 무기명 투표로 선거하기로 하고 부원 3명을 선정하기로 함. 전화선 박정원 유영랑 이상 3명 당선.

탁사부: 탁사부원은 전형위원을 선정하여 결정하기로 하고 전형위

원 5인을 선정키로 함(구두호선) 전형위원: 박정원 전화선 전경일 박인희 황오목. 탁사부원: 전경일 윤세홍 정진식 김규성 최영남 이상 5인 선정.

주일학교: 주일학교 교장은 구두호선으로 하기로 하여 최영남 선정.

2. 교적부 정리: 교적부 정리위원으로 전경일 전화선 박정원 이상 3명을 선정하여 자(玆)에 담당키로 함.

담임 전도사 부임 후 결혼식 교인 3인, 외인(外人) 2인. 장례식 교인 1인, 외인 1인. 추도식 교인 2인 외인 1인."

스무 명도 안 되는 교인들이 모여서 하는 지역교회 회의였음에도 교회 법규에 따라 엄격한 절차와 규정을 지키며 회의를 진행하였다. 이날 당회에서는 1950년 12월 당회에서 '교인 의무조항' 위반 혐의로 제명되었던 교인 대부분이 복권되었다. 그것은 전쟁 기간 중 교회 출석을 등한시했던 교인들이 신앙을 회복하고 교회 출석에 열심을 냈다는 것을 의미하였다.

이어 진행된 임원 선출 및 개선을 보면 진촌교회의 세대교체가 보다 빨리 진행되고 있음을 알 수 있다. 우선 1930년대 이후 창립 1세대를 대표하며 본처전도사와 장로, 영생학교 교장, 서도면장을 역임했던 김치준 장로가 1951년 향년 78세로 별세하였다. 그리고 일제 말기 김몽혜 권사(64세)와 김시윤(金時潤, 69세) 권사가 1952년 당회에서 명예권사가 되어 일선에서 물러났다. 이들과 함께 일제 말기 새멀 산골짜기 예배를 주도했던 오자혜 권사는 1952년 2월 향년 81세로 별세하였다. 일제강점기에 속회와 여선교회를 이끌었던 인락도 권사 역시 75세로 은퇴한 상황이었

다. 이로써 일제강점기에 교회를 이끌었던 남녀 교회 지도자들이 모두 별세하거나 은퇴하였다.

이렇게 1세대 교인들이 떠나면서 빈 자리를 2세대 자녀들이 채워 나갔다. 우선 주문도에서 최초로 믿고 진촌교회를 창립했던 김근영의 외손자 전화선(46세)의 활약이 두드러졌다. 그는 해방 직후 진촌교회 속장과 탁사로 활약했고 1952년 당회에서 권사 및 유사로 선임되었으며 1964년 장로가 되었다. 그는 사회적으로도 전쟁 전에는 부면장과 면농회장을 지냈고 전쟁 때 서도면 치안방위대 부대장으로 활약하였으며 휴전 후에는 서도면장(1960-1961년), 서도우체국장을 거쳐 1972년 통일주체국민회의 대의원이 되었다. 전화선 장로는 1974년 11월 석모도로 출장 갔다가 고혈압으로 쓰러져 별세하기까지 2세대 교인을 대표하는 임원으로 활약하였다.

또한 1952년 당회에서 해방 전부터 당회 서기로 활약했던 전경일(39세, 전범선 아들)이 권사 및 탁사로 선임되었고 윤병문과 김시윤(金時允) 권사의 아들 윤세홍(38세)도 탁사로 선임되었다. 박용세 교장의 아들 박정원(28세)도 전쟁 중 피난 갔다가 곧바로 돌아와 권사 및 유사로 선임되었으며 최명근의 아들 최영남(24세)이 당회 서기 및 주일학교 교장으로 선임되었다. 교회 창립 교인 중 1명이었던 김택현 권사의 손자 김규성(김기찬 아들)이 탁사로 선임된 것이 눈길을 끈다. 진촌교회 신앙 3세대였던 그는 당시 19세로 '최연소' 임원이었다(김규성은 후에 목사가 되었다).

여성 중에는 유영랑(44세)과 박인희(36세), 황오목(34세)이 지도급 인물이었다. 유일한 여자 권사였던 유영랑은 어려서 종순일 목사에게 유아세례를 받은 후 헤스 부인의 추천으로 인천 영화여학교에서 수학한 후 고향에 돌아와 오응실과 결혼하여 오배영, 오배실 두 딸을 두었다. 유영랑 권사는 1965년 진촌교회 첫 여성 장로로 취임하였다. 유영랑과 함께 인공치하에서 새멀 산골짜기 예배를 이끌었던 박인희 권사도 1972년 장로로 취임하였다. 도속장 황오목(후에 황애덕으로 개명)은 김아각의 부인으로 오자혜, 김몽혜, 김시윤 등과 함께 일제 말기 새멀 산골짜기 예배를 주도했으며 해방 후 서울 경성신학교에 입학, 신학을 공부하고 서울 아현중앙교회 전도사로 사역하였다. 그 외에 김치준의 (둘째) 부인 김복순, 박정원의 부인 박인순, 김광성의 딸 김경애, 윤세홍의 동생 윤경분, 인락도 속장의 며느리 김인임, 전경일의 동생 전명희 등이 속장으로 선임되었다. 전명희 속장은 김규성과 같은 19세로 '최연소' 여성 임원이었다.

이처럼 60-70년대 원로 세대가 은퇴하고 20-40대 청장년 세대가 임원을 맡음으로 교회는 활기를 띠게 되었다. 게다가 담임 목회자도 20대 후반이어서 패기 넘치는 목회로 교회에 활력을 불어넣었다. 그렇게 교회는 '한층 젊은' 교회로 거듭났다. 특히 주일학교가 활성화되었다. 1952년 봄 진촌교회와 느리교회가 주일학교 연합예배를 드렸다. 그때 유년부 205명(남자 85명, 여자 120명), 장년부 110명(남자 25명, 여자 85명), 총 315명이 참석하여 대성황을 이루었다. 그해 6월 주문도 교인들은 '6·25전쟁 2주기'를 맞아 진촌교회에서 제1회 100일 기도회와 '국군장병 무운장구 기원 특별예배'를 드렸다. 이처럼 잦은 집회와 행사로 교회는 전쟁 직전의 활기를 되찾았다.

전쟁이 끝나면서 교세가 약했던 볼음교회와 아차교회도 부흥하였다. 이에 강화지방 김영창 감리사는 1952년 5월 주문구역을 분할하여 진촌교회와 느리교회를 주문구역, 아차교회와 볼음교회를 볼음구역으로

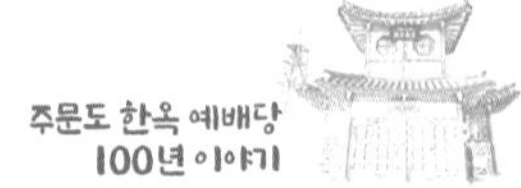

조직하였다. 구역분할 후에도 진촌교회는 계속 부흥하였다. 1952년 8월 11일부터 사흘간 석모도 어유정교회(현 삼남교회)에서 제4회 강화 기독교 교육지도자 강습회가 열렸다. 전란 중임에도 강화 전 지역에서 2백여 명 교사와 학생들이 참석하여 성황을 이루었다. 강습회 중에 아동설교대회와 웅변대회, 배구대회, 축구대회가 열렸는데 주문구역 교사들이 배구대회 우승을 차지했다.

진촌교회는 1952년 11월, 주문도 선교 60주년 기념행사를 거행했다. 김노환 전도사는 주문구역의 진촌교회뿐 아니라 볼음도와 아차도 교인들까지 참여하는 대규모 행사를 준비하였으나 주문도에 특수부대원들이 아직 주둔해 있고 '진시상황'이라는 이유로 주문도 교인들만 참석한 행사로 축소되었다. 음악에 조예가 깊었던 김노환 전도사가 직접 작사, 작곡하여 강화기독교청년회에서 발행하던 잡지 〈한빛〉(1952년 10월)에 김성재란 필명으로 발표했던 "찬란한 주문"이란 제목의 '주문교회 선교 60주년 기념사(記念辭)'가 지금까지 전해지고 있다. 그 가사 전문이다.

"1(구원)

십자가의 구원선 돛을 내렸네

해지는 봉구재산 하망에 붉었으며

어둠을 뚫고 60평생 영광을 찬양했네(하네)

후렴(축복)

향기로운 꽃송이 만발한 기쁜 이날

찬란한 주문 영원히 빛나리
아 – 찬란한 주문 영원히 빛나리

2(고난)
일진회(一進會)의 굶주린 쓴 잔 받았네
말세의 가시덤불 곧고다 바라보며
승리의 깃발 60평생 고난을 정복했네(하네)

3(사랑)
아름다운 무지개 다리(약속) 찾았네
장송곡(葬送曲) (캄캄한) 그늘 밑에 홀로 핀 연꽃 찾어
갈보리 사랑 60평생 은혜를 베풀었네

4(소망)
주(注)의 문(文)의 생명수 샘물 넘치네
갈급한 옛 추억은 은총의 제단으로
황금종 울리며 천만신도 시온성 향해가네"

또한 진촌교회는 '선교 60주년'을 맞아 교회 역사를 정리한 『주문구역 진촌교회 연혁』을 기록하였다. 연혁은 1893년 여름 성공회 사제 워너와 통어영학교 교관 콜웰, 안내인 윤정일이 처음 주문도에 들어와 전도한 것을 필두로 1902년 감리교 전도인으로 변신한 윤정일이 재차 방문해서 응구지나루터에서 전도한 것, 거기에 호응하여 김근영이 제일 먼저

선교 60주년 기념예배 후

개종하고 자기 집에서 교회를 시작한 일, 주문도 섬 전체를 충격에 빠뜨렸던 국사당 훼파사건, 일진회의 훼방 속에서 이루어진 영생학교 설립, 교인들의 십일조 헌납과 종순일 목사의 모금운동으로 마련한 한옥 예배당과 영생학교 신축교사, 일제 말기 교회가 당한 핍박과 6·25전쟁으로 겪은 시련에 이어 1952년 선교 60주년 기념행사까지 자세한 내용을 담고 있다. 이 기록을 통해 진촌교회뿐 아니라 주문구역에 속했던 느리교회(현 서도교회)와 볼음교회, 아차교회, 그리고 없어진 대변창교회의 초기 역사와 교인들에 대한 소중한 정보를 얻을 수 있다.

이러한 선교 60주년 행사와 역사 정리를 통해 진촌교회는 한말부터 일제강점기, 해방 후 분단과 전쟁으로 인한 격동과 혼란 핍박과 시련

가운데서도 소멸되거나 위축되지 않고 끊임없이 부활하고 부흥하였던 신앙의 저력을 대내외에 알렸다. 그 배경에는 여러 차례 멸절의 위기에서도 포기하지 않고 교회와 예배당을 지켜낸 주문도 교인들의 '꺼지지 않는 불꽃'(출 3:2)과 같은 신앙이 있었다. 그런 회복 신앙으로 진촌교회 교인들은 1953년 전쟁 기간에 크게 훼손된 목회자 사택인 6칸짜리 초가집을 새로 지었고 역시 훼파된 한옥 예배당 종탑건물도 수리하였다. 진촌교회는 영적인 면에서나 육적인 면에서 전쟁 전 상태를 완전히 회복하였다.

교회의 부흥과 영적 위기

20대 후반의 나이에 주문구역 담임자로 부임하여 패기 있는 목회로 교회에 활약을 불어넣었던 김노환 전도사는 2년 6개월 주문도 목회를 마치고 1954년 5월 대전에서 개최된 연회에서 목사안수를 받은 후 춘천 창촌교회로 파송 받았다. 연회는 그 후임으로 이순근(李舜根) 전도사를 주문구역 제19대 담임으로 파송하였다. 정규 신학교를 나오지 않은 이순근 전도사는 평신도로 지내다가 1946년부터 인천 계산교회에서 서리 전도사로 목회를 시작하였고 전쟁 때 제주도로 피난 가서 서귀포 월평교회와 제주 월정교회를 담임하였다. 1954년 5월 연회에서 협동회원으로 허입되면서 주문구역 담임자로 파송을 받았는데 그때 나이가 44세였다. 그러나 이순근 전도사의 주문도 목회는 1년으로 끝났다. 그는 1955년 3월 연회에서 단양 어상천교회로 파송을 받아 떠났고 그 후임으로 양재원(梁在元, 1908-1982년) 전도사가 파송되었다.

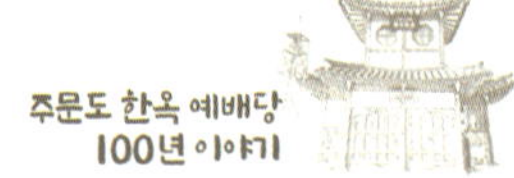

제20대 담임으로 파송된 양재원 전도사는 황해도 금천에서 출생하여 1934년 이석원 목사에게 세례를 받고 사립학교 교사로 봉직하다가 6·25전쟁 때 월남한 후 감리교신학교 목회자양성과정을 밟고 1951년 두계교회 서리전도사로 목회를 시작하였다. 이후 1953년 영월 동강교회, 1954년 인천 신현교회를 담임하였고 1955년 연회에서 협동회원으로 허입한 후 주문구역 담임으로 파송을 받았다. 양재원 전도사의 부인 김정숙(金貞淑)은 일제강점기 진촌교회에서도 시무한 바 있는 김성대 목사의 딸로서 해방 후 대전 감리교신학교를 졸업하고 덕적교회와 대부교회, 석포교회, 초지교회 등지에서 담임 전도사로 시무한 바 있는 목회자였다. 진촌교회로서는 부부 목회자를 맞이한 셈이었다. 양재원 전도사는 진촌교회 부임 2년 후 1957년 중부연회에서 목사안수를 받았다.

한학에도 조예가 깊었던 양재원 목사는 학식과 인격에서 교인뿐 아니라 불신자들에게도 존경받았다. 양재원 목사는 진촌교회 부임 후 오랜 전쟁과 특수부대원 주둔으로 지치고 상처 입은 교인들을 치유하고 위로하는 것으로 목회방향을 잡았다. 그는 이를 위해 영적인 면과 물질적인 면, 두 가지 방면에서 교회를 쇄신해 나갔다. 우선 영적인 면에서 전쟁 때문에 개최하지 못했던 부흥회를 개최하였다. 다음은 양재원 목사 부임 후 개최된 진촌교회 심령부흥회 상황이다.

시 기	강 사	특기사항
1955.10.9-14	김종률 목사(강화 오상교회)	은혜 풍성
1957.2.14-19	김성남 전도사(인천 부광교회)	놀라운 성령의 역사가 일어남
1958.2.20-24	현성초 목사(인천 계산교회)	전년과 같은 성황
1960.3.9-13	한세홍 목사(서울 광림교회)	은혜 충만

시 기	강 사	특기사항
1962.2.4-9	정도선 목사(강화 교동교회)	매일 450명 참석하여 성황
1964.2.9-14	김상봉 목사(인천 백마장교회)	은혜 충만

진촌교회 부흥회에는 같은 섬의 느리교회는 물론이고 건너편 볼음교회와 아차교회 교인들도 참석했다. 그 결과 진촌교회만 부흥한 것이 아니라 구역 내 다른 교회들도 부흥하였다. 그리하여 1962년 12월 주문구역회를 주재하기 위해 주문도를 방문한 강화지방 이기욱 감리사는 느리교회를 주문구역에서 분리시켜 독립 구역으로 만들도록 했다. 느리교회가 부흥한 이유도 있었지만 일제강점기부터 느리교회를 이끌어왔던 박홍춘 장로가 노쇠하여(72세) 혼자 예배강단을 책임지기 힘들었던 탓도 있었다. 1963년 3월 연회는 강화 하점교회를 담임하던 유신영 전도사를

김성남 전도사 초청 심령부흥회(1957년 2월)

독립된 느리구역 담임자로 파송하였다.

심령부흥회를 통해 신앙 열정을 회복한 교인들은 '교인의 의무' 즉 예배와 집회 출석, 기도생활은 물론 헌금과 물질 봉헌에도 열심을 냈다. 그 결과 교회 재정도 풍부해져 1955년 11월 전쟁 기간에 손을 보지 못해 훼손된 예배당 일부를 기금 5만 원으로 수리하였다. 또한 1956년 12월 48,000환 기금으로 새 종을 마련했다. 진촌교회는 1927년 윤성심 전도부인이 부친(윤기현)을 기념하여 교회에 헌납했던 종이 있었는데 일제 말기 공출당해 없어졌다. 해방 후 영생학교에서 쓰던 작은 종을 가져와 예배 시간을 알려왔으나 멀리 석모도까지 들렸던 옛날 종소리를 기억하고 있던 교인들은 못내 아쉬워 특별헌금을 해서 큰 구리종을 마련, 1956년 성탄절부터 치기 시작했다. 그때 교인뿐 아니라 불신자들도 다수 헌금에 참여하여 '마을 종'이 되었다. 서도중앙교회는 지금까지 예배 시간마다 이 종을 치고 있다. 그리고 1957년 11월 예배당 위쪽 손경진 소유의 밭 92평을 38,500환으로 구입하여 교회 채전(菜田)으로 쓰기 시작했다.

1959년 4월에는 그동안 방치했던 새멀 뒤편 주문리 42번지 3천여 평 임야를 정비하였다. 본래 이 땅은 박용세 교장이 1921년 재산의 십일조로 바쳐 영생학교 기본재산으로 삼았던 것인데 1936년 학교가 공립학교로 넘어가자 교회 유지비로 용도를 바꾸어 감리교 본부 유지재단에 편입시켰다. 바로 그곳 산골짜기에 일제 말기와 인공치하, 여신도들의 비밀집회가 열렸다. 그런데 일제 말기 예배당이 폐쇄된 후 아무도 돌보지 않아 잡목과 잡초만 무성하여 동네 사람들이 '쇠마답'(소 방목장)이라 부를 정도가 되었다. 목회자도 교인들도 그 산이 교회 소유인 것을 모르고 지내다가 유영랑 권사의 제보로 알게 되어 교회 임원들은 박용세 교장의 아들인 박제원 속장에게 확인받고 그 사실을 감리교단 기관지 〈감리교생활〉에 공고하였다. 교회 청년들은 방치했던 임야의 잡목을 제거하고 소나무와 참나무 1만여 그루를 식목했다.

이처럼 진촌교회 담임으로 부임한 후 10년 동안 교인들의 신앙회복과 교회의 내적·외적 환경을 쇄신함으로 교회를 안정적인 부흥의 기반 위에 올려놓은 양재원 목사는 1965년 3월 중부연회에서 강화 내리교회와 고창교회 담임으로 파송을 받았다. 그리고 후임으로 진촌교회 부흥회를 인도한 바 있는 오상교회의 정도선(鄭道宣) 목사가 제21대 담임으로 파송을 받아 왔다. 정도선 목사는 1962년 2월 진촌교회 부흥회 강사로 왔을 때 4백 명이 넘는 교인들이 집회 때마다 빠지지 않고 참석하여 은혜를 받았기에 그도, 교인들의 기대도 컸다. 다음은 정도선 목사가 부임한 후 첫 번째로 주재한 1965년 11월 14일 당회 기록이다.

"〈개회 예배〉

찬송 18장/ 기도 유영랑 장로/ 성경 마태 5:17-20/ 설교 정도선 목사 '각자 짐을 나눠지자' 납치교인에 대한 묵상.

1. 교인명부 정리: 서울 이거(최상분 김상순) 인천 이거(윤경분 최홍정 이현분) 입교인 80명.

2. 임원 선정

가. 장로: 전화선 장로 유영랑 장로 거수가결로 만장일치 유임 결의.

나. 권사: 김봉석 박인희 정진식 유분희 송태준 5, 유영랑 씨의 동의와 조범수 씨의 재청으로 만장일치 유임 가결.

다. 속장: 이일남 김경애 유춘심 김순임 김신애 박음임 유경분 전종식 조범수 김봉희(현 속장 10명) 신임속장: 손예원 김인님 장복례 이상 13명을 박인희 씨 동의와 전혜신 씨의 재청으로 만장일치 가결되다. 현 7개 속을 9개 속으로 개편.

라. 청년회장: 전종식. 청장년회장: 송태준. 장년회장: 김봉석 씨를 천거하니 만장일치 가결되다.

마. 여선교회장에 황완남 씨를 청거하니 만장일치로 선임되다.

바. 장년주일학교를 신설하고 주일학교장 유영랑 장로를 송태준 씨의 동의와 박인희 권사의 재청으로 만장일치 가결 선임되다. 주일학교장: 유영랑 장로. 유년주일학교 부장: 조범수 속장. 장년주일학교 부장: 송태준 권사.

사. 유사부: 유영랑 장로 정진식 권사(부장) 김봉석 권사(회계) 박인희 권사 유분희 권사 송태준 권사(서기) 조범수 속장 김봉희 속장 이일남 속장 이상과 같이 만장일치로 선임되다.

아. 탁사부: 김봉석 권사 정진식 권사 송태준 권사 조범수 속장 김봉희 속장 박인희 권사 유분희 권사 황영분 김순임. 유영랑 씨의 동의와 황완남 씨의 제청으로 만장일치 선임되다.

자. 감사 박상인. 김봉희 씨의 동의와 송태준 씨의 제청으로 일치가결 선임되다. 감사 1인은 차후 선임키로 하고 목사님의 축도로 폐회를 선언하다.

회장 정도선·서기 송태준"

교회는 2세대 중진들로 한층 안정된 조직을 갖추었다. 그러나 정도선 목사의 진촌교회 목회는 2년으로 끝났다. 정도선 목사는 1967년 4월 강화 성광교회로 임지를 옮겨 떠나고 후임으로 이기삼(李起三, 1936-) 전도사가 부임해 왔다. 이기삼 전도사는 1965년 감리교신학교를 졸업하고 강화 장흥교회 전도사로 부임해 2년 시무한 후 1967년 연회에서 진촌교회 제22대 담임으로 파송을 받아 왔다. 다음은 이기삼 전도사 부임 후 첫 번째로 열린 1967년 11월 26일 당회 일기다.

“〈개회 예배〉

기도 유영랑 장로/ 성경 딤전 3:1-13; 디도 1:7-9/ 설교 이기삼 전도사 ‘감독의 자격’

1. 서기 선택

송태준을 김봉석 권사의 구두호천과 박인희 권사 재청으로 만장일치로 피선되다.

2. 회원 점명

당회원 103명 중 출석 48명, 결석 55명. 당회원 중에 이거와 동시에 제적함. 하정훈 황재희 윤춘선 정영애 권인숙 김선숙.

3. 임원보고

A. 임원보고는 구역회에서 제출키로 하고 유사부 보고만 구두 보고함.

B. 감사보고. 유사부 수지결산이 잘 되었으며 현곡 취급과 현금 취급에 애로가 있으나 현곡 취급에 유의 바란다는 말씀이 있었음.

4. 임원 선정

A. 장정 규정에 의하여 장로 신임투표는 당회에서 하지 않고 지방

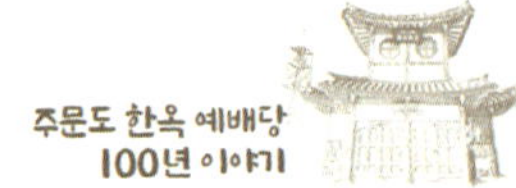

에서 품행통과를 하게 되어 있음.

신천장로에 대하여: 김봉석 권사가 보류할 것을 동의. 조범수 속장의 재청으로 만장일치 보류할 것을 가결하다.

권사: 현 권사 유임할 것을 김봉희 속장의 동의와 김경애 속장의 재청으로 만장일치로 재선되다. 김봉석 송태준 유분희 정진식 박인희.

속장: 현속장 15명을 유임하고 2명을 증원할 것을 송태준 동의와 김봉석 권사의 재청이 있었음. 개의로 현속장 15명만 유임하고 증원은 보류할 것을 조범수 속장의 동의와 박상중의 재청으로 받아들여 거수가결한 결과 동의 18명, 개의 22명으로 현 속장 15명만 유임할 것을 가결하다.

주교장: 무기명 투표로 송태준 27표 조범수 5표로 송태준 현 교장이 재선되다.

유사부: 현 유사부원의 유임을 전화선 장로의 동의와 유영랑 장로의 제청이 있었음. 개의로 1명 증원할 것을 정진식 권사의 동의와 김봉희 속장의 재청으로 받아들여 거수가결한 결과 개의가 가결되다(14대 21). 구두호천으로 전화선 장로를 김경애 속장의 동의와 김인임 속장의 재청으로 만장일치 선임되다. 부장 정진식, 서기 송태준, 회계 김봉석, 부원 전화선 유영랑 박인희 유분희 김봉희 조범수 이일남 10명.

탁사부: 겸임하지 않은 분을 가급적으로 선출할 것을 송태준 동의와 전화선 장로의 재청으로 만장일치로 거수가결하여 구두호천으로 다음과 같이 선임되다. 부장 김봉석, 서기 박상인, 회계

조범수, 부원 김경애 김봉희 조수인 박상중 최신원 송태준 전종식 10명.

감사: 무기명 투표로 다음과 같이 선임되다. 박상인 25표, 전승인 18표.

선교회장: 황완남 회장을 만장일치로 인준되다.

청년회장: 추후 인준키로 보류하다.

기타.

발전기를 시설할 것을 가결하다. 경조 시 술을 금할 것을 강조하다.

폐회.

송태준의 폐회 동의와 김봉희 속장의 재청으로 만장일치로 찬송 314장을 부르고 회장의 기도로 폐회하니 오후 10시라.

회장 이기삼·서기 송태준"

지금까지 거의 모든 회의에서 안건을 처리할 때 이견 없이 '만장일치'로 통과하였는데 1967년 당회에서는 권사와 속장, 유사부원 선임 건에 대하여 동의와 개의로 나뉘어 투표까지 했다. 주일학교 교장과 감사도 투표로 결정했다. 교회 임원 사이에 이견이 노출되기 시작한 것이다. 이듬해 1968년 11월 10일 개최된 당회는 더욱 심각하였다. 회의 벽두 당회서기 선출 건부터 이견이 노출되어 투표로 서기(정진식)를 선출하였고 신천장로 추천 건에 대해서는 "현재 2인을 그대로 두자"는 안과 "1명만 더 두자"는 안, "2명을 더 두자"는 안까지 나와 결국 투표로 1명을 추천하자는 안이 통과되었다. 그러나 신천장로 추천 방법에 대해 "장정대로 인사위원회를 구성해서 추천하자"는 안과 "아직 인사위원회가 없으니

추천위원회를 만들어 추천하자"는 안이 대립하여 양측 간 격론을 벌이다 "장내가 소란하여" 회의를 진행하던 이기삼 전도사는 휴회를 선언하였다. 한 달 후 12월 2일 속개된 당회에서는 "신천장로 1인을 더 둔다"는 전 당회의 결의 자체를 부결시켰다.

당회 분위기가 이러하였으니 일반 교인들도 영향을 받지 않을 수 없었다. 그런 상황에서 교회 혼란을 더욱 가중시킨 사건이 터졌다. 1967년 12월 일부 교인이 외지에서 들어온 여인에게 안수기도를 받은 후 '성령의 계시'를 빙자하여 공개적으로 교회 임원들을 폄훼하는 발언을 하였다. 거기에 일부 교인이 동조하면서 교회 분쟁이 야기되었다. 이기삼 전도사는 교인 화합을 위해 1968년 2월 인천 갈월교회 구본홍 목사를 초빙하여 심령부흥회를 열었으나 교인 간의 갈등과 혼란은 진정되지 않았다. 결국 이기삼 전도사는 1969년 3월 중부연회에서 목사안수를 받은 후 강화 교동교회로 파송을 받아 떠났다. 진촌교회로서는 일제 말기나 전쟁 때와 버금가는 위기 상황이었다. 바깥에서 오는 시련이 아니라 교회 내부에서 일어난 교인들의 신앙적 갈등이었기에 위기감은 더했다. 혼란 속에 교회 출석을 포기한 교인들도 늘어났다.

마을 주민들과 함께 한 교육관 건축

이런 위기 상황에서 진촌교회 교인들은 교동 난정교회에서 목회하고 있던 양재원 목사에게 도움을 요청했다. 양재원 목사는 교인들의 요청을 받아들여 1969년 5월 진촌교회 제23대 담임으로 다시 부임했다. 교인 간의 갈등과 혼란을 해소하고 교회 평화를 회복하는 것이 급선무였다. 그러나 양재원 목사는 서두르지 않았다. 교인들의 '처음 신앙'이 회복되기만 기도하며 예배와 심방에 집중하였다. 그는 1기 목회 때처럼 영적 권위가 있는 목사를 초빙하여 심령부흥회를 개최하였다. 다음은 양재원 목사 재부임 후 개최된 부흥회 상황이다.

시 기	강 사	특기사항
1969.5.14-19	조인익 목사(강화중앙교회)	교인 파쟁 조정에 큰 도움
1969.12.15-20	엄재성 목사	성령의 은사가 풍부
1970.12.18-23	권중길 목사(동두천제일교회)	은혜 풍성
1971.12.13-18	우심언 목사(천안 다가동교회)	은혜 풍성, 교인 파쟁 해소
1972.12.11-16	우심언 목사(천안 다가동교회)	새 신자 다수 획득
1973.12.3-8	유영선 목사(소래 신천교회)	큰 은혜
1974.9.2-6	양정신 장로(한국신학대학 강사)	심오한 은혜
1975.12.1-5	최홍석 목사(서울 북성교회)	굴 채취 기간 중에도 부흥회 참석
1977.3.1-5	한은우 목사(서울 동산교회)	심령상 치유은사도 있었음
1977.12.10-17	나정희 목사(대전 보문교회)	'연경부흥회'(研經復興會)
1979.3.19-24	배동윤 목사(서울 청량리교회)	은혜로운 집회
1979.12.11-15	홍창준 목사(인천 부평교회)	강사 부인도 와서 음악 지도

부흥회를 통해 말씀과 성령을 체험한 교인들은 변하기 시작했다. 특히 1971년과 1972년 장로교 부흥사 우심언 목사가 인도한 부흥회를 계기로 교인 간의 혼란과 갈등이 해소되었다. 다음은 교인 간의 분쟁이 해소된 후 1973년 12월 10일 열렸던 당회 일기다.

"〈개회예배〉

찬송 462장/ 기도 김봉석 장로/ 성경 딤전 3:5-16/ 설교 양재원 목사

1. 서기 선택: 구두호천 결과 박상인 속장 피선되다.

2. 회원점명: 총원 120명 중 출석 65명

3. 임원선택

장로를 제외한 공천위원은 회장에게 일임하기로 박인희 장로 동의와 김경애 속장 재청으로 의결되다.

공천위원: 양재원 김봉석 전화선 박인희 김홍순 김경애 김인임 박상인을 지명 거수로 가결하다(전원일치 찬성). 전년도 임직원을 전원 유임시키기로 결의하고 다음과 같이 신천임원을 선임하다.

탁사: 유임 하정남 이범섭 도순기 이강분 박상중 전종우 전화선 조범산 윤영홍 박인희 정진식 박상인, 신천 하정훈 차상철 하정식 박상님 최신원 이정섭 전원일치 거수가결.

유사: 전원 유임. 최영섭 박상인 전경임 최영자 전화선 김봉석 유영랑 박인희 전종식

교회학교 교장: 전종준 정진식 김경애

청년회장: 김재수

감사: 유경분 이범섭

속장: 신천 정원 3명을 선임하기 위하여 7명을 배수공천. 투표에 붙이니 다음과 같이 당선이 확정되다. 하정운 42표, 도순기 41표, 최영섭 40표(이상 당선). 유임 황영분 유경분 김문철 강순분 이범섭 유춘심 전찬금 김인임 최영자 최영애 이경희 유정자 황완남(권사 피선) 박상인 강봉례 김경애 정경임

권사: 신천 1명 선출 5명 공천. 후보자를 다음과 같이 선정 투표에 붙이다. 황완남 35표 당선. 유임 이일남 정진식 김순임 김홍순

기타: 토의안건 없어 종회를 선언하고 찬송 314장, 전화선 장로 기도로 폐회하다.

회장 담임목사 양재원·서기 속장 박상인"

당회는 모든 안건을 '만장일치'로 통과, 결의하는 예전 모습을 회복했다. 회의 석상에서 임원 간의 논쟁이나 고성은 나오지 않았다. 그리고 회의 말미에 '과잉신앙' 행위로 교회법에 의해 제명당했던 교인의 복권을 "전원일치 찬성거수"로 결의하였다. 그리고 당사자 교인이 나와 그동안 교회에 물의를 일으켰던 점을 사과하였을 때 교인들은 박수로 그를 맞이하였다. 이로써 5년 동안 끌었던 교인 분쟁이 종결되었고 교회는 평화를 회복하였다. 교인들의 신앙회복과 교회의 평화를 위해 기도하며 노력했던 양재원 목사의 지도력이 빚어낸 결과였다.

그 사이 1971년 김봉석 권사, 1972년 박인희 권사가 강화지방회 장로시험에 합격하여 진촌교회 장로로 취임하였다. 김봉석 장로는 전쟁 기간 중인 1951년 비교적 늦은 나이(43세)에 믿기 시작하여 나정희 전도사에게 학습, 김영창 감리사에게 세례를 받았고 유사와 탁사로 교회를 섬기다가 교인들의 추천을 받아 60세 나이로 장로가 되었다. 비록 시무한 기간이 10년밖에 되지 않았지만, 김봉석 장로는 진솔한 믿음과 신앙생활로 교인뿐 아니라 마을 주민들에게도 존경받았다. 오자혜 권사의 손녀딸 박인희 장로는 남편(이홍룡)이 납북되는 아픔을 겪었음에도 선임 유영랑 장로와 함께 인공치하에 새멀 산골짜기 비밀집회를 이끌었다. 그는 1978년 유영랑 장로 은퇴 후 진촌교회를 대표하는 '여성 장로'로 사역하였다.

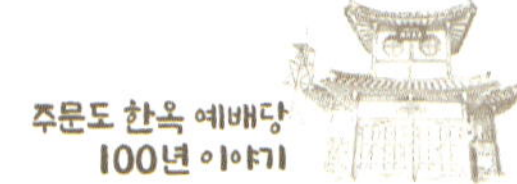

교회 평화가 회복되면서 교인들은 예전의 신앙 열정도 되살아났다. 그 결과 교회에 필요한 공사가 계속 진행되었다. 우선 양재원 목사가 재부임한 직후 1969년 9월 예배당 뒤편 언덕에 교회의 독자적인 우물을 팠다. 그리고 1970년 4월부터 두 달 동안 훼손된 예배당을 대대적으로 수리하고 초가였던 목회자 사택 지붕을 기와로 바꾸었다. 1971년 12월 교회 창고를 신축하였으며 목회자 사택도 증축(마루 공사)하였고 1972년 8월 7만 원을 들여 예배당 왼편에 10미터짜리 철제 종탑을 세웠다. 1973년에는 예배당 주변 축대 공사를 하였고 1974년 9월 교회의 제2 창고를 지었다. 이때도 여신도들이 직접 석재를 나르며 공사에 참여했나. 그해 주문도 주민들의 숙원이던 발전기가 설치되었고 그때부터 예배당 안에 전기가 들어와 일제강점기부터 사용했던 석유등이 철거했다.

1974년 8월 일제강점기 박용세 교장이 기부했던 또 다른 임야, 주문리 73번지 소재 5천여 평도 교회 소유로 확정되었다. 앞서 박용세 교장이 기부했던 주문리 42번지의 3천여 평 임야는 1959년에 박용세 교장의 아들 박제원의 사실 확인을 거쳐 교회 소유로 확정되었지만 주문리 73번지 임야는 등기부상에는 여전히 박용세가 소유주로 올라 있어 정리가 필요했다. 그런 상황에서 서울 정동제일교회의 손효순 권사와 같은 교회의 이진주 전도사, 아현중앙교회 황우목(황애덕) 전도사 등 서울에 사는 '주문도 출신' 교인들이 모금운동을 벌여 8만 원을 고향교회에 보내주었다. 교회는 그 돈으로 박용세 교장의 손자이자 박제원의 아들인 박상인(朴商仁)으로부터 땅을 매입하는 형태로 소유권 문제를 매듭지었다.

계속되는 증축 및 수리 공사와 교회부지 확장으로 자신감을 얻은 교인들은 오랜 염원이던 교육관 건축에 착수했다. 교인들이 교육관을 지어야겠다는 생각은 이기삼 전도사 시절인 1968년 2월에 열린 구본홍 목사 초청 심령부흥회 때부터 하게 되었다. 원로 교인들의 증언이다.

"구본홍 목사님이 오셔서 부흥회를 하는데 한옥 예배당에 모든 성도들이 모여 은혜를 받았다. 성도들이 강대상까지 올라와 앉아도 예배당이 좁아서 모두 수용할 수 없었다. 특히 그 때 학생들이 많았다. 그 당시 국민학교 학생이 240명이 넘었다. 부흥회를 마친 후 교회 중직들이 모여 그 많은 학생들을 교육하고 모든 성도들이 부흥회에 참석할 수 있도록 교육관을 짓하자고 결의하였다."

그러나 곧바로 공사에 착수하지 못했다. 아직도 '영적 혼란'으로 인한 교인 파쟁이 진행 중이었기 때문이었다. 1971-1972년 우심언 목사 초청 부흥회를 계기로 교회 평화가 회복되고 교회 우물 공사와 예배당 수리, 주택 증축, 축대 공사를 무리 없이 추진한 후에야 교육관 건축에 착수하였다.

교육관 신축 부지는 예배당 뒤쪽 언덕, 1916년 박용세와 박용태, 박예병 등이 서울 진명여학교 소유였던 부지를 매입하여 목회자 사택 부지로 기부했던 곳으로 정했다. 그곳에 지었던 초가집 목회자 사택은 헐려 없어졌고 채소밭으로 바뀌어 있었다. 그런데 그곳 부지도 작고한 박용세 명의로 등기되어 있었다. 이에 박용세의 손자 박상인이 그 땅을 교회에 기부하여 교육관 부지로 사용하도록 했다. 그렇게 교육관 건축 준비를 하던 중 최영원 박양문 권사 부부가 기도하는 중 둘이 똑같은 '기도 응답'을 받았다. 내용은 "논 세 마지기를 팔아서 교육관을 지을 종잣돈

이 되게 하라"는 것이었다. 이에 최영원 권사는 논 3마지기(360평)를 팔아 그 돈을 건축헌금으로 봉헌했다. 이를 계기로 교인들의 건축헌금이 시작되었다.

그렇게 해서 아직 땅속에 얼음이 그대로 남아있는 상태였지만 1975년 3월 4일, 양재원 목사 집례로 교육관 기공식 예배를 드렸다. 기초공사에 참여했던 원로 교인들의 증언이다.

> "그 당시 교회 다니는 사람이나 다니지 않는 사람이나 모두 나와서 함께 교육관 건축에 동참하였다. 봄에 기초공사를 마쳐야 했다. 4월 말이면 벼농사, 밭농사를 준비해야 했기 때문이었다. 아침은 집에서 먹고 점심은 교회에서 먹고 저녁은 집에 가서 먹었다. 교회에서 밥을 날마다 했는데 그 당시 한 끼에 들어간 쌀이 서 말이었다. 전기밥솥이 없

교육관 공사 모습

교육관 건축 상량식 예배

던 시절이라 날마다 불을 때서 밥을 했다. 밥은 한 사발씩 밥그릇 위에까지 올라오도록 주었다. 얼마나 많은 사람들이 와서 일을 했는지 모른다. 감사한 것은 그 당시 전종철 권사네가 그물을 쳤는데 홍어가 얼마나 들었는지 홍어찜하고 홍어무침을 해댔다. 이것도 하나님께서 보내주신 은혜였다. 그 봄에 무슨 반찬을 할 수 있었겠는가? 냉장고도 없던 시절, 봄나물을 시장에서 사 올 수도 없었던 시절이었다. 밥은 고봉으로 한 사발에다가 하나님이 보내주신 홍어찜, 홍어무침을 반찬 삼아 교인과 일꾼들을 대접했다."

그렇게 서둘러 기초공사를 마친 후 5월 14일 상량식을 거행했다. 상량식 후 모내기와 밭농사를 위해 두 달간 공사를 중단했다가 7월부터

벽 쌓기 공사를 재개했다. 원로들의 증언이다.

> "시멘트 벽돌로 교회 벽을 세웠는데 그 많은 시멘트 벽돌을 배로 운송해서 응구지에 오면 배에서 내려 소달구지에 실어 예배당에서 제일 가까운 최영원 권사네 집으로 가지고 왔다. 그곳 마당에 벽돌을 내려놓으면 부인들이 가서 세숫대야에 벽돌을 담아 머리에 이기도 하고, 아이들은 자루에 담아서 짊어지기도 하고, 남자들은 등에 지고 날랐는데 그 오르락내리락하는 모습이 마치 개미 떼가 움직이는 것 같았다. 그 당시에는 건축 현장까지 올라갈 수 있는 길이 없었다. 그래서 아래서부터 교육관 짓는 언덕까지 모든 물건을 손으로 옮겼다. 그런데도 어느 누구 하나 불평하거나 요령 피는 사람이 없었다. 모두 즐거운 마음으로 하나가 되어 하나님의 집 짓는 일에 참여하였다."

공사는 순조롭게 진행되어 8월 벽체도장 공사를 마치고 11월 마루 공사까지 마쳤다. 그리고 그해(1975년) 12월 1일 저녁부터 5일 새벽까지 서울 북성교회 최홍석 목사 초청 심령부흥회를 개최하였다. 가구소득을 올릴 수 있는 '겨울 굴'을 채취할 수 있는 기간이었음에도 여신도들은 바다로 나가지 않고 모두 부흥집회에 참석했다. 교인들이 주민들과 하나가 되어 8개월 만에 교육관 건축 공사를 마친 직후라 집회 중에 받은 은혜가 컸다.

교육관 새 건물이 마련되자 거기 채울 가구와 비품이 필요했다. 이에 교인들의 비품 헌납운동이 전개되었다. 다음은 양재원 목사의 2기 목회가 시작된 이후 교인들이 교회에 헌납한 비품 목록이다.

연도	기증자	기증품	명 분
1969	김창만 후손	천막 2개. 종각 개수비(36,000원)	
	전화선 김봉석 송태준	교회 의자 각 1개씩	
1971	유영랑	양복장 1개, 탁상 종 1개	
1972	손효순	석유난로 1개	
	박인희	목사주택 벽상시계 1개(8,000원)	장로 취임기념
	교회임원 일동	강대용 책놓이 2개(2,800원)	
	김봉석	목사 주택용 찻장 1개(14,000원)	장로 취임기념
	전화선	소형 탁자 1개	통일주체국민 대의원 당선 기념
1975	한옥분	교육관 탁상종 1개	교육관 건축기념
	유영랑	교육관 벽상시계 1개	교육관 건축기념
	박인희	교육관 확성기 마이크	회갑 기념
1976	전종식	교육관 강대상 1개(47,000원)	부친 전화선 장로 별세 1주년 기념
	이옥녀	헌금상 1개(23,000원)	인천 동명학교 교감 취임 기념
1979	전종식	성가대 장의자 3개(135,000원)	장로 취임기념
	김봉석	금고 1개(115,000원)	장로 은퇴기념

교육관 봉헌식은 1977년 3월 29일(화요일) 오후 당시 강화지방 감리사 박문종 목사의 집례로 거행되었다. 마을 주민 모두를 초청해서 4백여 명이 참석하여 성황을 이루었다.

그렇게 교육관을 짓고 나니 지금까지 예배드리던 한옥 예배당보다 두 배나 넓고 환경도 쾌적하였다. 그래서 모든 교인이 함께 모여 편하게 예배를 드릴 수 있는 교육관을 예배당으로 사용하자는 의견이 대두되었다. 양재원 목사는 이런 교인들의 의견을 받아들여 교육관을 예배당으

본당(예배당)으로 쓰게 된 교육관

로, 예배를 드리던 한옥 예배당을 교육관으로 바꾸어 사용하기로 결정하였다. 그때부터 교인들은 윗 예배당으로 불린 교육관(지금 본당)에서 주일 예배를 비롯한 공식 예배를 드렸고 아랫 예배당으로 불린 한옥 예배당은 교육관 겸 새벽기도회 장소로 사용하였다. 서도중앙교회 교인들은 지금까지 한옥 예배당에서 새벽기도를 드리고 있다. 그렇게 해서 새 건물이 생기면 옛 건물은 없어지거나 쇠락해지기 마련인데 한옥 예배당은 오히려 매일 예배를 드리는 장소가 되어 백 년 넘게 현역을 고수하고 있다.

이렇게 교회가 평화를 회복하고 교육관(본당)을 지으면서 교회의 면모를 일신한 진촌교회는 1979년 8월 9일 당회를 개최, 교회 명칭을 '서도중앙교회'(西島中央敎會)로 바꿀 것을 결의했다. 양재원 목사는 교회 명칭을 변경하게 된 이유를 ① 감리교 본부에서 강원도 강릉지방에 있는

1970년대 서도중앙교회 청년학생들

주문진교회와 혼동하여 그리로 갈 공문이 자주 주문도로 오는 등 통신상 불편이 있고 ② 서도면을 비롯한 강화지역 각 기관에서 진촌교회를 '서도교회'로 통칭하고 있어 행정지역 명칭(서도면)에 따라 변경하는 것이 실용적이라고 설명했다. 이런 담임 목사의 제안에 교인들도 동의하여 그때부터 서도중앙교회란 명칭을 쓰게 되었다.

섬마을 성가대의 할렐루야 합창

교인들의 '영적 혼란'과 분쟁으로 인한 위기를 극복하고 교회의 평화를 회복하였을 뿐 아니라 웅장한 교육관(본당) 공사까지 무난하게 마친 양재원 목사에 대한 교인과 지역주민들의 존경심은 더욱 커졌다. 그

러나 그 기간 양재원 목사는 가정적으로 큰 슬픔을 겪었다. 부인 김정숙이 주택 공사가 한창 진행 중이던 1970년 5월 별세하였다. 이미 주문도에 들어오기 전 첫 번째 부인(백옥진)을 잃었던 경험이 있던 양재원 목사로서는 훌륭한 목회 동반자였던 부인의 급작스러운 죽음에 적지 않은 충격을 받았다. 강화 동막교회 조창린 목사의 집례로 장례식을 거행하였고 묘소는 구마이 뒷산 언덕 김봉희 권사 소유 부지에 조성되었다. 양재원 목사는 얼마 후 인천 출신 김혜영을 부인으로 맞이하였다.

1978년 겨울 양재원 목사가 병환으로 목회를 할 수 없는 상황이 되었다. 이에 강화서지방 감리사 박문종 목사는 당시 감리교신학대학 학생이던 정희수 전도사(현 미국 연합감리회 위스콘신연회 감독)를 임시 목회자로 파송했다. 강화 신삼교회 출신인 정희수 전도사는 그해 여름 한 달 동안 주문도에 와서 '원서 공부'를 하던 중 서도중앙교회 여름성경학교를 지도한 바 있었는데 그때 양재원 목사가 눈여겨보았다가 감리사를 통해 그의 도움을 받게 된 것이다. 그렇게 해서 정희수 전도사는 1978년 12월부터 이듬해 2월까지 석 달 동안 투병 중인 양재원 목사의 지도를 받으며 목회하였다. 정희수 감독은 그 시절을 이렇게 회고하였다.

> "오래된 역사적인 교회이기에 그 교회에서 섬겼다는 것은 잊을 수 없는 자랑이다. 섬 주민 대부분이 예수를 믿는 분들이라는 것과 그 동네의 영성은 주민 모두에게 큰 자부심과 힘이 된 것을 강한 인상으로 기억한다. 내가 주문교회를 좋아한 것은 한옥 예배당에서의 새벽 기도회였다. 가끔 늦은 시간에 들어가면 철야기도를 하시는 노인 권사님들과 몇 분이 계셨다. 내가 신학생이고 전도사라는 것이 신기하여 기

도해 주시고, 내 신앙 간증을 들어 보자고 하셨다. 내가 배운 것은 민족을 위한 기도라고 생각한다. 기도하는 모든 분들이 나라를 위하고 민족을 위한 눈물의 기도를 드리고 있었다. 분단의 역사적인 아픔은 늘 예배 공동체의 숨과 같은 것이었다."

양재원 목사는 1979년 봄 건강을 회복하고 목회 현장에 복귀하였다. 양재원 목사는 은퇴하기 1년 전, 1981년 4월 오광룡(吳光龍, 1952-) 전도사를 부담임으로 받아들였다. 그는 평양 요한학교 출신으로 전쟁 때 월남하여 강화 동막교회에서 목회하던 오화백 목사의 아들로 태어나 1979년 감리교신학대학을 졸업한 후 여주지방 은천교회 전도사로 목회를 시작하였다. 그는 여주에서 결혼한 후 2년간 목회하다가 강화에서 목회하던 신학교 동기(유준호와 김태식) 목사들의 소개로 은퇴를 앞둔 양재원 목사를 돕기 위해 주문도로 들어왔다. 오광룡 전도사는 1년 후 1982년 3월 중부연회에서 목사안수를 받고 그해 연회에서 은퇴한 양재원 목사 후임으로 서도중앙교회 제24대 담임자가 되었다. 1982년 당시 서도중앙교회 임원 명단이다.

<table>
<tr><th colspan="2">직분</th><th>이름</th></tr>
<tr><td colspan="2">원로목사</td><td>양재원</td></tr>
<tr><td colspan="2">담임목사</td><td>오광룡</td></tr>
<tr><td rowspan="2">장로</td><td>원로</td><td>김봉석 유영랑</td></tr>
<tr><td>시무</td><td>박인희 정진식 전종식</td></tr>
<tr><td rowspan="2">권사</td><td>원로</td><td>김순임 강복례 김문철 도순기 황영분</td></tr>
<tr><td>시무</td><td>전문옥 최영원 최영섭 윤영홍 김경애 이정희 하정남 김윤환 유경분 조범산 박상인 황완남</td></tr>
</table>

직 분		이 름
집사		김규례 박경자 한금순 이경화 고춘자 김재수 박경숙 함광분 강세창
		전명숙 박홍숙 최영자 윤경신 조문순 백영훈 유영님 유춘심 정해룡 정순례 이내련 이연숙 이옥산 최연영 정미숙 윤영애 손영님 박양문 이옥순 박상님 윤정애 최영애 설인대
속장		박민숙(하1) 윤명선(하2) 윤영애(송1) 김영순(송2) 정순례(송3) 조분순(삼문) 한은숙(중촌) 함광분(상1) 오옥님(상2) 박경자(상3) 전경님(신1) 유정자(신2)
교회학교	교장	최영섭
	중등부	지도교사: 강세창
	고등부	지도교사: 백영훈
교회학교	아동부	부장: 김재수 교사: 강세창 송창희 김영미 전춘화 이우진 하정남 정화숙 한경자 윤천숙
	청년부	청년회장: 송창희 지도교사: 박상인
여선교회		사라여선교회 회장: 박민숙 / 중앙여선교회 회장: 황완남
선교부		부장: 박상인 서기: 박경자 부원: 박민숙 윤명선 윤영애 김영순 정순례 조분순 한은숙 함광분 오옥님 박경자 전경님 유정자
재무부		부장: 박인희 서기: 윤영홍 전종식 부원: 정진식 최영원 조범산 하정남 김경애 강세창 박상님
관리부		부장: 전문옥 서기: 정해룡 부원: 이재린 황영분 김문철 정해룡 윤경신 김영순 김윤환 김규례 고춘자 전명숙 손영님 박양문 유영님 유춘식 이경화 최영애 이옥산 이연숙 한궁순 최영자
교육부		부장: 최영섭 서기: 박경숙 부원: 박홍숙 백영훈 정순례 정미숙 최연영 김재수 이옥순 윤정애 석인애
감사		박상인 최영섭

양재원 목사는 1982년 3월 은퇴 후 서도중앙교회 원로목사가 된 지

두 달 만인 4월 5일 향년 74세로 별세하였다. 나병희 감리사 집례로 강화서지방회 지방장(地方葬)으로 엄수된 장례식엔 주문도뿐 아니라 볼음도와 아차도 교인과 주민, 그리고 강화지방 목회자와 장로들도 다수 참석하여 애도하였다. 양재원 목사 묘소는 교회산 42번지 윗부분에 조성되었다. 그 후에 2014년 서울 소망교회 묘지로 이전하였다. 양재원 목사 부인 김영혜 사모는 주문도에 남아 2010년 10월 별세하기까지 서도중앙교회를 섬겼다.

원로목사 장례를 마친 후 교인들은 본당으로 사용하는 교육관 전면(입구)에 현관을 겸한 3층 높이의 십자가 종탑 건물을 증축하였다. 그때도 강화 본도에서 배로 실어 온 철근을 여신도들이 4-5명씩 조를 짜서 어깨에 걸머지고 언덕 아래 노인회관에서부터 공사 현장까지 '개미군단'처럼 지어 날랐다. 이어서 비가 오면 물이 새는 한옥 예배당(교육관) 지붕도 새로 입혔다. 오광룡 목사는 이처럼 힘든 공사도 거뜬히 해내는 교인들의 열심을 이렇게 회고하였다.

> "주문도에 부임했을 때 마을 주민 150호 가운데 두 집만 빼고 모두 교회에 나왔다. 송멀에 살던 어부가 한 분 계셨는데 교회에 나오지는 않았지만 고기를 잡으러 바다에 나갈 때는 목회자를 불러 기도를 부탁했다. 그러니 마을 전체 주민이 교인인 것이나 다를 바 없었다. 봄가을 대심방 때는 다닥다닥 붙어있는 교인 집을 돌면서 무릎을 꿇고 기도하다 보니 심방을 끝낼 즈음엔 다리가 아파서 걷기도 힘들 정도였다. 1982년 성탄절에 당시 서도초등학교 교사로 와 있던 선생의 지도로 성가대가 할렐루야를 연주했던 기억이 새롭다. 교인들은 애송이 목사

인 나를 극진히 대접하고 사랑해 주었다. 그런 성도들의 사랑이 있었기에 나는 서울까지 다니며 대학원을 마칠 수 있었다.”

1982년 2월 지방회 장로시취에 합격한 박상인 권사와 최영원 권사가 장로로 취임하였다. 박상인 장로는 창설 교인 박승형의 고손자로서 박순병-박용세-박제원으로 이어지는 서도중앙교회의 중심 신앙가문에서 출생했다. 그러나 교동 출신 황완남 권사와 결혼할 당시까지만 해도 교회 출석도 잘하지 않는 ‘명목상 교인’에 불과했다. 결혼 후에도 한동안 직장(서도면사무소)을 핑계로 신앙생활을 등한시하였다. 그러던 중 인생과 신앙에 일대 전환기를 맞이하였다. 박상인 장로의 사촌 동생 박상임 권사의 증언이다.

“1960년대 말 부흥회가 열렸는데 새벽기도 중 내가 입신하게 되었다. 입신 중 증조할아버지[박순병]가 나타나셔서 ‘박상인이에게 가서 전하라. 내가 손톱이 닳도록 교회를 받들어왔는데 왜 안 받들고 그러느냐. 왜 세상에 빠져서 믿음의 선조들이 세운 교회를 돌보지 아니하고, 교회를 등한시하니 하나님께서 살림을 치시던지, 박상인의 목숨을 거두시던지 둘 중의 하나를 하시겠다고 하신다’ 하셨다. 그날 저녁 퇴근 시간이 되어 오빠 집 앞에서 기다리고 있다가 달려가 ‘오빠! 부흥회에 같이 갑시다. 오늘 새벽 입신을 하였는데 증조할아버지께서 오빠가 교회를 등한시한다고 호통치셨다’ 고 전하였다. 오빠는 ‘알았다. 교회 가면 되지. 밥 먹고 갈 테니 먼저 가라’ 고 대답했다. 그러나 그날 저녁 오빠는 오지 않았다. 그리고 시간이 흘렀다. 1970년대 초 박상인 장로가 아프기 시작했다. 늑막염이 복막염으로 악화되어 사경을 헤매게 되었다. 박상인 장로는 인천 기독병원에서 살 수 없다는 판정을 받았다. 오빠가 죽음을 앞두고 있다는 소식을 듣고 마지막으로 면회하기 위해 병원으로 갔다. 오빠를 마주하고 기도하던 중 오빠가 손가락으로 침대 아래쪽을 향하고 있는 것을 보았다. 손가락이 향한 곳은 복막 아랫부분 침대였다. 가보니 배에서 한 바가지 정도 되는 농이 쑥 빠져나온 것이었다. 그때부터 오빠는 회복되기 시작하였다."

박상인 장로도 사경을 헤맬 때 체험한 것을 이렇게 간증했다.

"한번은 내 영이 몸에서 빠져나와 하나님의 나라를 향하여 나아가는데 오른쪽에 아주 환한 천국이 있고 왼쪽에 아주 깜깜한 지옥이 있는데 나는 중간에 서 있었다. 앞에 3개의 계단이 있는데 첫 번째 계단, 두 번째 계단을 지나 세 번째 계단을 지나려 하니 하늘에서 '너는 아직 세 번째 계단을 지날 수 없다. 너는 다시 세상으로 내려가야 한다'는 음성이 들렸다. 세 번째 계단 너머에는 천국이 있었는데 푸른 초장과 아름다운 새들을 보았고 새들의 노랫소리가 너무나 아름다웠다. 그때 나는 '이러다가 지옥에 갈 수도 있겠구나' 하는 생각이 들었다. 회개하고 나니 복막에서 농이 빠져나왔고 그 이후로 몸이 조금씩 회복되기 시작했다."

건강을 회복한 박상인 장로는 '세상 중심'에서 '교회 중심'으로 생활이 바뀌었고 이후 2022년 1월 별세하기까지 서도중앙교회 장로로서

충성을 다하였다.

그러나 오광룡 목사의 주문도 목회는 1년 6개월로 끝났다. 당시 정치 상황은 광주민주화운동 이후 군부정권의 삼엄한 공안정치가 기승을 부리고 있었다. 더욱이 얼마 전 주문도 주민 십여 명이 배를 타고 북한지역 무인도에 들어가 조개를 캐다가 북한군에 나포되어 북으로 끌려간 사건이 터졌다. 그들 가운데 몇 명은 북에 남고 나머지는 송환되었는데 그 사건으로 공안당국은 주문도 주민들을 예의주시하고 있었다. 그런 상황에서 오광룡 목사는 교인들에게 밝힐 수 없었던 '집안 사정'으로 주문도 섬을 떠나야만 했다. 그는 주문도 교인들에게 '마음의 빚'을 진 채 1983년 1월 인천 송림중앙교회 부목사로 자리를 옮겼다.

교회 청년들의 '에덴동산' 꿈

오광룡 목사 후임으로 그와 신학교 졸업 동기인 정찬일(鄭燦一, 1948-) 목사가 부임하였다. 정찬일 목사는 경기도 양주 신산교회의 3대째 신앙가문에서 출생하여 1976년 감리교신학대학을 졸업한 후 화성군 궁평교회 전도사로 목회를 시작하였다. 1979년 중부연회에서 목사안수를 받은 후 의정부지방 초성교회에서 4년 목회하다가 1983년 1월 갑자기 목회자가 떠난 서도중앙교회 제25대 담임자로 부임하였다. 정찬일 목사는 서도중앙교회에 대한 첫인상을 이렇게 회고하였다.

> "그 당시 예배는 청년 같은 정열은 아니어도 가슴 속에서 솟아오르는 주님을 향한 따뜻함이 늘 식지 않았다. 청년 중심 성가대가 조직되어

예배가 활력이 있었다. 어린이, 중고등학생들도 50-60명 이상이 되어 그들이 성경을 배우고 하나님을 섬기는 일을 즐겁게 여겼다. 섬김은 교우들 사이만이 아니라 믿지 않는 이웃과의 관계도 훈훈하여 애경사에 기쁨과 슬픔을 같이 나누고 필요한 일에는 협력이 잘 되었고 정기 심방 때면 대원이 풍성하여 함께 기도하고 교제하는 훈훈함을 지금도 잊을 수 없다. 매년 봄이면 느리나루터에서 어부들이 무당을 불러다가 풍어제를 하곤 했는데 그걸 느리교회 김만진 목사와 협력해서 기독교식으로 바꾸어 연합기도회를 드렸던 것이 기억에 남는다."

정찬일 목사의 증언처럼 1980년대 서도중앙교회에는 청년 학생들이 많이 나왔다. 학교도 국민학교(초등학교)만 있었던 것이 1967년 강화중학교 서도분교 형태로 중등교육을 시작하였고 1981년 서도중고등학교가 개설되어 강화도나 인천으로 나가지 않고도 중등, 고등교육을 받을 수 있게 되었다. 그 결과 주문도에서 중고등학교를 졸업한 후 외지로 나가 직장생활을 하거나 대학에 진학하는 경우도 있지만 고향에 남아 가업을 잇는 경우도 많았다. 주문도에서 태어난 아이들은 대부분 모태신앙이거나 어려서 주일학교를 다녔다. 교회에 다니지 않는 것이 이상할 정도였다. 서도중앙교회 학생회와 청년회 활동이 활기찰 것은 당연했다. 특히 청년들은 교회 성가대원과 주일학교 교사로 활약하였다. 정찬일 목사가 부임할 당시(1983년) 청년회 임원이다.

회장: 윤용준 / 부회장: 정영미 / 총무: 전춘랑

신앙부장: 김영미 / 도서부장: 정춘례 / 편집부장: 김승희

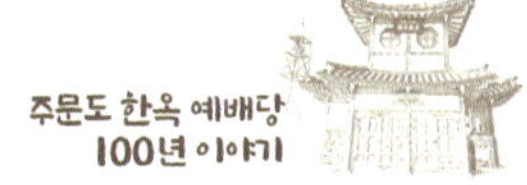

청년부가 발행한 〈에덴〉 창간호

친교부장: 이영석 / 봉사부장: 정영민
지도교사: 박상인 장로

당시 활기찼던 청년회 활동을 보여주는 것이 1983년 부활절에 발행한 청년회 기관지〈에덴〉창간호이다. 정찬일 목사는 잡지 제호 '에덴'의 의미를 다음과 같이 풀이했다.

"〈에덴〉시의 창간을 축하합니다. 청년회원들의 믿음에 대한 열의가 맺혀진 결실이기 때문입니다. 천지창조 후 인간이 받은 첫째 선물은〈에덴〉그것입니다. 그곳은 보기에 아름답고 먹기에 좋은 각종 과실나무가 그득한 동산이었습니다. 있는 것으로 족한, 누구에게나 만족한 풍요로운 장소였습니다. 거기서 흘러내리는 네 줄기 강(비손 기혼 힛데겔 유브라데)은 온 지역을 기름지고 풍성하게 하였습니다. 무엇이든지 씨 뿌리면 넉넉하게 맺혀 힘써 일하는 자에게 열매를 주는 생산의 땅이었습니다. 우리에게도 이와 같은 옥토가 주어지기를, 그리고 우리 모두가 이 땅을 에덴으로 만드는 사역에 참여하기를 빌며 치하의 말씀을 드립니다."

교회 청년들은 태어나 살고 있는 주문도가 '에덴동산'이 되기를 희망했다. 정찬일 목사는 그것을 '복음의 옥토화'로 설명했다. 청년들도 그 점을 알고 있었다. 다음은 정정윤의 "복음화된 봄"이란 수필이다.

"어떤 해엔 우리가 살고 있는 동네, 들과 산에 4월이 성큼 한달음에 찾아든다. 그러면 산야는 단숨에 진달래의 합창, 개나리의 춤, 자두꽃의 화사한 차림으로 가득한 무대가 된다. 어디를 보나 봄이 와 삶은 계속되며 죽음은 계절의 변화에 지나지 않는다는 축복의 진리를 다짐해둔다. 조물주의 기적은 절대 주춤거리는 법이 없고 하나님의 설계는 결코 변하지 않는다. 우리는 조물주 하나님이 주신 이 축복된 땅에 새봄을 맞아 씨를 뿌려야 할 것이다. 물을 주고, 거름을 주고, 잘 가꾸어 나가 이 둥지가 아니, 우리 민족이, 더 나아가서는 전 세계가 복음의 꽃으로 활짝 피어나 화사한 복음의 찬가를 불러야겠다."

윤윤구의 "복음의 씨앗"이란 시도 같은 내용을 담고 있다.

"하나의 씨앗이 우리를 기다리고 있습니다.
우리 젊은이들은 그 씨앗을 찾으려 한 발 한 발…
조심스럽게 내딛습니다.
우리의 이런 심정을 아는지 모르는지…
그 씨앗은 우리에게 점점 다가옵니다.
모든 죄악이 우리들의 앞길을 막지만
그러나 우린 그것을 이겨 애타게 찾던 그 씨앗을 기어코 찾았습니다.
그 씨앗은 우리에게 평화를 안겨줍니다.
사랑이 담뿍 담긴 씨앗!

우린 이 씨앗을 헛되이 버리지 않고 소중히 가슴에 안았습니다.

두 눈엔 기쁨 감사의 눈물이 흘러나옵니다.

우리들은 이 씨앗을 마음 밭에 심었습니다.

이 씨앗이 싹이 나 자랍니다.

우리들은 이 씨앗이 상하지 않게 귀중히 키웁니다.

육십 배 백 배…

결실의 열매가 맺을 씨앗이 되도록

오늘도 머리 숙여 기도드립니다.”

청년들은 고향 주문도의 봄을 사랑했다. 그러나 청년의 시대에 아름다움만 있는 것은 아니었다. 외부의 유혹도 있고 마음의 갈등도 있다. 회장 윤용준(윤정애 권사의 조카)은 그것을 “신과 악령의 싸움터”로 표현했다.

“우리의 마음은 선과 악이 쉴 새 없이 피투성이가 되어 싸우는 전장과 같다. 우리는 승리의 선한 용사가 되는 수도 있지만 비참한 악의 패배자가 되는 경우도 있다. 여기 우리의 마음에 있는 갈등을 예리하게 관찰한 사도바울의 소리를 로마서 8장에서 찾아보았다. ‘내가 원하는 선은 행하지 아니하고 원치 않는 악은 행함이로라. 내가 선을 행하고자 할 때는 악이 아주 가까이에 있다는 것을 한 법칙으로 내가 깨달았노라… 아 아! 나는 불쌍한 자로다. 누가 나를 이 죽음의 몸에서 건져줄 것이냐’ 하는 사도바울의 한탄은 선악 이원의 전쟁으로 고민하는 인간의 양심의 절규다. 우리 마음은 자유롭게 통일하고 지배하고 관리하는 일은 인생의 난사 중의 난사다. 우리는 그리스도 안의 청년들로서 천태만화하는 우리의 마음을 십자가의 믿음으로써 올바른 그리스도의 삶을 추구해야 할 것이다.”

청년 시대의 갈등과 방황은 신앙 성숙으로 나가는 길에서 피할 수 없는 관문이다. 모태신앙으로 태어났지만 청소년 시절 교회 출석을 등한히 했던 청년들이 교회에 다시 나오면서 신앙을 회복한 경우도 많았다. 손경수가 쓴 “주님을 알고부터”란 수필이다.

“처음으로 마음먹고 교회에 나오게 된 것은 1982년 12월 15일경이었어요. 한참 성탄절 음악의 밤 준비로 인하여 많은 청년이 모여들었어요. 모든 청년이 교회에 나가 주님을 부르는데 저만이 혼자 집에 있자니 뭐하고 해서 마음먹고 나오게 된 것입니다. ‘주님을 믿으며 주님 뜻대로 한번 살아보리라’ 결심을 하였지요. 결심을 하고 교회에 처음 나와 처음으로 성가를 배웠지요. 성가라는 말만 들었지, 나 자신이 성가대에 성가복을 입고 앉아보기는 처음이었습니다. 참으로 감개무량했었지요. 그렇게 교회에 다니다가 보니 이제는 청년부 금요집회에도 빠지지 않고 나오게 되고 일요집회에도 빠지지 않게 되어 이제는 주님과 조금이라도 더 가까이 주님을 뵈올 날을 위해 열심히 찬송하고 열심히 믿으며 열심히 기도하고 봉사하면서 마지막 사는 날까지 주를 위해 살기를 노력하겠습니다.”

중고등학교를 졸업한 후 외지에 나가 직장생활을 하다가 신앙을 회복하고 돌아온 일도 있었다. 총무 전춘랑의 “믿음-시험=확신”이란 수

필이다.

"지난 어느 날 저는 행복했던 가정을 떠나 사회에 첫발을 내디디게 되었습니다. 아무도 모르는 객지 생활에 눈물도 많이 흘렸답니다. 옆에서 동료가 조금만 뭐라 해도 꾹 참고 있다가 아무도 모르는 곳에 가서 고향의 식구들을 생각하며 눈물을 짓곤 하였답니다. 그러기를 몇 개월이 흘렀지요. 같이 지내던 직장동료들과 길을 나서게 되었는데 한참을 가다 보니 '심령대부흥회' 란 현수막이 보였습니다. 내가 왜 진작 하나님을 몰랐던지, 왜 그동안 하나님을 등지고 이런 험악한 세상에서 외롭게 지냈을까? 이제부턴 하나님을 믿고 의지하며 살아야지… 지난 시절 고향에서 교회 다니던 일을 생각하며 걸었답니다. 그날 저녁으로 저는 교회에 나갔습니다. 성남에 있는 '기독교 대원감리교회' 였어요. 회개하며 새벽마다 주님 제단에 나아가 열심히 기도생활을 했지요. 외로움도 괴로움도 다 잊은 채 주님만을 바라보면서 기도생활을 해 왔지요. 그런데 어느 날 기숙사에 방 식구가 4명 있는데 저의 권유로 우리 방 친구들은 저랑 같이 주님을 믿고 교회에 나가게 되었어요. 그리고 금요일마다 기숙사 안에서 예배를 드리곤 했지요. 처음 4명이었던 교우가 점점 늘어가게 되었어요. 그래서 처음에 자기 방에서만 예배드리던 것이 방마다 돌아가면서 예배드리기로 의견을 모아 주님을 찬양했답니다."

신앙을 회복한 청년들은 다시 유혹과 시험에 빠지지 않기 위해서 기도생활에 최선을 다했다. 전미옥(전종식 장로의 딸)의 "늘 함께 하옵소서"란 시다.

"주님!
나의 발이 지금 검은 흙을 딛고 있더라도
그 흙 속에서 방황하며 헤메일 때에
동서남북을 헤매다 더럽고 어지러운 발이 되지 않도록
늘 함께 하옵소서
한 걸음 한 걸음 주 앞에 엎드릴 때까지
주님 늘 함께 하옵소서

주님!
나의 마음이 더럽고 수치스러운 허영의 옷을 입었더라도
그 옷을 입고 이 세상을 방황하며 헤메일 때에
영원히 주님을 향해 겸손한 마음과
아름다운 마음으로 주 앞에 나갈 수 있도록
늘 함께 하옵소서
하늘에서 내려주신 정결한 옷을 입을 때까지
주님 늘 함께 하옵소서

주님!
나의 두 눈이 이 세상의 죄악 된 날들을 보고 있더라도
앞길을 잃어 방황하며 헤메일 때에
험한 세상 가운데에서도 깜깜한 세상을 헤메이는 나의 두 눈을 밝혀
빛 가운데로 갈 수 있도록

늘 함께 하옵소서
아름다운 주님의 나라를 찾아 임할 때까지
주님 늘 함께 하옵소서"

한옥 예배당에서 어른들이 드리는 새벽기도회에 참석하는 청년들도 적지 않았다. 전훈례의 "주여 당신 품에"란 기도시다.

"미련하게 잠들었던 나의 영혼을
일어나라 깨워주신 당신
내가 알지 못했던 사랑의 뜻을
당신으로부터 알았습니다.

나보다 나를 더 사랑해 주시는 당신의 마음
이젠 진실함을 알았답니다.

내가 약속한 그 언약
내 마음 요동되게 하지 마시고
거짓말쟁이 되지 말게 하소서
이제는 당신의 뜻에만 행하겠사오니
머지않아 당신께서 찾으실 때
세마포로 단장하고
당신 품에 안기렵니다.

오! 당신의 이름 예수여

새벽종 울리는 새벽에
드리는 소년 소녀의
기도를 들어주소서.”

청년들은 〈에덴〉지 부록으로 서도중앙교회의 역사를 기록한 〈진촌교회 연혁〉 가운데 초창기 부분을 발췌해 소개하였다. 즉 1893년 여름 성공회 신자 윤정일이 선교사를 안내해 주문도를 방문하여 처음 전도한 것으로부터 1902년 감리교 전도인으로 변신한 윤정일이 주문도를 다시 방문, 응구지나루터에서 전도한 일, 그의 전도로 김근영이 처음 믿고 자기 집에서 교회를 시작한 사실, 그리고 1903년 겨울 일어난 국사당 훼파 사건까지 초창기 역사를 국한문 본문과 쉽게 풀어쓴 한글 번역본을 대조하며 소개하였다. 청년들은 이 자료를 교인들에게 소개하는 이유를 다음과 같이 설명했다.

“이 땅에 복음의 씨앗이 뿌려진 지 어언 백 년, 많은 핍박과 고통과 환난 속에서도 그리스도, 복음의 씨앗은 싹이 트고 백배 천배의 결실을 맺어 이 둥지가 복음화되어 하나님께 영광을 드리게 되었습니다. 이제 복음을 전하는 청년들이 되었기에 뿌리를 찾아 여러 성도님들에게 드립니다. 온 성도가 초대교회의 믿음으로 그리스도인의 삶을 이끌어 가기를 부탁드립니다.”

“환난과 핍박 중에도 믿음을 굳게 지킨” 신앙 선조들의 자랑스러운 역사를 잊지 말고 잘 계승하여 지역사회를 복음화함으로 주문도를

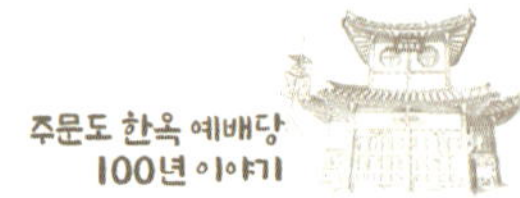

'에덴동산'으로 가꾸어 나가자는 청년들의 호소이자 다짐이었다. 〈에덴〉을 통한 청년들의 이러한 호소에 서도중앙교회 교인들은 10년 후에 다가올 선교 1백 주년 기념사업을 준비하기 시작했다.

선교 100주년 기념예배

1983년 9월 원로 유영랑 장로가 별세했다. 그리고 1986년 4월 목사관 봉헌예배와 함께 박인희 장로 은퇴 및 박상인(朴商仁) 장로 취임예배를 드렸다. 유영랑 장로의 별세와 박인희 장로의 은퇴, 그리고 박상인 장로의 취임은 서도중앙교회 신앙이 3세대에서 4세대로 이양되고 있음을 보여주었다. 1987년 1월 최영원 장로가 별세하였고 그해 2월 정찬일 목사가 강화서지방 선교부 총무로 선출되었다. 그러나 정찬일 목사는 그해(1987년) 10월 서울 동대문지방 동성교회 부목사로 청빙을 받아 떠났고 후임으로 부경환(夫慶煥, 1962-) 전도사가 서도중앙교회 제26대 담임자로 부임했다.

부경환 전도사는 서울 문래동교회의 2대 신앙가문에서 출생하여 1985년 감리교신학대학을 졸업하고 군대를 다녀온 후 서도중앙교회에서 '서리전도사'로 목회를 시작하였다. 주문도에서 시작한 첫 목회에 대한 부경환 목사의 회고다.

> "총각 전도사로 부임을 하다 보니 당시 원로목사(양재원) 사모님 김영혜 사모님과 최영자 집사님께서 세끼 밥을 해 주셨다. 어린 전도사를 향한 성도들의 사랑은 지극했다. 임종락 감리사님께서 전화로 당회를

위임하니 잘하라고 하셨다. 이제 막 목회를 시작한 서리전도사에게 당회는 큰 부담이었다. 그래서 당시 전종식 장로님과 박상인 장로님을 면담하였다. '감리사님께서 당회를 저에게 위임하신다고 하는데 어떻게 해야 할까요?' 그때 두 분은 '100년 동안 이렇게도 해보고 저렇게도 해보았지만, 담임자께서 기도하면서 진행하시는 것이 가장 좋았습니다' 하셨다. 지금도 그 말씀이 마음속에 남아있다."

부경환 전도사 부임 직후 서도중앙교회의 당면한 과제는 5년 후에 다가올 선교 백 주년 기념 행사와 사업이었다. 부경환 전도사는 교회 장로, 임원들과 상의해가며 준비하였다. 우선 그동안 여러 차례 본당과 목회자 사택 수리, 증축 공사를 하면서 누적되었던 교회 빚을 청산하기로 하고 1989년 12월 김낙인 감리사 주재로 열린 구역회에서 주문리 280-2의 논 454평 매각을 결의했다. 그 논은 1937년 노블 선교사가 교회 자립(목회자 생활비)을 위해 기부한 돈으로 마련한 땅이었다. 비록 선조(先祖) 대에 얻은 땅을 후대에 와서 판 것이 죄송스럽긴 했지만 '빚 없이' 백 주년 기념예배를 드릴 수 있게 된 것으로 감사했다.

김낙인 감리사가 와서 주재한 1990년 12월 당회에서는 윤영홍, 하정남 권사를 신천장로 후보자로 선출하였다. 윤영홍 장로는 창설교인 윤병규와 윤병문 집안, 하정남 장로는 김근영의 외손자 하성범 집안 후손이었다. 역시 선조의 대를 잇는 신앙의 계승이었다. 그리고 당회는 "교육관(한옥 예배당)을 70년 전에 조상님들이 봉헌할 당시의 원형으로 복원하기로" 결의하였다. 1923년에 처음 건축한 한옥 예배당은 일제 말기와 전쟁을 거치면서 많이 훼손되고 파괴되어 여러 차례 수리했지만 처음

모습은 아니었다. 특히 교회 입구 현관(종탑) 부분은 해방 직후 수리하면서 시멘트로 탑처럼 쌓아 올려 한옥 건물과 어울리지 않았다. 그래서 해방 전 모습으로 복원한 후 '백 주년 기념예배당'으로 명명하기로 했다. 이에 대한 부경환 목사의 증언이다.

"선교 백 주년을 앞두고 백 주년 기념예배당으로 한옥 예배당을 복원하려고 기획위원회를 열었다. 목회자의 설명을 들은 한 권사님이 지금까지 여러 번 무너지고 다시 세우고 하면서 지금의 모습까지 왔고 튼튼하게 잘 세워졌는데 부수고 다시 목조건물로 만드는 것은 깊이 생각해야 할 문제라고 의견을 냈다. 그때 박상인 장로님이 '여보게 우리 집도 여러 번 고치지 않았나. 초가에서 양철 지붕, 스레트 지붕으로 고치고, 지금은 양옥집으로 건축하지 않았나. 하나님의 집인데 더 좋게 하려고 다시 건축하는 일은 당연히 해야 할 일이라네' 하고 말씀하시니 모든 분들이 찬성하였다. 그리고 박상인 장로님이 '제가 공사비의 십분의 일을 내겠습니다' 하자 나머지 세 분(전종식 윤영흥 하정남) 장로님도 '우리도 십분의 일을 내겠습니다' 하였다. 공사비의 절반 이상을 기획위원들이 부담해서 백 주년 기념예배당을 복원할 수 있었다."

현관 부분 복원 공사는 1991년 4월부터 6개월 동안 진행되었다. 1991년 12월 15일 당회에서 정식으로 '백 주년 기념사업위원회'(위원장 박상인 장로)를 조직하였다. 그때부터 본격적인 백 주년 기념사업을 추진했다. 우선 1992년 6월 전 교인이 참여하여 한옥 예배당 내부와 외부 도색작업을 진행하였다. 그때 전종길 성도의 헌금 봉헌으로 한옥 예배당으로 올라오는 계단도 새롭게 정비하였다. 그 사이 부경환 전도사는 1992년 2월 인천에서 열린 중부연회에서 목사안수를 받았다. 그해(1992년) 8월에는 목회자 주택을 대대적으로 수리하였으며 1993년 4월에는 시멘트 벽돌로 되어 있던 본당(예배당) 벽체를 붉은 벽돌로 개수하였다. 공사비 1,400만 원은 교인들의 헌금으로 충당하였다. 그때 김창국 집사의 헌금으로 본당 입구 벽돌 종각을 철거하고 스테인리스 종각으로 교체하였다. 본당과 한옥 예배당만 수리하고 쇄신한 것이 아니라 교회로 오는 마을 길도 정비했다. 부경환 목사의 증언이다.

> “마을에 길을 냈으면 좋겠다는 마음이 들어서 벌판 한 가운데로 가서 교회 주변을 보았다. 세 분의 집만 통과하면 길을 낼 수 있었다. 그래서 제일 먼저 최영자 집사님에게 가서 부탁했다. 군소리 없이 ‘하시기여’ 한마디였다. 길을 내고 나니 최 집사님네 깨밭이 망가졌다. 그래서 ‘집사님, 어떻게 해요’라고 하였을 때 최 집사님의 명료한 한 마디가 지금까지 내 마음에 깊이 남아있다. ‘내꺼이까’(내 것입니까?).”

그렇게 한옥 예배당을 본래 모습으로 복원하고 교회 주변 환경을 새롭게 정비한 후 1993년 6월 20일 주일예배 후 ‘선교 백 주년 기념 진촌예배당’ 현판식을 거행하는 것으로 백 주년 기념행사를 시작하였다. 그리고 이튿날, 6월 2일(월요일) 오전 ‘선교 백 주년 기념예배’를 거행하였다. 서도중앙교회 교인과 지역주민, 그리고 중부연회 최기석 감독(부천제일교회)과 강화서지방 이화식 감리사(삼남교회)를 비롯한 강화지역 목회자와 평신도 대표 4백여 명이 참석하여 성황을 이루었다. 기념예배 중 하정남, 윤영홍 장로 취임식도 겸하였다. 순서는 다음과 같았다.

선교 백 주년 기념예배

선교 백 주년 기념예배 순서지

사회: 부경환 목사

묵도

찬송/ 245장

교독문/ 감리교 교리적선언

신앙고백/ 사도신경

기도/ 정찬일 목사(신원교회)

연혁소개/ 박상인 장로

성경봉독/ 고린도전서 3:16-17/
김만진 목사(한마음교회)

특송/ 성가대

설교/ 교회를 사랑하는 경건한 사람들/ 최기석 감독

축사/ 나정희 목사(한양제일교회)

헌금/ 다같이

헌금기도/ 이승우 목사(산화교회)

장로 이취임식(집례: 이화식 감리사)

기도/ 조원환 장로회장

소개/ 부경환 담임목사

문답/ 기도/ 선언/ 감리사

선교 백 주년 기념예배

권면/ 장로에게: 박인환 목사(오상교회) 교회에게: 김낙인 목사(망월교회)

예물증정/ 각 기관에서

축사/ 임종락 목사(양사중앙교회)

예사 및 광고/ 전종식 장로

찬송/ 261장

축도/ 최기석 감독

역대 담임자 중에서 나정희 목사와 정찬일 목사가 참석해서 순서를 맡았다. 그리고 이기삼 목사는 다음과 같은 회두시(回頭詩) 형식의 축시를 현판으로 만들어 와 한옥 예배당에 걸었다.

西會之百歲祝詩(서회지백세축시) / 島與海如男與女(도여해여남여녀)

中於福音至西島(중어복음지서도) / 央矣聖徒使宣教(앙의성도사선교)

敎衆使主之弟子(교중사주지제자) / 會矣祈出矣傳道(회의기출의전도)

百回宴卽豊語宴(백회연즉풍어연) / 周善者天報以福(주선자천보이복)

年復年必百培興(년복년필백배흥) / 紀念塔爲榮光主(기념탑위영광주)

念旣言且行爲主(념기언차행위주)

이를 풀어쓰면 다음과 같다.

서도중앙교회 백세 축시
섬과 바다 어울림이 남녀 어울림과 같구나
그 가운데 복음이 서도에 들어왔으니
오랜 세월에 성도는 사도가 되었고
신도들은 주의 제자가 되었네
모이면 기도하고 나가면 전도하니
백 세 잔치에 말 잔치 풍성하도다
선을 베푸는 자 하늘 복을 받나니
해를 거듭하여 백배로 흥하였도다
기념탑 놓아 주님께 영광 돌리고
말과 행실을 삼가 주님 섬기세

부경환 목사는 1993년 6월 백 주년 기념예배를 드릴 당시 이미 강화 송해교회 담임자로 내정되어 있었다. 담임자가 빈 송해교회의 '급박한 상황' 때문이었다. 부경환 목사는 백 주년 기념예배를 드린 사흘 후 6월 24일 인사구역회를 마치고 주문도를 떠났다.

부경환 목사 후임으로 그의 신학교 입학 동기(1981년)인 김래성(金來成 1961-) 목사가 부임해 왔다. 김래성 목사는 경북 포항의 2대 신앙가문에서 출생하였고 1985년 감리교신학대학을 졸업한 후 군 복무를 마치고 1988년 강화 인화교회 전도사로서 목회를 시작하였다. 1991년 3월 중부연회에서 목사안수를 받고 화성지방 군남교회 부목사로 2년간 시무하다가 서도중앙교회 제27대 담임자로 부임했다. 김래성 목사는 부임 두 달 후 8월 14일 별세한 박인희 장로 장례식을 집전하는 것으로 서도중앙교회 목회를 시작하였다. 김래성 목사는 전임자 시대에 이미 예배당과 교회 환경 개선을 위한 크고 작은 공사를 마쳤기 때문에 외적 행사보다는 내적 신앙쇄신에 진력하였다. 이를 위해 양재원 목사 은퇴 이후 한동안 개최하지 못했던 심령부흥회를 주기적으로 개최하였다. 다음은 김래성 목사 부임 이후 개최된 부흥회 상황이다.

일 자	강 사	특기상황
1993.12.6-10	백남영 목사(서울 선광교회)	부흥회 기간 중 해외선교 헌금 실시
1994.12.12-16	조우형 목사(오산 태장교회)	
1995.11.27-12.1	이승수 목사(포천 일동교회)	
1996.12.9-13	진인문 목사(사강 서신교회)	
1998.1.3-9	유심현 목사(부평 소명교회)	

1990년대 들어 서도중앙교회는 국내외 선교를 활발하게 추진했다. 1993년 12월 백남영 목사가 인도한 부흥회 기간 중 교인들은 "복음에 진 빚을 갚자"는 취지로 해외선교 헌금을 실시하여 필리핀 선교를 시작하였다. 이는 서도중앙교회 1백 년 역사에 처음 시작한 해외선교였다. 국

내 선교로 지역사회를 위한 선교활동과 국내 미자립교회와 선교기관을 지원하였다. 1994년 없어진 영생학교의 정신을 부활, 계승한다는 차원에서 지역의 미취학 아동을 위한 '영생선교원'을 설립하였다. 교사로는 김래성 목사 부인 이경희가 자원봉사를 하였다. 1996년 국내 선교를 확장하여 미자립교회인 서광교회와 금성교회, 초당교회, 칠곡교회, 구례 성광교회, 늘새롬교회 등과 넓은땅선교회를 재정적으로 후원하기 시작했다.

1994년 미국에 있던 손효순 권사가 부모로부터 유산으로 물려받았던 주문리 101-1, 안말 봉구산 자락의 임야 5,082평(16,800㎡)을 서도중앙교회에 기증했다. 김몽혜 권사의 외동딸이었던 손효순은 헤스 부인의 추천으로 인천 영화여학교와 서울 배화여학교, 이화여자전문학교를 졸업한 후 사업가(權奇榮)와 결혼해서 4남매를 두었다. 불신자였던 남편은 그의 기도로 회심하고 신학교까지 졸업했으나 일찍 별세하였다. 손효순 권사는 서울 정동교회 권사로 시무하면서 재경 주문도 출신 교인들을 모아 고향교회를 위한 모금운동을 여러 차례 벌여 기금을 보내왔다. 1970년대 미국으로 이민 가서 뉴욕에 살면서도 고향교회를 위한 기도와 후원을 지속했던 손효순 권사는 1989년 2월 유산으로 물려받은 고향 땅을 서도중앙교회에 기증하기로 결심하고 박상인 장로에게 다음과 같은 편지를 보냈다.

"사실 궁금했습니다. 면장님은? 교회 목사님은? 아름다운 내 고향을 그리며 80 노인답지 않은 꿈을 꾸고 내가 10년만 젊었다면 무슨 일을 해서라도 고향교회를 도울 터인데 아쉬움을 그리죠. 이제는 내 본 교회도 봉사 못 하는 주제입니다. 오직 기도로 우리 하나님께 호소합니다. 인생, 너도 가고 나도 가고, 영원한 것은 내 주님, 어머니 생존 시 너무나 사랑하시던 동산. 그 동산을 영원히 존재할 주의 제단의 소유로 진작 생각했더라면 내가 있을 때 수속할 것인데. 죽을 줄도 모르고 살 줄만 알고 눈앞에 일만 보고 살아왔죠. 소망은 있었죠. 기도원을 짓고 싶어 했었죠."

미국 시민권자가 소유했던 땅을 국내 종교법인에 등재하는 법적 절차가 까다로워 1993년 11월에야 손효순 권사가 기부한 땅이 교회 소유로 등재되었다. 손효순 권사는 자신이 기부한 땅에 기도원 세우기를 원했다. 1996년 10월 향년 87세로 미국 뉴욕에서 별세하였다. 간호사였던 맏딸 권혜자는 신학을 공부하고 전도사가 되었고 둘째 딸 권에스더(권은주)는 미국 풀러 신학교를 졸업한 후 아프리카 선교사로 가나와 통고에서 사역하였다.

서도중앙교회는 1995년 6월 회원 12명으로 청장년회를 조직하였다. 청장년회는 1996년 6월 강화 여자기독교청년회(YWCA) 후원을 받아 김정옥 선생을 초청, 지역주민을 대상으로 자녀교육 세미나를 개최하였다. 1997년 1월에는 면사무소와 파출소 등 지역사회를 위해 수고하는 공무원들을 초청하여 위로 행사를 가졌다. 그리고 1997년 7월 4일 선교백 주년 기념예배당으로 명명했던 한옥 예배당이 인천시 지방문화재 제14호로 등재되었다. 이 일을 추진했던 김래성 목사의 증언이다.

"1990년대 한국사회의 급속한 고령화 추세를 주문도도 피할 수 없었

다. 초중고 학생들이 줄어들고 청년층도 섬을 떠나는 상황에서 교회 성도들도 점차 고령화되어가고 있었다. 10년 후 노인들만 섬에 남게 될 상황에서 과연 교인들이 한옥 예배당을 유지할 수 있을까 우려가 되었다. 동네의 오래된 한옥 건물들도 헐려 없어지거나 현대식 건물로 바뀌고 있었다. 유서 깊은 한옥 예배당도 헐려 사라지지 않을까 염려되었다. 그래서 한옥 예배당만이라도 문화재로 등재시켜 국가에서 유지, 관리하도록 하는 것이 교인들에게 조금이나마 도움이 될 것으로 판단했다. 이런 내 의견에 교인들은 동의하면서 '되갓시까?' 하였다. 강화의 어느 모임에서 교회 장로인 이경재 국회의원과 김선홍 군수를 만나 사정을 말했더니 흔쾌히 도와주겠다고 약속했다. 곧바로 인천시 문화재 당국에서 한옥 예배당에 대한 실사를 나왔고 얼마 후 지방문화재로 등재되었다."

지방문화재가 된 한옥 예배당은 자치단체(인천시)로부터 유지 보수를 받기 시작했다. 인천시에서는 2000년 6월 2천만 원을 들여 한옥 예배당의 낡은 기와지붕 3분의 1을 교체하였고 2013년 6월에는 기와지붕 나머지 부분과 벽체, 내부 기둥까지 대대적으로 수리하였다. 그리하여 일제말기와 전쟁 때 폐쇄와 훼손의 위기에서 성전을 '생명처럼 여겼던' 성도들의 믿음과 투쟁으로 지켜낸 한옥 예배당은 국가의 보호와 지원을 받으며 본래 모습을 유지할 수 있게 되었다. 또한 지방문화재가 되면서 인천 및 강화지역 관광 지도에 서도중앙교회 한옥 예배당이 관광 명소로 표기되었고 그것을 보고 찾아오는 관람객들은 건물을 보러 왔다가 그 안에서 이루어진 아름다운 신앙 선조들의 역사 이야기까지 듣고 가게 되었다. 1997년 12월 한국방송공사(KBS) 성탄절 특집 〈특종 비디오채널〉 프로그램에 서도중앙교회 성도들의 한옥 예배당 새벽기도회 모습이 방영된 후 주문도와 한옥 예배당을 찾는 방문객이 매년 늘어났다.

고향교회를 지키는 사람들

김래성 목사는 4년간의 주문도 목회를 마치고 1998년 9월 서산 해미제일교회 담임으로 부임해 떠났다. 그리고 후임으로 부경환 목사와 김래성 목사의 신학교 입학동기(감리교신학대학 81학번)인 박형복(朴炯復, 1961-) 목사가 부임해 왔다. 인천 성산교회에서 박수동 장로의 아들로 태어난 박형목 목사는 청소년기 부광교회에서 신앙생활을 하였고 1985년 감리교신학대학을 졸업한 후 군 복무를 마치고 1989년 12월 안성 일죽교회에서 전도사로 목회를 시작하였다. 1993년 2월 경기연회에서 목사안수를 받은 후 일죽교회에서 계속 목회하다가 서도중앙교회 제28대 담임으로 부임하여 현재에 이르고 있다.

다음은 박형복 목사가 서도중앙교회 부임 3개월 후 처음으로 주재한 1998년 12월 27일 당회 일지다.

"1. 서기선택: 최신원 권사의 조범산 권사를 서기로 하자는 동의에 김경애 권사의 재청으로 가납되다.

2. 회원 점명: 당회원 134명 중 출석한 62명으로 하다.

3. 임원보고: 인사로 받다.

4. 임원선출

명예집사: 하금년

신천집사: 김순환 김의산 박점례

이명집사: 이현미(주안지방 큰빛교회에서)

5. 자치기관장 인준

선교부장: 최신원 / 교육부장: 전종식 / 관리부장: 윤영홍

재무부장: 박상인 / 교회학교장: 박상인 / 성가대장: 김윤환

남선교회장: 박상인

여선교회장: 로이스회 박은희 / 다비다회 최영자

수산나1회 송시숙 / 수산나2회 박원숙

감사: 조범산 유경분

기획위원회: 박형복 전종식 박상인 윤영홍 하정남 최신원 김윤환 황완남

6. 기타 사무처리: 겸손속 속장에 최재순 집사를 임명하다. 속회 편성은 전년도와 동일.

7. 폐회: 당회를 폐회하자는 유경분 권사의 동의와 김영애 권사의 재청으로 가납됨."

그리고 이틀 후(12월 29일) 안승우 감리사가 와서 주재한 구역회에서 "전임 김래성 목사 이임과 박형복 목사의 취임을 만장일치로 가결한" 후 새해 예산을 통과시켰다. 그리고 1999년 2월 지방회에 참석할 대표를 다음과 같이 선정하였다.

목사: 박형복

장로: 정진식 박상인 하정남 윤영홍

권사 대표: 김경애

선교부 대표: 최신원 / 교육부 대표: 전종식 / 사회봉사부 대표: 하정남

재무부 대표: 박상인 / 관리부 대표: 윤영홍 / 여선교회 대표: 황완남

청장년회 대표: 윤윤구

1999년 2월 강화서지방회에서 정진식 장로와 윤영홍 장로가 정년 은퇴하였다. 그리고 그 해 강화서지방에서 강화북지방을 분할하기로 결정하였는데 서도중앙교회는 계속 강화서지방에 소속되었다. 2000년 12월 당회와 2001년 1월 구역회에서 최신원 권사가 신천장로 피택을 받았다. 그는 지방회 시취를 거쳐 2001년 5월 취임예배를 드렸지만 부인(이영례 권사)이 병환으로 이사하여 장로안수를 받기 위한 진급 과정을 포기하였다. 이에 교회에서는 그를 명예장로로 추대하였고 2022년 12월 별세하기까지 충성스럽게 교회를 섬겼다.

2003년 12월 당회에서 김윤환 권사가 신천장로로 피택되었다. 이듬해 2004년 2월 지방회에서 박상인 장로가 은퇴하면서 동시에 김윤환 장로가 파송되었다. 김윤환 장로는 진급 과정을 모두 마치고 2006년 2월 지방회에서 장로안수를 받았다. 그러나 김윤환 장로는 1년 시무 후 2007년 2월 지방회에서 은퇴하였으며 2017년 3월 별세하였다. 2005년 12월 당회에서 소범산 권사가 신천장로 피택을 받았다. 그러나 그는 장로 진급 과정을 막 시작한 2006년 6월 지병으로 별세하였다. 2010년 2월 지방회에서 전종식 장로가 은퇴하였고, 그해 8월 윤영홍 장로도 별세하

였다. 또한 그해 10월, 김영혜 사모가 별세했다. 남편(양재원 목사) 별세 후에도 주문도에 남아 28년 동안 서도중앙교회를 섬긴 김영혜 사모의 별세는 교인들에게 큰 슬픔을 안겨주었다.

조범산 장로 이후 10년 동안 신천장로를 세우지 못했던 서도중앙교회는 2015년 12월 당회에서 김윤희 권사를 신천장로로 천거하였다. 그는 2016년 2월 지방회 시취를 거쳐 서도중앙교회 장로로 파송을 받았다. 김윤희 장로의 부친은 주문도와 인천을 오가는 배를 운영했는데 병약한 아내 때문에 '굿을 많이 하는 집'으로 꼽혔다. 그러나 양재원 목사의 전도를 받은 어머니가 먼저 믿기 시작하였고 김윤희 장로도 양재원 목사 주례로 교회에서 결혼식을 올렸다. 공무원으로 강화도 행정선(行政船) 기관사였던 김윤희 장로는 결혼 후 김포로 이주하여 공항교회와 성광교회 권사로 봉직하였다. 김윤희 장로는 은퇴 후 2013년 4월 주문도로 귀항한 다음에도 한동안 김포로 나가 주일예배를 드렸다. 그러다가 부인 강화자 권사가 원로권사들과 철야기도를 하던 중 "내가 너희 가정을 주문도로 보냈다. 교적을 옮기라"는 음성을 듣고 부부가 교적을 옮겼다. 김윤희 장로는 취임 후 본당과 주택 리모델링 공사를 지휘하였고 2019년 본당 앞쪽(주문도리 721-1)에 교인들의 오랜 숙원이었던 식당(95평방미터)을 건축하였다. 그때 교회는 식당부지 구입과 건축비(1억 4천여만 원) 조달을 위해 주문도리 산 42-2와 산 44에 있던 새멀 임야를 매각했다.

1980년대 이후 서도중앙교회를 대표하는 평신도 지도자로 활약한 박상인 장로가 장기 투병 생활 끝에 2022년 1월 별세했다. 박상인 장로는 1983년 장로로 취임한 후 한옥 예배당 복원공사와 본당 증축 공사, 교회 주변 환경 정리, 목회자 사택 증축 등 크고 작은 공사를 지휘하였

서도중앙교회 교우 일동(2023년 9월)

서도중앙교회 주일예배 모습

고 선교 백 주년 기념사업을 무난하게 치러냈다. 박상인 장로는 교회에서뿐 아니라 지역사회에서도 '마을 어른'으로서 지도력을 발휘하였다. 2009년 6·25 전쟁 때 자체적으로 주문도를 수호했던 방위대의 투쟁 역사를 기리는 '향토수호전적지 건립추진발기위원회' 위원장으로 활약하였고 2015년 서도면 역사와 현황을 총정리한 〈서도면지〉(西島面誌) 편찬위원장으로 활약했다. 박상인 장로의 유해는 교회 뒤편 언덕, 6대조 박승태 이후 박순병과 박용세, 박제원, 박봉원 등 조상들의 선영(先塋) 제일 아래쪽에 안장되었다.

박상인 장로 장례식이 거행된 한 달 후, 2022년 2월 순덕기 장로가 지방회에서 장로로 파송되었다. 충남 부여의 감리교 신앙가문에서 태어난 순덕기 장로는 열린사이버대학 사회복지학과 교수로 봉직하던 중(2004년 3월부터) 서도초등학교 부지와 교사에서 북한선교단체인 모퉁이돌선교회 선교훈련원 관리자로 사역하고 있던 형(순철기 목사)을 만나러 부인(유순현 권사)과 함께 주문도를 방문할 때마다 서도중앙교회 예배에 참석하였다. '주일예배나 저녁예배나 수요기도회나 새벽기도회나 참석 인원이 항상 같은' 현상에 감동을 받은 이들 부부는 주문도로 거처를 옮기기로 하고 2011년 웃말에 '바다펜션'을 차렸다. 순덕기 장로는 집사로 주문도에 들어와 5년 만에 권사가 되었고 다시 5년 만에 장로가 되어 서도중앙교회의 가장 젊은(?) 임원(54세)으로 교회와 지역사회 '어르신'들을 섬기고 있다.

김래성 목사가 예상했던 대로 주문도 주민과 교인들의 고령화 추세는 2000년대 들어 더욱 급속한 속도로 진행되었다. 섬 인구가 줄었을 뿐 아니라 장성한 자녀들은 대부분 섬을 떠나 도시에서 생활하였다. 섬에 남은 '원로 교인'들은 도시의 자녀들로부터 "그동안 고생만 했으니 도시로 나와 편하게 지내시라"고 하여도 주문도를 떠나지 않고 살던 집과 교회를 지키고 있다. 그들이 지키고 싶은 것은 집과 텃밭만이 아니었다. 선조 대대로 지켜왔던 교회와 예배당, 그 안에서 백 년 넘게 이어져 내려온 신앙의 터전을 지키고 있다. 그렇게 고향교회를 지키고 있는 원로 교인들의 신앙에 대한 박형복 목사의 증언이다.

"강화자 권사: 아랫말 끝 쪽에 사시는데 다리 수술을 여러 번 받아 걸을 수 없게 되어 집에서도 네 발로 다니신다. 네 발로 기어 나가 밭을 일구고 교회 차를 탈 때도 네 발로 기어오르셨다. 도시의 자녀들이 함께 살자고 해도 '이 좋은 주문도를 떠날 수 없다'며 홀로 사신다. 요즘 건강이 더 나빠져 교회에 나오시지 못하고 계시지만 다행히 그 옆에 60대 이인옥 집사와 김영자 집사(동서)가 있어 세 분이 늘 함께 식사하며 식구처럼 지내고 있다. 강 권사님은 냉장고 문을 열어 있는 것이라면 모두 이 두 분에게 나누어 주신다."

"전종철 권사와 정미숙 권사: 어부이셨던 전문옥 권사님의 아들인 전종철 권사님도 어부다. 80이 넘었음에도 지금도 바다에 나가신다. 권사님은 사계절 주문도 바다에 대해 모든 것을 알고 계시다. 어부는 물때에 따라 그물을 치고, 거둬야 한다. 그러니 한밤중에, 또는 이른 새벽에 바다에 나가 잡힌 고기를 가져와야 할 때가 많다. 하루는 '권사님, 새벽에 그물 보러 가실 때 무섭지 않으세요? 혹시 귀신이 나타나지는 않나요?' 물었더니 권사님은 '무섭기는요, 그냥 무시하고 갑니다.

게네들 늘 그러더라구요' 하였다. 허리가 안 좋은 요즈음에도 여전히 경운기를 몰고 바다로 나가는 모습이 청년과 같다. 전 권사님이 잡아 온 고기 손질은 부인 정미숙 권사님 몫이다. 남편이 새벽 1시, 2시에 그물을 정리해 들어오면 그것을 새벽 4시, 5시까지 정리한다. 그런 중에도 새벽기도에 빠지지 않으신다. 정 권사님은 아랫말 속장과 인도자를 오래 하셨는데 얼마 전까지 주일예배 시간에 대표기도를 하셨다. 늘 기도 내용을 종이에 적어 오셨는데 그 기도가 아름다워 듣고 있노라면 은혜가 되었다. 기도 종이를 모아두신다고 했는데 나중에 책으로 냈으면 좋을 듯하다."

"이연숙 권사: 1998년 9월 말 서도중앙교회에 와서 전교인 심방을 할 때 권사님을 처음 뵈었는데 한 마디로 여장군 같은 품위를 느꼈다. 말을 많이 아끼시고 묵묵히 신앙생활을 하시는 분으로 지금도 여전히 새벽예배에 일찍 오셔서 기도하시고 예배가 끝나면 또 기도하신다. 딸을 먼저 하나님의 나라로 보낸 아픔이 있었지만 주님의 위로를 받으며 지금은 늘 감사하며 살아가신다. 딸(정영선)은 손수진 목사(원주 염광장로교회) 부인이 되었고 자녀 중에 장로와 집사도 있어 감사할 뿐이시란다."

"박상호 권사: 창립 교인 박예병 전도사의 종증손자이다. 어떠한 핍박에도 끝까지 주님을 의지하며 살아가셨던 어머니 도순기 권사님의 믿음을 이어 박상호 권사님도 순수하고 열정적으로 신앙생활을 하고 계시다. 생활력도 강하시어 밭을 일구시는 것을 보면 얼마나 깨끗하게 정리가 잘 되어 있는지 모른다. 예배 시간에는 꼭 앞자리에 앉으시고 '아멘'을 잘하신다. 어디에서든지 '할렐루야'라는 소리만 들리면 자동적으로 '아멘' 하신다. 찬양을 하다가 하나님의 은혜가 임하면 두 손을 들고 찬양하신다."

"하옥심 권사: 권사님은 늘 웃으신다. 보청기를 하셨는데도 귀가 잘 안 들려 대화할 때 상대방의 입술을 주시해 보시면서 무슨 이야기를 하는지 집중하신다. 늘 본인은 배운 것도 없어서 잘 모르신다고 겸손해 하신다. 그러나 주님을 향한 열정만큼은 뛰어나 예배 시간은 빠지지 않으신다. 딸들이 자주 와서 어머니를 봉양하는 모습이 보기에 좋다. 딸들이 집 벽에 멋진 그림을 그려놓았다."

"유경분 권사: 고 박인희 장로님의 며느리인 유경분 권사님은 기억력이 남다르다. 어렸을 때의 일과 사람 이름도 정확하게 기억하고 계신다. 고향인 아차도교회와 우리교회 초기 역사의 산증인이시기도 하다. 판단력이 빠르고 추진력도 있어 모든 일을 척척 잘하신다. 교회 종탑이 낡아서 새로 해야 한다고 광고했더니 바로 당신이 하시겠다며 4백만 원 헌금을 해서 아연 종탑으로 바꾸었다. 여선교회 회장직을 맡아 똑 부러지게 일을 하셨다. 권사님은 남을 대접하기 좋아하셔서 자녀들이 맛난 것을 사다가 냉장고에 넣어두고 가면 동네 권사님들을 불러서 대접하신다. 혼자 사시던 고 손영숙 권사님 댁을 자주 방문하여 목욕과 이발을 해 드리고 식사를 해드렸다. 누가 오든 후하게 대접하시는 분이다."

“윤정애 권사: 기적처럼 살아가시는 분이다. 20여 년 전 허리 수술을 여러 번 받았고 아픈 곳이 많아 약으로 살아가시던 분이었다. 약물 중독으로 온몸이 떨리기까지 하였다. 그때 소원이 예배당에 나와서 예배를 드리는 것이었고 이러다가는 얼마 못 가서 주님의 부르심을 받을 것 같은 두려움도 있었다. 다행히 하나님 은총으로 건강을 회복하고 지금은 교회에 잘 나오셔서 예배를 드리고 계시다. 초창기 교회 역사의 산증인이시다. 윤 권사님의 남편 고 전종길 권사님도 대단한 분이셨다. 전 권사님은 노인 분들을 위해 한옥 예배당으로 올라오는 52개 계단 양옆으로 50밀리 파이프 손잡이를 설치하셨다. 그리고 매년 페인트칠을 해 상하지 않게 하셨다. 2019년 4월 식당 기공예배를 드릴 때 전종길 권사님이 ‘우리의 오랜 숙원이 이루어졌다’ 라며 눈물을 흘리셨던 모습이 기억에 남는다.”

한옥 예배당 새벽기도회

“정순례 권사: 고 김윤환 장로님의 부인이다. 정 권사님은 김 장로님을 대할 때 항상 신혼 신부가 신랑을 대하듯이 하셨다. 장로님의 결정에 대해 아무 소리도 하지 않으시고 늘 존중하셨다. 권사님은 장로님 뒤를 이어 지금도 열심을 다해 주님을 섬기고 계신다. 돌아가신 김 장로님은 늘 부지런하시고 겸손하시고 검소하셨다. 김 장로님은 교회를 늘 돌보시면서 교회 주변을 정리하시는데 앞장 서셨다. 장로님이 돌아가시고 입관할 때 큰 아들이 눈물을 흘리며 아버지를 향한 사랑의 글을 읽을 때 교인 모두 감동을 받았다.”

“석영순 권사: 속장의 역할을 잘 감당하고 계신다. 1998년도 첫 심방을 할 때 주님께서 석 권사님이 눈물로 속장의 일을 감당하고 계신 것에 대해 ‘고맙다’ 하시며 격려하신 것이 기억난다. 지금도 송말 속장으로 어르신들을 잘 섬기고 계신다. 맡겨주신 속장과 권사 직분을 묵묵하게 감당하고 계신다.”

“장경신 권사: 송말에서 최고령이시다. 요즈음 건강이 좋지 않아 예배 출석을 잘하지 못하고 계신다. 장 권사님은 ‘20년 전 환상 가운데 주님의 손을 보았는데 주님의 손이 나를 어루만져 주시며 위로해 주셨다’ 면서 그 때부터 힘을 얻어 신앙생활을 열심히 하게 되었다고 증언하셨다.”

“황혜숙 권사: 권사님을 보면 그의 어머니 김문철 권사님이 떠오른다. 묵묵히 교회를 섬기며 살아오셨던 김문철 권사님의 믿음을 이어받아

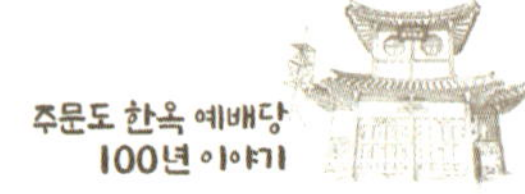

황 권사님도 교회와 목회자를 잘 섬기고 계신다. 매년 봄가을 대심방 때면 늘 뜨끈뜨끈한 감주를 대접하시는데 한 사발씩 주시는 감주로 심방의 피로가 풀어진다. 예배 시간에 빠지지 않으시고 늘 첫 번째로 예배당에 들어오시는 분이다."

"조분순 권사: 늘 변함이 없으신 분이다. 성경읽기 대장으로 속회 보고서에 올라오는 성경 읽은 장수를 보면 권사님이 얼마나 성경을 읽으셨는지 알 수 있다. 항상 웃으시는 모습으로 불평불만이 전혀 없으시고 늘 좋은 말씀만 하시는 분이다. 교회 바로 밑에 사셔서 새벽기도 종소리를 가장 가까이서 들으시는 분이다. 새벽기도 때 늘 교회와 자녀들을 위해서 기도하신다."

"조일현 권사와 윤순전 권사: 조 권사님은 올해 100세가 되셨다. 얼마 전까지 내외분이 구멍가게를 하셨는데 연세가 드시면서 정리하셨다. 조 권사님은 여전히 건강하신 편인데 건강의 비결은 늘 부지런하다는 것이다. 아침에 늘 집 주변을 도시고 집 앞에 있는 텃밭을 놀리는 적이 없다. 철을 따라 퇴비를 뿌리고 작물을 키우신다. 윤순전 권사님은 1998년에 처음 뵈었을 때 이곳저곳 몸이 아프셔서 많이 힘들어하셨다. 그런데 지금은 큰 병치레 없이 건강하시다. 두 내외가 서로를 격려하며 사시는 모습이 아름답다. 감사헌금을 하실 때 예전에는 이름 쓰는 순서를 조일현-윤순전이라 하셨는데 요즘엔 윤순전-조일현으로 바꾸어 아내를 위하는 남편의 마음이 보기에 좋다."

“박홍숙 권사: 우리교회 창립 교인 박예병 전도사의 손녀인 권사님은 항상 움직이시는 분이다. 쉬는 것을 볼 수 없다. 허리 수술, 무릎 수술을 해서 약간 구부러지셨다. 권사님은 주문도에서 제일 먼저 전동차를 이용하셨던 분이다. 바다, 밭, 안 가시는 곳이 없다. 하루도 쉬지 않으시고 밭으로 바다로 다니시며 항상 움직이신다. 3남매 손주들을 키우시느라 고생이 많았는데 기도로 잘 양육하셔서 손주들이 잘 커가고 있다. 예배 시간이 되면 빠짐없이 자리를 지키신다.”

“최영자 권사: 고 최영원 장로의 딸이자 고 조범수 속장의 아내인 최영자 권사님은 젊어서 부흥회에 참석했다가 사흘 동안 죄로 인한 피를 토하는 신비 체험을 하신 후 신앙생활을 열심히 하고 계신다. 교회에 필요한 일이라면 주저하지 않고 희생하고 희사하는 분이다. 부경환 목사님 때 본당으로 올라오는 길이 지적도상으로는 있는데 실제로는 마을 골목길로 해서 꼬불꼬불 올라오기 힘들었다. 그래서 자동차도 올라올 수 있는 길을 새로 내기로 하고 그 입구에 위치한 밭을 소유하고 계신 최 권사님께 양해를 구하자 조금도 지체하지 않고 ‘그러시겨! 내 땅인가요? 하나님 땅이지’ 하셨다 한다. 초창기 교회 역사의 산증인이시다.”

“박경자 권사: 우리교회 창립 교인 박예병 전도사의 종증손녀로서 고 조범산 장로의 부인이다. 외할머니 김은혜(김순의) 권사는 1960-1970년대 신유의 은사를 받으셔서 의료 시설이 없던 시절 교인뿐 아니라 불신자들도 찾아오면 기도로 병을 고쳐주시고 귀신도 내쫓으셨다고 한

다. 그러면서도 늘 겸손하셔서 교인들의 귀감이 되셨다 한다. 그런 외할머니와 어머니 황영분 권사의 믿음을 이어받아 박 권사님도 속회 인도자로 오랫동안 수고하셨다. 조용하시면서도 성실한 믿음생활로 교인들의 본이 되신 권사님은 허리 수술을 해서 불편하실 때가 많음에도 새벽 제단뿐 아니라 모든 예배에 참석하여 기도하신다. 예배 때 '성도들의 아멘이 부족하다' 시며 주일예배 시간 기도하실 때는 늘 '기도를 쉬는 죄를 범하지 않게 해 달라' 고 간구하신다. 큰딸(조현주)은 정명수 목사(봉생감리교회)의 부인이다."

"박상임 권사: 우리교회 창립 교인 박순병 전도사의 증손녀이사 박용세 전도사의 손녀이며 박상인 장로의 사촌 동생이다. 아버지 박형원 속장은 6·25 때 마을 구장으로 있다가 'B29 미군 병사 구출사건' 에 연루되어 납북, 희생되었다. 그 여파로 어머니(김문희 속장)도 일찍 돌아가셔서 어린 동생들을 키우느라 힘들고 어려웠던 시기를 겪으셨다. 결혼하면서 어린 동생들을 시집으로 데리고 갈 수밖에 없었던 권사님은 친정과 시집을 일으켜 세우시느라 고군분투하며 살아오셨다. 삶이 어려우니 기도할 수밖에 없었고, 기도함으로 하나님의 응답과 능력을 경험하며 사셨다. 지금도 자녀들은 기도 제목이 생기면 권사님께 부탁한다. 권사님의 기도에 하나님께서 응답하시는 것을 늘 경험했기 때문이다. 우리교회 역사의 산증인이시다."

"황완남 권사: 교동의 3대째 신앙 가문에서 출생하셨으나 어려서 부모님을 여의고 할아버지 밑에서 자랐다. 스물네 살 때 집안에서 '주문도

박씨 집안사람이면 믿을 만하다'라고 해서 선도 보지 않고 박상인 장로와 결혼하셨다 한다. 막상 결혼해 보니 남편은 교회도 잘 안다니는 명목상 교인이었다. 그러나 사경을 헤매다가 회개하고 돌아선 후 건강을 회복한 박상인 장로와 함께 교회를 지성으로 섬겼다. 여선교회장을 오랫동안 역임하셨던 권사님은 부드러우면서도 강인한 성격의 소유자이시다. 역시 유달리 고집이 세고 주장이 강했던 박상인 장로님이셨지만 황 권사님께만은 아무 말도 하지 못하셨다. 마을에 고집 센 분이 한 분 계셨는데 그분에게 예수님을 믿으라고 하면 '내가 예수 믿고서 사람들에게 본이 되지 않을까 봐 못 믿겠네. 하지만 내가 이 사람 때문에는 언젠가 예수를 믿어야 하겠는데…' 했다한다. 그분이 말한 '이 사람'이 바로 황완남 권사님이다. 황 권사님은 지금도 동네 사람들에게 본이 되신다. 풀이 왕성한 집이 있으면 몰래 가서 풀을 베어 주시고 몸이 아파서 누워 있는 사람이 있으면 찾아가서 위로해 주시고, 굴을 쪼아 오셔서 거동이 불편한 사람들에게 나눠주신다. 110년 전에 작고하신 우리교회 창설 교인 박승형 어르신과 박순병, 박용세 전도사의 묘소가 지금까지 잘 보존된 것도 '박씨 집안의 종부' 황 권사님의 부지런함 때문이다."

인구는 줄어들고, 자녀와 젊은 사람들은 대부분 육지로 나가 살고 있는 현실에서도 차마 고향을 떠날 수 없어 섬에 남은 '원로 교인'들이 서도중앙교회 제단을 지키고 있다. 비록 건강과 몸은 예전만 같지 못하나 "우리가 낙심하지 아니하노니 우리의 겉사람은 낡아지나 우리의 속사람은 날로 새로워지도다"(고후 4:16)라고 했던 바울의 믿음, 이스라엘

한옥 예배당 건축 100주년 기념사업위원회 발족 예배(2022년 12월)

민족이 대거 고향을 떠나야 했던 포로시대에 "시온에 남아 있는 자, 예루살렘에 머물러 있는 자 곧 예루살렘 안에 생존한 자 중 기록된 모든 사람은 거룩하다 칭함을 얻으리니" (사 4:3) 하시고 "밤나무와 상수리나무가 베임을 당하여도 그 그루터기는 남아 있는 것 같이 거룩한 씨가 이 땅의 그루터기니라" (사 6:13) 하시며 "이새의 줄기에서 한 싹이 나며 그 뿌리에서 한 가지가 나서 결실할 것이요 그의 위에 여호와의 영 곧 지혜와 총명의 영이요 모략과 재능의 영이요 지식과 여호와를 경외하는 영이 강림하시리니" (사 11:1-2) 하셨던 하나님의 약속, 그 말씀에 희망을 걸고 살아가는 '뿌리 교인' 들이다.

그런 서도중앙교회의 원로, 뿌리 교인들이 '서도중앙교회 한옥 예배당 100주년, 교회 설립 120주년, 주문도 선교 130주년 기념사업 및 역사편찬위원회' 를 조직하고 2022년 12월 1일 발족예배를 드렸다. 위원회 조직은 다음과 같다.

대표: 박형복 목사

자문위원: 이덕주 교수

위원장: 김윤희 / 부위원장: 함연길

서기: 김영선

위원: 순덕기 정순식 정재호 박경숙 용영자 석영순 강화자 양현주

외부 위원: 최광우 박상경 정영덕 박주준 조준섭

이처럼 '믿음의 조상들' 의 신앙 역사를 제대로 정리하여 섬 안에 살든, 섬 밖에 살든 서도중앙교회에 신앙의 뿌리를 두고 있는 현재 교인들, 그리고 장차 그루터기에서 돋아날 새싹, 미래 세대를 위한 '신앙의 유산' 으로 남기려는 서도중앙교회 '남은 성도들' (remnants)의 거룩한 의지와 소망이 깃든 예배였다. 그 예배에 손님으로 참석했던 두 사람, 고향교회에 '사랑의 빚' 을 진 채 60여 년 외지 생활을 하고 있는 박상경 장로(서울 대성교회 장로, 박예병 전도사의 종증손)와 주문도에 '기도의 빚' 을 지고 있는 이덕주 목사(감리교신학대학교 은퇴교수)가 서도중앙교회 교인들의 '역사 바로 알기' 작업에 작은 힘이나마 보태기로 했다.

마무리 글

성경시대를 산 서도중앙교회 교인들

지금까지 주문교회로 시작해서 진촌교회를 거쳐 서도중앙교회에 이르는 130년 역사를 1) 믿음의 족장시대, 2) 출애굽 해방시대, 3) 광야 연단시대, 4) 가나안 정착시대로 나누어 살펴보았다. 각 시대마다 교인들은 성경의 말씀이 어떻게 주문도 땅에 임하고 응하였는지를 체험하였다.

첫째, 믿음의 조상시대는 1893년 여름 주문도를 방문한 영국 성공회 선교사 워너와 안내인 윤정일의 '예수의 일생' 환등 전도로 시작되었다. 그리고 9년 후(1902년) 감리교 전도인으로 변신한 윤정일은 주문도를 다시 찾아 응구지나루터에서 '세례 요한'처럼 "회개하라"며 말씀을 선포하였다. 그 말씀에 김근영이 응하여 개종을 결심하고 집안 사당을 훼파한 후 교동구역 권신일 전도사에게 학습 문답을 받은 후 1902년 10월 12일(음력 9월 9일) 자기 집에서 예배드리기 시작했다. 그렇게 설립된 주문교회 초기 신도들은 '개종 후' 변화된 삶으로 동네 주민들을 감화시켰고 1904년 마을의 수호신을 섬기던 국사 신당까지 훼파하였다. 그 일이 있은 후 주문도의 큰 세력가였던 박승형과 두 아들 박두병과 박순병, 마을 동수였던 김창룡과 아들 김치준, 김근영의 친척 김택현, 윤병문과 윤병규 형제가 가족을 이끌고 교회에 출석하였다.

주문교회 교인들은 1905년 강화 진위 대장이었던 이동휘가 마을마다 교회 하나, 학교 하나를 설립하자는 '1동1교운동'에 호응하여 주문진 진영 터에 영생학교와 예배당을 마련하였다. 일진회의 훼방이 있었지만 믿음으로 거뜬히 극복했다. 박순병의 아들 박용세는 선교사 추천을 받아 서울 배재학당 고등과를 졸업한 후 고향에 돌아와 영생학교 교장으로 사역하였다. 그사이 주문도 교인이 늘어나면서 언덕 너머 느리와 대빈창에도 기도처가 설립되었고 본처전도사가 된 박두병과 박순병, 박예병, 김치준 등이 그곳에 가서 예배를 인도했다.

둘째, 출애굽 해방시대는 우리 민족이 일제의 식민 통치를 받게 된 1910년부터 시작되었다. 10년 전 고향(강화도 홍의)에서 마을 사람들의 빚을 탕감해주고 전도자의 길로 나섰던 종순일 목사는 1916년부터 주문도에서 10년간 목회하면서 탁월한 지도력으로 교회를 크게 부흥시켰다. 그에게 감화받아 박두병, 박순병 형제도 가난한 일가친척의 빚 '2천원'(현 시가 2천만 원)을 탕감해줌으로 주문교회는 전국적으로 유명한 교회가 되었다. 1919년 3·1운동 때에는 주문진영 병사로 근무한 적이 있던 유봉진이 독립만세운동 결사대원을 모집하러 주문도를 방문하여 영생학교 교사 최공섭을 동지로 포섭, 강화읍 독립 만세 시위를 주도하고 옥고를 치렀다.

1920년대 들어 주문교회는 5백 명이 넘는 교인들이 예배드릴 수 있는 넓은 성전이 필요했다. 이에 교인들은 소득뿐 아니라 재산의 십일조를 바치는 운동을 벌여 6천여 원 기금을 마련, 1923년 8월 50칸(32평) 규

모의 웅장한 한옥 기와집 예배당을 건축했다. 그때부터 교회 명칭도 진촌교회로 바꾸었다. 진촌교회 교인들은 3·1운동 후 더욱 강화된 총독부의 설립학교 규제정책으로 폐교 위기에 처한 영생학교를 살리기 위해 전국적인 모금운동을 벌여 2천 원 기금으로 영생학교 신축 교사를 지었다. 이때 박용세 교장은 자기 재산의 십일조로 새멀 뒷산 임야 8천여 평을 기부하여 영생학교 기본재산으로 삼았다.

셋째, 광야 연단시대는 1930년대 일제의 군국주의 황민화정책으로 인한 교회와 학교의 시련으로 시작되었다. 박용세 교장 별세 후 영생학교 교장을 맡았던 김치준은 1931년 주민들의 천거로 서도면장이 된 후 가난한 '면민 150호의 호세(戶稅) 30원 90전을 대납'함으로 진촌교회의 '빚 탕감' 선행 전통을 이었다. 김치준 면장 시대에 아차도에 있던 면사무소가 주문도로 옮겨졌고 영생학교도 공립 서도보통학교로 전환되었다. 일제 말기 총독부의 종교통제는 더욱 강화되어 목회자와 교인들도 신사참배를 강요당하였고 태평양전쟁 발발 후에는 예배당 안에 일장기와 가미다나까지 설치되어 성전으로서 기능까지 빼앗겼다. 전쟁 말기에는 예배당도 폐쇄되어 예배조차 드릴 수 없었다. 그런 상황에서 교인들은 오자혜와 김몽혜, 김시윤, 황오목 등 여자 권사들이 주도한 새멀 뒷산 골짜기 비밀집회를 통해 신앙을 지켰다.

8·15해방의 감격도 잠시, 남북분단의 비극은 민족상잔의 6·25전쟁을 불러왔다. 전쟁으로 인해 교회는 또다시 시련과 위기를 겪었다. 특히 1950년 7월 나정희 전도사와 박조원 속장을 비롯한 교인과 주민들이 'B29비행기 미군 병사 구조작전'에 참여한 일로 주민(교인) 4명이 피납, 행방불명되었으며 다수 주민 가족들이 섬 밖으로 추방되었다. 한 달 반

동안 '인공치하' 에서 교인들은 유영랑, 박인희 권사가 주도한 새멀 산골짜기 비밀예배로 신앙을 지켰다. 공산군이 후퇴한 후에는 교회 청년들이 자치 방위대를 조직하여 섬을 지켰다. 1·4후퇴 후에는 수 백 명 특수부대원들이 섬에 주둔하여 그로 인한 피해와 시련도 적지 않았다.

넷째, 가나안 정착시대는 아직 전쟁이 끝나지 않았지만 1952년 11월 '선교 60주년' 기념예배를 성대하게 치름으로 시작되었다. 1960년대 들어서 교회는 예전 수준의 교세를 회복하고 각종 수리, 증축 공사를 통해 예배당과 주변 환경을 정비하였다. 1960년대 말 일부 교인의 과잉 행위로 '영적 혼란' 이 야기되어 교회가 시련을 겪기도 했지만 양재원 목사의 영적 지도력으로 바른 신앙과 교회 평화를 회복한 교인들은 해외선교와 국내 미자립교회 지원을 시작하였고 주민들과 힘을 합쳐 지금 본당으로 사용하고 있는 교육관을 건축하였다. 1979년 교회 명칭을 서도중앙교회로 바꾸었다. 1993년 10월 한옥 예배당을 본래 모습으로 복원하고 '선교 백 주년 기념 진촌예배당' 으로 명명한 후 선교 백 주년 기념예배를 성대하게 드렸다. 한옥 예배당은 1997년 인천시 지방문화재로 등재되었다.

1990년대 이후 급속하게 진행된 한국 사회의 인구 감소와 고령화 추세를 주문도도 피할 수 없었다. 한때 5백 명이 넘는 교인들이 출석하던 교회는 현재 1백 명 미만의 '노인 중심' 교회로 바뀌었다. 섬에 남아 있는 원로 교인들은 '생명처럼' 여기며 살았던 고향 집과 교회를 차마 버리고 떠날 수 없어 불편한 몸을 이끌고, '네발로 기어서라도' 예배에 참석하고 있다. 고난과 역경 가운데서 믿음의 조상들이 지키고 가꾸어 온 성전을 '지킬 때까지 지켜야 한다' 는 소명감 하나로 섬에 '남은 성

도'들은 매일 새벽 한옥 예배당에 모여 외지에 나가 사는 자녀들을 위하여, 주문도와 서도중앙교회의 '젖과 꿀이 흐르는' 미래를 위하여, 그리고 분단된 조국의 평화통일을 위해 기도하고 있다.

세 번 위기를 극복하고 받은 다섯 가지 축복

서도중앙교회 130년 역사를 정리하고 보니 '3위 5복'(三危五福), 즉 세 번의 위기를 극복하고 다섯 가지 축복을 받았음을 알 수 있었다.

첫 번째 위기는 교회 설립 2년 후 일어난 국사신당 훼파사건으로 김근영을 비롯한 초대 교인들이 마을에서 추방당하고 교회가 폐쇄될 위기에 처했을 때였다. 그런 때 교인들은 굴하지 않은 믿음으로 바뀌고 있는 시대 상황에서 '참된 종교'가 어떤 것인지 보여주었고 개종 후 '선하게' 바뀐 생활 모습으로 지역사회 지도자와 주민들의 개종을 이끌어 냈다.

두 번째 위기는 일제 말기와 전쟁 때 예배당이 우상들로 유린당하고 감시가 심하여 예배조차 자유롭게 드리지 못했을 때였다. 더욱이 담임 목회자의 윤리적 타락으로 교회는 지역사회의 지탄을 받았으며 담임자도 없이 지내야 했다. 그런 상황에서 교인들은 저들 몰래 새벽 제단을 쌓았고 여자 권사들은 새멀 산골짜기 비밀 예배를 통해 신앙과 예배당을 지켜냈다.

세 번째 위기는 1960년대 말 일부 교인의 '과잉 신앙행위'로 인해 교회 안에 파쟁과 혼란이 야기되었을 때였다. 분란이 교회 내부에서 비롯된 것이라 극복하기가 더욱 힘들었다. 다행히 목회자의 영적 지도력과 잇단 심령부흥회로 바른 신앙을 회복한 교인들은 화해와 용서로 교회 평화를 되찾았고 힘을 합쳐 교육관(지금 본당)을 건축하였다.

세 번의 위기를 극복한 서도중앙교회는 다섯 가지 축복을 받았다.

첫째, 믿음의 축복을 받았다. 서도중앙교회 초기 신도들은 복음을 믿는 사람들의 생각과 행동이 어떻게 바뀌는지, 그 결과 받게 되는 '신령한 축복'이 어떤 것인지 행동과 삶으로 보여주었다. 그들은 물질적으로 부요해지는 것만 아니라 영적으로 부요하여 하늘나라의 행복을 이 땅에서 누리는 사람들이 되었다. 그 결과 초대 교인들의 믿음과 선행은 세상의 빛과 소금이 되어 주문도 지역사회를 변화시켜나갔다.

둘째, 훌륭한 '믿음의 선조들'로부터 믿음의 유산을 얻었다. 주문도 첫 신자 김근영의 믿음과 전도, 국사당 훼파 사건을 통해 보여준 초대 교인들의 강철 같은 믿음, 지역사회를 감동시킨 박두병 박순병 형제의 빚 탕감 잔치, 재산의 십일조를 바쳐 영생학교를 되살린 박용세 교장의 헌신, 멸절의 위기에서 예배당을 지켜낸 여자 권사들의 믿음, 추락한 B29 미군 병사들을 구조해서 살려 보낸 일로 수난을 받아야 했던 교인 가족들… 이런 신앙 선조들의 아름다운 믿음으로 서도중앙교회는 강화뿐 아니라 한국 기독교계에 유명한 교회가 되었다.

셋째, 교회로 인해 주문도는 깨끗하고 거룩한 섬이 되었다. 복음이 들어오기 전 주문도는 술과 도박, 폭력이 난무하여 소돔과 고모라 같은 곳, 연중 제사 지내고 굿하는 소리가 끊이지 않았던 곳이었다. 그러나 복음이 전파되고 교회가 세워진 다음 교인들은 사당을 철폐하고 우상을 불살랐으며 금주 금연하는 근면한 삶으로 지역사회를 바꾸어 나갔다. 그 결과 주문도는 면 소재지임에도 불구하고 아직도 술집과 유흥시설, 도둑이 없는 섬으로 남아 있다.

넷째, 아름다운 한옥 예배당을 선물로 받았다. 교인들의 십일조 헌금과 헌물로 지은 한옥 예배당은 소박하면서도 우아한 자태를 뽐내고 있다. 그 위치나 규모, 내부 장식과 꾸밈이 한국에서 가장 아름다운 '토착 예배당'이라 할 수 있다. 인천시 지방문화재로 등재된 후 방문객들이 날로 늘어나 건물만 보는 것이 아니라 그 안에서 이루어진 아름다운 믿음 이야기를 듣고 믿음을 회복하는 '성소'(聖所)가 되었다.

다섯째, 교회는 '천국의 소망'을 간직한 성도들이 '만민을 위해 기도하는 집'이 되었다. 비록 교인 수도 많이 줄고 남은 교인도 고령화되어 예전처럼 활기찬 모습은 볼 수 없지만 서도중앙교회의 '남은 성도'들은 꿈을 가지고 기도하고 있다. 지상보다는 하늘에 보화를 쌓기 원해 믿음의 선조들이 바친 부지 안에 교회 역사와 선조들의 믿음을 담은 역사 자료관을 짓고 주문도 섬이 '기도 동산'으로 꾸며질 미래를 내다보며 새벽 기도제단을 쌓고 있는 교인들의 믿음이다.

이처럼 민족의 수난과 역경의 130년 역사 가운데 수차례 멸절의 위기를 극복하고 얻은 축복이니 더욱 소중할 수밖에 없다. 그 생명력 또한 강하다. 이는 서도중앙교회 남은 성도들이 비록 숫자도 많이 줄고 몸도 예전만 못 하지만 믿음의 조상들로부터 물려받은 하늘의 축복과 아름다운 성전, 그리고 깨끗하고 거룩한 섬을 지키고 가꾸려는 의지만큼은 뜨겁고 간절하다는 점에서 능히 확인할 수 있다.

주문도 한옥 예배당
100년 이야기

지은이 이덕주
펴낸이 최병천
펴낸날 2023년 10월 28일(초판1쇄)
펴낸곳 신앙과지성사
출판등록 제9-136 (88. 1. 13)
주소 | 서울시 서대문구 연희로 177 옥산빌딩 2층
전화 | 335-6579 · 323-9867
팩스 | 323-9866
E-mail | miral87@hanmail.net
홈페이지 | http://www.miral.co.kr

ISBN 978-89-6907-320-4 03230

값 20,000원